Trennung überwinden

Ökumene als Aufgabe der Theologie

Theologische Module
herausgegeben von
Michael Böhnke und Thomas Söding

Band 2

Trennung überwinden
Ökumene als Aufgabe der Theologie

Michael Kappes / Christhard Lück / Dorothea Sattler /
Werner Simon / Wolfgang Thönissen

Trennung überwinden

Ökumene als Aufgabe der Theologie

HERDER

FREIBURG · BASEL · WIEN

© Verlag Herder, Freiburg im Breisgau 2007
www.herder.de
Umschlaggestaltung: Groothuis, Lohfert, Consorten | glcons.de
Satz: SatzWeise, Föhren
Druck und Bindung: fgb · freiburger graphische betriebe
www.fgb.de
Gedruckt auf umweltfreundlichem, chlorfrei gebleichtem Papier
ISBN 978-3-451-29377-1

Inhalt

Wolfgang Thönissen
Reformation, katholische Reform und Konfessionalisierung   7

Dorothea Sattler
Brennpunkte des ökumenischen Dialogs   56

Michael Kappes
Ökumene – wohin?
Einheitsvorstellungen und Modelle der Einigung   106

Christhard Lück / Werner Simon
Konfessionalität und ökumenische Ausrichtung des
Religionsunterrichts   138

Zu den Autoren   208

Reformation, katholische Reform und Konfessionalisierung

Wolfgang Thönissen

1. Einleitung

Die Reformation ereignete sich an der Schwelle vom Mittelalter zur Neuzeit. Sie war das Ergebnis eines langfristigen historischen Prozesses, der die gesamte spätmittelalterliche Welt erfasst hatte. Dabei handelte es sich um ein alle Lebensbereiche umfassendes Krisengeschehen. Dem Verfall in Sitte und Moral in weiten Kreisen der spätmittelalterlichen Gesellschaft stand die Ausbreitung tiefgreifender Frömmigkeitsformen gegenüber. Dem Aufschwung religiöser Massenphänomene begegnete eine zunehmende, durch Bildung und Wissenschaft vermittelte Verweltlichung, vor allem in den deutschen Städten. Die Reformation ist daher weder allein die Antwort auf religiöse und politische Verfallserscheinungen im späten Mittelalter noch ein zufälliges Ereignis, von autoritätskritischen und innerkirchlichen Reformkräften mutwillig vom Zaun gebrochen.

Die Reformation in Deutschland ist von der Person und dem theologischen Werk Martin Luthers geprägt. Unter Reformation versteht man daher eine durch Luther bestimmte Epoche der deutschen und darüberhinaus auch der europäischen Geschichte. Sie kann als historischer Ereigniskomplex aufgefasst werden, der im engeren Sinne die Zeit von 1517–1555 umfasst, also die Zeit von der Verbreitung der Ablassthesen durch Martin Luther bis zum Augsburger Religionsfrieden. Im Kern als ein geistiger und religiöser Vorgang verstanden, greift die Reformation in ihrem weiteren Verlauf auf Politik, Gesellschaft und Staat aus. Damit lässt sie sich auf die Person Martin Luthers und sein Reformanliegen allein nicht mehr beschränken.

Luther selbst hat den Begriff »Reformation« nur selten benutzt. Wenn Luther von Reformation spricht, hat er das Reformieren im Blick. In seiner Reformschrift »An den christlichen Adel deutscher Nation« von 1520 richtet er seine Reformforderungen an den Papst, die Kardinäle und Bischöfe in Rom und hofft auf »ein rechtes, freies Concilium«, das die Reformvorschläge disputieren soll. Ausdrücklich von Reformation spricht Luther im Blick auf die Universitäten, deren Fakultäten er reformieren will. Hier ist die Erneuerung einer Institution im Blick. Die Verwendung des Begriffs der Reformation zeigt, dass Luther traditionelle Vorstellungen verwendet. Der Begriff muss daher historisch als zusammenfassende Formel für durchaus sehr zahlreiche und einzelne Reformforderungen, wie sie im späten Mittelalter im Blick auf das Reich und die Kirche im Umlauf waren, verstanden werden.

Der Begriff der Reformation als Epochenbezeichnung und als Charakterisierung eines kirchenhistorischen Ereignisses in der Mitte des 16. Jahrhunderts ist Frucht der konfessionalistischen Auseinandersetzungen des 17. Jahrhunderts. Der Wortgebrauch von »der Reformation«, den »reformatorischen Kirchen«, der »reformatorischen Theologie« ist aus dem Geschehen des 16. Jahrhunderts nicht abzuleiten. Der mit dem Begriff von der Reformation einhergehende normative Anspruch auf ein einheitliches historisches und theologisches Phänomen ist ein Produkt der protestantischen Luther-Renaissance des 20. Jahrhunderts.

2. Voraussetzungen der Reformation

Zu den stabilisierenden Phänomenen des ausgehenden Mittelalters zählten die neu aufkommenden Reformbewegungen. Große religiöse und theologische Gestalten vermochten Menschen zu beeindrucken. Volksprediger der großen Reformorden belebten nicht nur die Klöster, sondern durchdrangen auch das Leben in den Städten. Daneben kamen Laiengemeinschaften auf, die sich vor allem der tätigen Nächstenliebe widmeten. Die Verbreitung religiöser Literatur begann schon vor der Erfindung des Buchdrucks.

Zweifellos gehörten auch zahlreiche Päpste und Kardinäle wie Pius II. (Enea Silvio Piccolomini) oder Nikolaus von Kues, die selbst den Reformbewegungen entstammten, zu den Exponenten der Erneuerungsbewegung. In Spanien kam es im Ausgang des Mittelalters zu einer geistig wie religiös motivierten Blüte des kirchlichen Lebens. Hier waren noch vor der Jahrhundertwende der Episkopat, die Mönchs- und die Bettelorden Träger der religiösen und kirchlichen Erneuerung. Entscheidend war, dass kirchliche Reformanliegen als nationale Aufgaben betrachtet wurden. Die Gründung des Jesuitenordens in der ersten Hälfte des 16. Jahrhunderts durch Ignatius von Loyola ist hierfür ein aufschlussreiches Beispiel.

Neben einer überwältigenden Fülle positiver Zeugnisse spätmittelalterlicher Frömmigkeit, vor allem in der Gebets- und Erbauungsliteratur, fallen religiöse Fehlhaltungen und -formen auf. Verfallserscheinungen können nicht geleugnet werden. Zu den Faktoren, die Elemente der Auflösung waren, zählte im Umkreis der geistigen und gesellschaftlichen Strömungen der Umschwung im Lebensgefühl der Menschen. Renaissance und Humanismus brachten eine neue selbständige, von re-

ligiösen Bindungen weithin freie Betrachtung der menschlichen Lebens-
umstände in Literatur, Kunst und Wissenschaft zum Ausdruck. Dazu
gesellte sich auf politischer und gesellschaftlicher Ebene das fiskalische
System des Benefizialwesens, das zunehmend die Korruption des geistlichen Standes bewirkte. Nur Adligen standen Kanonikate an Kathedral-
und Stiftskapiteln offen. Kirchliche Pfründe dienten der materiellen Versorgung nicht erbberechtigter Söhne einflussreicher Familien. In der
Gewährung entsprechender Rechte sah die römische Kurie ein einträg-
liches Geschäft. Mit einem ausgeklügelten System von Gebühren, Steu-
ern und anderen freiwilligen Spenden bemühte man sich in Rom immer
wieder darum, leere Kassen zu füllen. So erhob die Kurie in Rom von
jedem neu bestätigten Bischof Abgaben, die teils die Hälfte des ersten
Jahreseinkommens ausmachten. Dazu kam das Ablasswesen, das Geld
für römische Bauvorhaben herbeischaffen sollte. Ein düsteres Bild vermitteln schließlich die unmittelbar religiösen Vorgänge: Missachtung
des Zölibats bis hinauf in das päpstliche Amt, Missstände in der theologischen Ausbildung, mangelnde Ehrfurcht vor den Sakramenten, insbesondere der Kommunion. Der Konziliarismus, also die Frage, wem in
der Kirche die oberste Gewalt zustehe, stellte ein eigenes Problem der
Zeit dar. Besonders desolat waren die Verhältnisse an der Kurie. Das
Renaissance-Papsttum war eher Ausdruck für die künstlerischen Belange der Epoche als Exponent der religiösen Erneuerung. Als besonders
berüchtigt erwies sich das Pontifikat Alexanders VI., der sich einem un-
gehemmten Nepotismus zur Versorgung seiner Kinder hingab. Noch
Paul III., der das für die katholischen Reformbemühungen grundlegende
Konzil von Trient (1545–1563) einberief, zeigte sich dem System des
Renaissance-Papsttums stärker verhaftet als den religiösen Motiven der
Reformation gegenüber aufgeschlossen. Er war es, der als Alessandro
Farnese Papst Alexander VI. seine eigene Schwester Julia als Mätresse
zuführte, um Karriere an der Kurie machen zu können.

**Dem im Spätmittelalter erhobenen Ruf nach Reform der Kirche hatte sich das
Papsttum weithin verschlossen. Hauptsächlicher Grund hierfür war die Furcht
vor dem Konziliarismus. Dennoch kam es noch im zweiten Jahrzehnt des
16. Jahrhunderts zu einem Konzil, dem fünften Laterankonzil, das von 1512
bis 1517 tagte. Obwohl zahleiche Reformvorschläge verabschiedet wurden,
welche die Käuflichkeit der Ämter (Simonie), die Kurienreform, die Residenz-
pflicht der Bischöfe und die Lebensart der Kleriker betrafen, brachte dieses
Konzil keine wirklichen Reformen zustande. Das Konzil endete in dem Jahr, in
dem Luther im Ablassstreit an die Öffentlichkeit trat. Nicht ohne Grund ent-
zündete sich daher die Reformation am Konflikt mit dem Papsttum.**

Neben äußeren Missständen in der spätmittelalterlichen Kirche traten Unsicherheiten und Unklarheiten in der theologischen Lehre auf. Die Zeit der großen theologischen Systeme war im Spätmittelalter vorüber. In den Vordergrund des theologischen Denkens rückten Erfahrung und Individualität. Die Offenbarung Gottes schließt sich an die menschliche Erfahrung an. Gott findet man nicht mehr durch einen idealen Kosmos von Ideen. In der Gnadenlehre räumte die spätmittelalterliche Theologie dem Handeln des Menschen für den Erwerb des ewigen Heils mehr Raum ein als die traditionelle scholastische Theologie. Gott werde demjenigen seine heiligmachende Gnade nicht vorenthalten, der tue, was in ihm ist, dekretierte der einflußreiche Theologe Gabriel Biel. Um das ewige Leben zu erlangen, könne der Mensch im Laufe seines Lebens Verdienste anhäufen, die ihm die Kirche zum Nachlass der Sündenstrafen gewähre. Ob der Mensch durch seine sittliche Anstrengung dem Willen Gottes und seinem Gesetz entsprechen könne, war die große theologische Frage des ausgehenden Spätmittelalters. Luther selbst brachte sie später in die bekannte Frage:

 »Wie bekomme ich einen gnädigen Gott?«
Von der heiligen Taufe Predigten: WA 37, 661

Neben der traditionellen scholastischen Theologie bestimmte seit der Mitte des 14. Jahrhunderts die Mystik das theologische Denken. Ziel dieser neuen theologischen Richtung war die Erneuerung des menschlichen Willens zu einem Gott entsprechenden tugendhaften Leben in der Nachfolge Christi. In dieser vollendet sich die Tugend der Demut, die den Menschen von allen falschen Affekten reinigt. Durch die Betrachtung der Leiden Christi gelangt der Mensch zu einem tugendhaften Leben. Die Vollkommenheit des menschlichen Lebens besteht darin, durch die Liebe im Geist mit Gott eins sein zu wollen. Die Reinigung des Willens vollzieht sich in der Meditation der Passion Christi. Die Mystik bildete damit ein gewisses Gegengewicht zur scholastischen Theologie. Sie bemühte sich, den Menschen nicht von seiner Aktivität, sondern von seiner Passivität her zu verstehen. Demut und Liebe setzen die Reinigung des Herzens voraus, der Mensch richtet sich in seiner inneren religiösen Erfahrung ganz auf Gottes Sein aus, an dem er teilhaben will. Der Mensch muss alles Irdische verlassen, um von der Liebe Gottes ergriffen zu werden, die ihn außerhalb seiner selbst versetzt. Die Mystik hielt Vorstellungen bereit, die auf die reformatorische Theologie einwirkten.

Zu den großen kulturellen Erneuerungsbewegungen der Renaissance zählte der Humanismus. Es ist eine seiner großen Leistungen, Philosophie und Theologie auf die griechische und lateinische Literatur in ihren Urtexten neu verwiesen zu haben. Neben den quellenkritischen Editionen der Kirchenväter kamen bald Übersetzungen ins Lateinische und ins Deutsche hinzu. Der Humanismus kann als literarisch orientierte Geistesrichtung bezeichnet werden, der sich dem Ideal einer getreuen Erfassung des Urtextes verpflichtet weiß. Dies geschah keineswegs durch Antithese zum christlichen Glauben und zur Kirche. Der Humanismus veränderte allerdings die Grundlagen von Bildung und Wissenschaft tiefgreifend. Philologische Schulung statt Orientierung an der formalen Logik, ethische und lebenspraktische Fragestellungen gewannen gegenüber den traditionellen metaphysischen Problemlösungen an Gewicht. Das theologische Interesse des Humanismus blieb dagegen schwach. Eine eigenständige humanistische Theologie hatte sich nicht entfalten können. Die Humanisten ebneten den Weg zur modernen historisch-kritischen Exegese. Die kritischen Impulse des Humanismus wirkten sich eher in den patristischen und kirchengeschichtlichen Forschungen aus. Die zahlreichen Katechismen des 16. Jahrhunderts sind Früchte der Bemühungen des Humanismus um die Entwicklung einer Laienfrömmigkeit. Als eine der großen Gestalten des Humanismus und führender Gelehrter seiner Zeit trat der in Basel lehrende Erasmus von Rotterdam (1466/67–1536) hervor, der wohl einflussreichste humanistische Gegner Martin Luthers. Humanistische Einflüsse haben sich im Werk Philipp Melanchthons (1497–1560), des engsten Mitarbeiters Martin Luthers, ausgewirkt, der kein Theologe, sondern Philologe war.

Aus den hier aufgenommenen Elementen einer Vorgeschichte der Reformation lassen sich geistes- und kulturgeschichtliche Voraussetzungen für die von Martin Luther in Gang gesetzte innerkirchliche Reformbewegung herauslesen. Zum Verstehen der Reformation ist freilich die Aufzählung der Verfallserscheinungen am Ende des späten Mittelalters allein nicht hinreichend. Missstände sind Faktoren, die Widerstände, Protest und Reformanliegen hervorrufen, aber nicht unmittelbar bedingen. Die Reform der Kirche war eines der großen Themen im späten Mittelalter. Zweifelsohne war die Kirche reformbedürftig. Sie war allerdings auch reformfähig. In dieser politisch wie kirchlich brisanten Zeit, die in vieler Hinsicht Reformansätze, aber auch Reformhindernisse bereithielt, begann sich eine Reformbewegung durchzusetzen, die sich zur Reformation ausweitete. Weil die Reform der Kirche und des Reiches nicht gelang, kam es zur Reformation.

3. Martin Luthers frühe Reformforderungen

Martin Luther wurde am 10. November 1483 als eines von acht Kindern des Bergmanns und späteren Kleinunternehmers Hans Luther in Eisleben geboren. Luthers Jugend war hart und streng, Elternhaus und Schule haben ihn auch religiös stark geprägt. Wenn er den Namen Christi auch nur nennen hörte, erschrak er, denn er hielt ihn für einen strengen und zornigen Richter. Seine Religiosität war kirchlich und entsprach der damaligen Zeit.

Aufgrund seiner guten Ausbildung und der rasch erkannten hohen Begabung ermöglichten die Eltern ihrem Sohn ein Studium an der schon damals bedeutenden Erfurter Universität, einer städtischen Gründung, hervorgegangen aus den am Ort ansässigen Schulen. Der universitären Ausbildung gemäß absolvierte Luther zunächst die artistische Fakultät, in der man eine gründliche wissenschaftliche Ausbildung in Grammatik, Dialektik und Rhetorik erhielt, dann aber auch in Arithmetik, Astronomie, Geometrie und Musik unterrichtet wurde. 1502 legte Luther die Bakkalaureatsprüfung ab.

Nun widmete sich Luther dem Magisterstudium, mit dem das philosophische Studium abgeschlossen werden konnte. Unterrichtet wurde er in der so genannten via moderna, die der nominalistischen Philosophie des Wilhelm von Ockham folgte und sich von der via antiqua unterschied, die sich dem Thomas von Aquin verbunden fühlte. Die Unterschiede lagen in der Erkenntnislehre. Nach Ockham folgt der Verstand bestimmten Regeln und Kategorien und bildet daraus seine allgemeinen Begriffe. Von den Gegenständen des Glaubens gibt es kein Wissen, der Verstand muss sich hier ganz der Offenbarung unterwerfen. Allgemeinbegriffen kommt daher kein Sein zu, wie die Thomisten behaupten. Nach ihnen beginnt alles Wissen mit den allgemeinsten Begriffen, dem Sein, der Wahrheit und dem Guten. Erst von diesen ontologischen Voraussetzungen aus lässt sich Seiendes erfassen. Diese Unterschiede in der erkenntnistheoretischen Methode der Philosophie des späten Mittelalters spielten in der Herausbildung von Luthers Theologie eine entscheidende Rolle. Luther kann als Nominalist in der Erfurter Schule, durch die er stark geprägt wurde, bezeichnet werden. 1505 bestand Luther das Magisterexamen. Er besaß nun das Zugangsrecht zu einem der höheren Studien, also der Theologie, Medizin oder Jurisprudenz. Luther entschied sich für das Juristen-Studium.

Luther studierte nur wenige Wochen Jura. Auf der Rückreise von Mansfeld, wo er seine Eltern besucht hatte, legte Luther während eines Gewitters bei Stotternheim in der Nähe Erfurts ein Gelübde ab. Er wollte nunmehr Mönch werden, was vor dem Hintergrund seiner religiösen Erziehung verständlich erscheint, bei seinen Eltern und Freunden allerdings Zweifel hinterließ. Zwar reute ihn später sein Gelübde, aber er beharrte darauf. Seine Freunde ließ er wissen, dass sein Entschluss unwiderruflich sei (WA TR 4, Nr. 4707). Am 13. Juli 1505 machte Luther sein Gelübde wahr und trat in das Kloster der Augustinereremiten der strengen Observanz in Erfurt ein. Das Rechtsstudium blieb im Leben Luthers eine Episode.

Der Orden der Augustinereremiten, der sich auf die Regel des Augustinus bezog, sich nicht seiner Initiative, wohl aber seiner Theologie verdankte, war in der Mitte des 13. Jahrhunderts als Gemeinschaft von Einsiedlern entstanden. Bald darauf in die Städte gerufen, bildeten sie dort mönchische Gemeinschaften und entwickelten sich zur Konkurrenz der Pfarrgeistlichkeit. Die Ordensregel schrieb regelmäßige Lektüre der Bibel vor. Luther wurde eng mit der Heiligen Schrift vertraut. Er brachte es so zu einer hervorragenden Kenntnis der Heiligen Schrift. Wichtiger noch als diese formale Beherrschung war freilich sein persönliches Verhältnis zur Bibel. Nach einem Jahr legte Luther im September 1506 die Profess ab. Wenige Monate später wurde er auf Verlangen seines Ordens zum Priester geweiht.

Von der Ordensleitung wurde Luther zum Studium der Theologie bestimmt. Während seines Studiums in Erfurt war Luther gleichzeitig Lektor der Artes liberales an der Artistenfakultät. 1509 wurde Luther Bakkalaureus und hielt Bibelvorlesungen. Im Sommer 1511 holte ihn sein Provinzial Johann von Staupitz nach Wittenberg. Dort bereitete er sich auf die Bibelprofessur vor. 1512 wurde Luther zum Prediger im Orden ernannt und am 19. Oktober zum Doktor der Theologie promoviert.

Das Ordensleben war hart und straff geregelt. Kleidung, Größe und Ausstattung der Zelle waren genau vorgeschrieben. Die kleinsten Verfehlungen wurden bestraft. Der Einzelne sollte nach einem vorgegebenen religiösen Ideal geformt werden. Luther unterwarf sich treu den Anforderungen. Um seines Seelenheils willen legte er das Gelübde ab. In seinen religiösen Kämpfen aber musste er erkennen, dass der Mensch dem Gesetz Gottes nicht genügen kann. Das Bekennen der Sünden und der Schuld bringt den Menschen offenbar nicht zu Gott. Hier machte Luther eine wichtige Entdeckung. Diese existenzielle Erkenntnis bildete den Ausgangspunkt für die spätere Neuformulierung seiner Theologie. Was verbirgt sich dahinter?

Ansatz war Luthers Ringen mit Gott. Seine Frage war die nach einem gnädigen Gott. Heilsangst trieb ihn in das Kloster. Durch strenge Askese wollte er sich sein Heil sichern. Doch die Erfahrung der Sünde und die Angst vor dem Zorn Gottes wichen nicht. Die Erfahrung der unüberwindlich bleibenden Sünde stellte sich ihm schließlich als eine unabdingbare theologische Erkenntnis ein. Luther erlebte die ganze Unerfüllbarkeit des ersten Gebotes. Wie kann es dem Menschen gelingen, Gott aus ganzem Herzen über alles zu lieben? Luther war in dieser Frage ganz religiöser Mensch des späten Mittelalters. Die Kirche hielt für die religiösen Dinge ein probates Mittel bereit. Wer sich den Anforderungen des ersten Gebotes nicht gewachsen zeigte, vertraute auf die von der Kirche angebotenen Gnadenmittel. Der Mensch darf des Heils gewiss sein, wenn er sich ganz in die Obhut der von der Kirche ausgeteilten Sakramente begibt. Sakramente sind kirchliche Hilfsmittel, durch die der Mensch sich sein Heil sichern kann. Dieser von der Kirche angebotene Heilsweg wurde von vielen Menschen begangen. Luther kämpfte demnach nicht den Kampf eines einzelnen gegen die Kirche und ihre Heilsauffassung antretenden Reformers, sondern erlitt Angst und Ungewissheit eines religiös angefochtenen Menschen. Der Mensch steht vor Gott als Sünder da.

Vor diesem Hintergrund begann die Suche nach einer Lösung seines religiösen Angefochten-Seins. Luther hatte sich selbst zu seinen Lebensängsten bekannt:

 »Warum läßt denn Gott den Menschen so anfechten zur Sünde? Antwort: Daß der Mensch sich und Gott erkennen lerne; sich erkennen, daß er nichts vermag denn sündigen und übeltun, Gott erkennen, daß Gottes Gnade stärker sei denn alle Kreaturen, und also er lerne sich verachten und Gottes Gnade loben und preisen.«
Auslegung deutsch des Vater unser: WA 2, 125; Mü³ Bd. 1, 343

Eine Lösung suchte Luther auf theologische Weise. Dies dürfte das Spezifikum seines reformerischen Weges sein. Die tiefe Beschäftigung mit der Bibel, die ihm im Wege seiner Vorlesungen in Wittenberg aufgetragen worden war, ließ ihn dort fündig werden. Im Rückblick erkannte Luther:

 »Ich aber konnte den gerechten, den Sünder strafenden Gott nicht lieben, haßte ihn vielmehr; denn obwohl ich als untadeliger Mönch lebte, fühlte ich mich vor Gott als Sünder und gar unruhig in meinem Gewissen und getraute mich nicht zu hoffen, dass ich durch meine Genugtuung versöhnt sei. Ich war voll Unmuts gegen Gott, wenn nicht in heimlicher Lästerung, so doch mit mächtigem Murren und sprach: Soll es denn nicht genug sein, dass die elenden, durch die Erbsünde ewiglich verdammten Sünder mit allerlei Unheil bedrückt sind durch das Gesetz des Dekalogs? Muß denn Gott noch durch das Evangelium Leid an Leid fügen und uns auch durch das Evangelium mit seiner Gerechtigkeit und seinem Grimm bedrohen? So raste ich vor Wut in meinem verwirrten Gewissen, pochte aber dennoch ungestüm an dieser Stelle bei Paulus an, voll glühenden Durstes zu erfahren, was St. Paulus wolle.« (WA 54, 185 f.; Mü³ Bd. 1, 26 f.)

Versagensängste, übermächtiges Sündenbewusstsein, drohender Zorn Gottes, das Gericht: Seine religiösen Anfechtungen ließen keine andere Lösung zu, als zur Bibel Zuflucht zu nehmen.

Luther entdeckte die Bibel in einer für die damalige Zeit neuen Weise, indem er die Barmherzigkeit Gottes inmitten seiner Ängste und der Ungewissheiten aufdeckte und auf einzigartige Weise zur Sprache brachte. Luthers Selbstzeugnis von 1545 nach ließ ihn die Bibel letztlich Christus neu entdecken. So wurde Luther zum Zeugen der befreienden Botschaft des Evangeliums.

»Da erbarmte sich Gott meiner. Unablässig sann ich Tag und Nacht, bis ich auf den Zusammenhang der Worte merkte, nämlich: ›Die Gerechtigkeit Gottes wird im Evangelium offenbar, wie geschrieben steht: Der Gerechte lebt seines Glaubens.‹ Da fing ich an, die Gerechtigkeit Gottes als eine solche Gerechtigkeit zu begreifen, durch die ›der Gerechte als durch Gottes Geschenk lebt‹, d. h. also ›aus Glauben‹, und merkte, dass dies so zu verstehen sei: ›durch das Evangelium wird die Gerechtigkeit Gottes offenbar‹, nämlich die so genannte ›passive‹, d. h. die, durch die uns Gott aus Gnade und Barmherzigkeit rechtfertigt durch den Glauben, wie geschrieben steht: ›Der Gerechte lebt seines Glaubens.‹ Nun fühlte ich mich ganz und gar neugeboren: die Tore hatten sich mir aufgetan; ich war in das Paradies selber eingegangen. Da zeigte mir sogleich auch die ganze Heilige Schrift ein anderes Gesicht ... Wie ich zuvor das Wort ›Gerechtigkeit Gottes‹ mit allem Haß haßte, so erhob ich nun mit heißer Liebe das gleiche Wort als süß und lieblich über andere. So wurde mir diese Stelle bei Paulus eine rechte Pforte zum Paradies.« (WA 54, 186; Mü³ Bd. 1, 27)

So erschließt Luther die ganze Heilige Schrift neu, indem er sie von Paulus her wie durch eine Pforte eintretend erfasst und von dorther ihren Sinn neu zu buchstabieren beginnt. Insoweit erweist sich Luther als Hörer des Evangeliums, dessen Inhalt die Botschaft von der dem Menschen jederzeit zuvorkommenden Barmherzigkeit Gottes ist. Dieses neue Verständnis der Schrift hatte Konsequenzen für die Schriftauslegung.

Luther entdeckte das Wort von der Gerechtigkeit Gottes im Zusammenhang von Römer 1,17. Er begann sie so zu verstehen, dass der Gerechte durch das Geschenk Gottes lebt, das heißt als Gerechtigkeit, die aus dem Glauben kommt. Es ist das Evangelium, das dem Menschen die passive Gerechtigkeit Gottes offenbart. Neu an dieser Erkenntnis ist, dass Gott dem

Menschen seine Gerechtigkeit schenkt. Das Entscheidende ist: Der gerechte Gott ist nicht mehr der strafende, sondern der barmherzige Gott. Damit gewinnt Luther ein neues Gottesbild, zugleich erschließt sich für ihn ein neues Bild des Menschen. Vergegenwärtigen wir uns nochmals die Ausgangssituation: Der Mensch steht vor Gott als Sünder da. Aber der Mensch weiß nicht um diese Situation. Gott offenbart dem Menschen seine Sünde, indem er ihm seine Liebe und Barmherzigkeit schenkt. Diese kann sich der Mensch nur schenken lassen, das heißt, er empfängt diese Liebe im Glauben. Hier liegt die ganze Radikalität von Luthers theologischer Erkenntnis: Nicht mehr auf dem Wege des gerechten Tuns gelangt der Mensch ins Paradies, sondern indem er sich von Gott beschenken lässt. Der Mensch muss sich selbst ganz aufgeben. Diese Einsicht unterscheidet Luther von der Tradition der Kirche. Der Sinn von Römer 1,17 liegt also darin, dass der Mensch durch den Glauben an Christus der Gerechtigkeit Gottes inne wird, nicht durch seine eigene, die menschliche Gerechtigkeit. Die heißt von nun an Werkgerechtigkeit. Das Reformerische an dieser Erkenntnis ist die Entdeckung, dass in Christus die Gerechtigkeit umsonst geschenkt wird. Das ist der Inhalt des Evangeliums. Dies glaubt der Glaube und damit wird der Mensch gerechtfertigt. Somit stehen als inneres Beziehungsgefüge Christus, Evangelium und Glaube im Zentrum. Das ist der Anker, das Prinzip und der Ansatz der Theologie Luthers. Der Glaube an das Evangelium bildet die neue Mitte seiner Theologie.

Ist diese Erkenntnis grundlegend neu? Bei der Beantwortung dieser Frage muss zugleich die Frage gestellt werden: Musste diese neue Theologie Luther aus der Kirche herausführen? Dass das Evangelium eine aufdeckende Funktion hat, ist das Neue an Luthers reformerischer Theologie. Erst später wird er diese theologische Grunderkenntnis zu einem Theorem ausbauen; dieses enthält dann die prinzipielle, fundamentaltheologische Unterscheidung von Gesetz und Evangelium. Das Gesetz dient zum Aufweis der Sünde. Das Evangelium hat eine zweifache Funktion: einerseits ist dem Menschen klarzumachen, dass er ein Sünder ist, andererseits wird ihm deutlich, dass er immer und jederzeit auf die rettende Gnade und Barmherzigkeit Gottes angewiesen ist. Diese Unterscheidung von Gesetz und Evangelium hebt Luther von der ganzen Tradition vor ihm ab. Aber erst im Zusammenwirken mit politischen und kirchenpolitischen Ereignissen erweist sich Luthers Theologie schließlich als reformatorisch.

Luther hatte seinen theologischen Standpunkt mitten im Ablassstreit gefunden. Die neue Erkenntnis kommt in Luthers theologischen Arbeiten Anfang des Jahres 1518 zum Vorschein. Mit dem Ablassstreit betritt Luther die

Bühne der Öffentlichkeit. Von dort an beginnt Luther Geschichte zu machen. Anlass zum Ausbruch dieses Streites ist der von Rom genehmigte
Ablasshandel.

Unter einem Ablass versteht man – wie es die katholische Theologie
heute definiert – den Nachlass zeitlicher Sündenstrafen, die hinsichtlich
ihrer Schuld bereits getilgt sind. Voraussetzung für die Gewinnung eines
Ablasses war eine bußfertige Gesinnung und eine Eigenleistung des Betroffenen, die er durch Gebete, Wallfahrten, Almosen und Zahlungen
leisten konnte. Der Ablass war an die kirchliche Lehre gebunden, nach
der der Papst aufgrund eigener Vollmacht aus dem von Christus und
den Heiligen erworbenen Gnadenschatz (Thesaurus Ecclesiae) autorita-
tiv Nachlass der Sündenstrafen gewähren kann. Jede Sünde verlangt
nicht nur Reue, Bekehrung und Genugtuung, sondern hinterlässt auch
in der Gemeinschaft der Gläubigen Spuren. Die Sünde des Einzelnen
betrifft die Gemeinschaft der Kirche. Der Sünder ist daher auf das Gebet
der Gemeinschaft der Gläubigen angewiesen, die fürsprechend für ihn
eintreten. Für ihn kann und muss gebetet werden. Hier tritt ihm die
Gemeinschaft der Kirche helfend entgegen, vor allem die Gottesmutter
Maria und die Heiligen. Das ist der Sinn des Ablasses, der als ein Fürbitt-
gebet verstanden werden muss.

Der Ablass setzte sich in der Kirche seit dem 11. Jahrhundert durch.
Seit 1300 war der völlige oder auch Plenarablass zunächst an die Jubel-
jahre und an die Rom-Wallfahrt gebunden. Später konnte er auch in
Santiago de Compostela oder in Assisi erworben werden. Der so genannte Portiunkula-Ablass war auch an die Wittenberger Schlosskirche ver-
liehen worden. Aber erst nach 1500 nahm der Ablasshandel einen enormen Aufschwung. Papst Leo X. ließ in seiner Ablassbulle vom 31. März
1515 keinen Zweifel aufkommen, dass er in Verbindung mit dem seelsorgerlichen Anliegen finanzielle Interessen verfolgte. Der Ablass sollte
acht Jahre lang in den Kirchenprovinzen Mainz und Magdeburg und
auch in Brandenburg vertrieben werden. Er sollte Geld in die Kassen
Roms bringen. Vor allem sollte mit ihm die Peterskirche in Rom zu Ende
gebaut werden, deren Grundstein Papst Julius II. 1506 gelegt hatte. Der
Reichskanzler des Deutschen Reiches, der Mainzer Erzbischof und Kurfürst Albrecht von Brandenburg, war für den Vertrieb des Ablasses in
Deutschland zuständig. Erzbischof Albrecht durfte die Hälfte der Einnahmen zur Rückzahlung seiner Schulden behalten, während die andere
Hälfte unmittelbar nach Rom fließen sollte. Der Erzbischof von Mainz
beauftragte Kommissare mit dem Vertrieb des Ablasses in seinen Territorien. Der Leipziger Dominikaner Johannes Tetzel predigte Anfang des

Jahres 1517 landauf landab den Ablass. Vor allem der Erwerb eines sog. Beichtbriefes versprach den Erwerbern die Teilhabe an allen Gütern der Kirche. Er fand besonders reißenden Absatz. Als Luther sich mit dem Ablass zu beschäftigen begann, war dieser bereits weit verbreitet. Das Ablassproblem war Luther keineswegs neu. Ihn beschäftigten seelsorgerliche Bedenken. Luther war zu der Überzeugung gekommen, dass sich das gläubige Volk zu sehr auf Ablassbriefe verlasse. Die Ablässe ließen doch nur das Volk die Strafe fürchten, nicht aber die Sünde. Wer keine Angst vor der Strafe hätte, würde auch keinen Ablass erwerben. So drängten die Menschen vor allen Dingen zum Ablass, weil sie sich der Strafe entledigen wollen. Somit tritt die Sünde aus dem Blick, die Ehre Gottes gerät in Verruf. Schon verschiedentlich hatte sich Luther in Predigten mit dem Ablass auseinandergesetzt. Am 31. Oktober 1517 wagte Luther einen weiteren Schritt. Nach langem Zögern wandte er sich mit einem Brief an Erzbischof Albrecht von Mainz wegen des unter dessen Namen vertriebenen Petersablasses. Aus ihm wird Luthers seelsorgerliches Anliegen deutlich. Das Volk wolle sich nicht nur der Sündenstrafen auf dem Wege des Ablasses entledigen, sondern auch der Schuld. Für diese falsche Auffassung sei das Ablasswesen verantwortlich zu machen.

Eher zurückhaltend und devot wandte sich Luther an Erzbischof Albrecht. Im Anhang übersandte er ihm die beigefügten Thesen, einen »Zettel mit den Streitsätzen«, aus denen der Erzbischof entnehmen könne, um welch zweifelhafte Sache es sich beim Ablass handele. Die 95 Thesen sollen einer sachlichen Auseinandersetzung den Weg bereiten. Thesen seien zum Disputieren da, ist Luthers fast naiv anmutende Auffassung. Somit ist historisch davon auszugehen, dass Luther die Thesen zunächst nur an Erzbischof Albrecht versandt hatte. Ob Luther die Thesen an die Tür zur Wittenberger Schlosskirche nagelte, ist heute umstritten. Luther selbst jedenfalls sprach zeitlebens nicht von einem Thesenanschlag. In Luthers Erinnerung bleibt der 31. Oktober als der Tag, an dem er sich gegen den Ablass wandte. Insoweit ist der 31. Oktober der Beginn der Reformation. Freilich tritt Luther nicht an diesem Tag als Reformator an die Öffentlichkeit. Erst im Februar 1518 wird Luther gewahr, was er mit den Ablass-Thesen ausgelöst hatte. Denn die Thesen waren inzwischen – übersetzt, gedruckt und vielfältig verbreitet – nicht nur in Deutschland, sondern auch in Rom angekommen.

In der Vorrede zu seinen Thesen macht Luther deutlich, dass sie disputiert werden sollen. Wenn keine persönliche Anwesenheit möglich sei, solle man die Auseinandersetzung schriftlich wagen. Die Grundgedanken der Thesen lassen sich knapp zusammenfassen. Zunächst erinnert Luther an das Grundverständnis der Buße. Das ganze Leben auf Erden ist eine stete Buße. Dann wendet sich Luther der päpstlichen Strafgewalt zu, schließlich den Themen Fegefeuer, Gewissheit, der Lehre vom Schatz der Kirche und anderen in der Theologie umstrittenen Themen der Ablasslehre. Auffallend ist hier bereits die von ihm später ausgearbeitete Kernthese:

> »Der wahre Schatz der Kirche aber ist das heilige Evangelium der Herrlichkeit und Gnade Gottes.« (WA 1, 236; Mü³ Bd. 1, 35)

Luther spricht daher nicht von den Schätzen der Kirche, sondern von den Schätzen des Evangeliums. So wird schon in den Ablassthesen das Grundthema seiner reformerischen Theologie erkennbar. Seine Kritik richtet sich einerseits gegen die ins Willkürliche gesteigerte Macht des Papstes, die Sündenschuld zu vergeben, was allein Gottes Werk ist, andererseits sucht Luther die Verkündigung des Wortes Gottes vor falscher Ablasspredigt zu schützen. Schließlich geißelt er die finanzielle Seite durch die Worte: »Das ist gewiß, daß, sobald der Groschen im Kasten klingt, Gewinst und Geiz zunehmen können, die Hilfe aber oder die Fürbitte der Kirche steht allein in Gottes Wohlgefallen.« (WA 1, 234; Mü³ Bd. 1, 33)

Als der Streit um den Ablass anhob, war Luther reformerisch gesinnt. Seine Blickrichtung begann sich im Sommer 1518 zu verändern. Nicht mehr die Buße, der Erlass oder das Annehmen der Strafe, nicht mehr das Fegefeuer oder die Autorität des Papstes stand im Zentrum seines Interesses, sondern die Vergebung der Schuld. Luther wurde klar, es kommt nicht auf das Handeln des Menschen an, sondern allein auf das Handeln Gottes, durch das Wort des Evangeliums im Glauben. Werke des Menschen, auch gute Werke, verfallen dem Tod, ja sind selbst Todsünden, weil sie nach außen gut erscheinen, nach innen aber einer schlechten Wurzel entstammen. Je stärker Luther zwischen dem Werk des Menschen und dem Evangelium Gottes zu unterscheiden begann, um so klarer stellte sich sein theologischer Grundsatz heraus. Die Unterscheidung zwischen dem Gesetz Gottes, das nicht zum Heil führt, und Gottes Gerechtigkeit, die Gnade und Heil wirkt, arbeitete Luther in den Heidelberger Disputationsthesen vom April 1518 aus.

> »Wenn schon das heilige Gesetz Gottes, das unbefleckte, wahre, gerechte, das dem Menschen von Gott zur Hilfe gegeben ist, um ihn über seine natürliche Kraft hinaus zu erleuchten und zum Guten zu bringen, dennoch das Gegenteil erreicht, daß er vielmehr schlechter wird, wie kann er dann, seinen eigenen Kräften überlassen, ohne solche Hilfe zum Guten gebracht werden? Wenn er mit fremder Hilfe nicht das Gute tut, tut er es doch noch weniger aus eigener Kraft.« (WA 1, 356; Mü³ Bd. 1, 126)

Auf die eigene religiöse Anfechtung, auf die Ablasspraxis in der Kirche suchte Luther eine genuin theologische Antwort, die mit der Neuentdeckung der Bibel, und man muss genauer sagen, seines Bibelverständnisses begann. Aber erst die radikale Unterscheidung zwischen Gesetz und Evangelium markiert dann den Beginn einer neuen Theologie, die schließlich – in den staats- und kirchenpolitischen Wirren der dreißiger Jahre – reformatorisch wird.

4. Luthers Konflikt mit der Kirche

Im Sommer 1518 wurde in Rom der Prozess gegen Luther eröffnet. Er schleppte sich eine zeitlang durch verschiedene Instanzen hin, bis er durch die Bannbulle von 1521, Luthers Lossagung von Rom, die Verbrennung der Bannandrohungsbulle und schließlich mit seinem Ausstoß aus der römischen Kirche ein Ende fand. In diesem Prozess stellte Luther die Autoritäten des damaligen Christentums infrage. Zugleich bot er theologisch Alternativen an, die zur Grundlage für die Entwicklung einer eigenständigen reformatorischen Theologie wurden. Dabei fand Luther zunehmend Resonanz unter Kollegen, Humanisten und Politikern, dann auch im Volke. Luther bezog sich immer noch auf die Darlegung der offenkundigen Missstände in der Kirche und die Fähigkeit oder Unwilligkeit zur Erneuerung in der Kirche durch die herrschenden kirchlichen Autoritäten. Deshalb fanden Luthers Alternativen Gehör.

War der Brief Luthers mit den 95 Thesen im November 1517 zunächst an Albrecht von Brandenburg, den Mainzer Erzbischof, gerichtet, so empfahl dieser, schon aus Gründen seiner Selbstverteidigung, um dem römischen Vorwurf mangelnder Tätigkeit bei den Einnahmen aus dem Ablasswesen zu entgehen, die Thesen den Theologen der Mainzer Universität zu senden, damit diese sich in Verbindung mit Rom um die Sache kümmern sollten. Zunächst erregte die Eingabe Albrechts in Rom kein weiteres Aufsehen, man hielt den Streit in Deutschland für Mönchsgezänk. Die Dominikaner, vor allem Johannes Tetzel, reagierten anders. Sie beschlossen, Luther in Rom wegen Ketzerei anzuklagen. Ein Verfahren wegen des Verdachts auf Ketzerei wurde im Juni 1518 eröffnet. Luther erhielt die von einem päpstlichen Hoftheologen verfasste Anklageschrift, die ihm Häresie und Geringschätzung der kirchlichen und päpstlichen Gewalt vorwarf, am 7. August 1518. Luther wurde binnen 60 Tagen nach Rom vorgeladen. Rasch stellte sich heraus, dass der eigentliche Anklagepunkt die Frage der päpstlichen Gewalt über die Kirche darstellte. So steuerte dieser erste ernsthafte Konflikt auf eine grundsätzliche Auseinandersetzung zu.

Als Luther die Vorladung nach Rom erhielt, war ihm klar, dass er in eine Auseinandersetzung mit Rom geraten war. Diese konnte er selbst nicht mehr alleine betreiben. Er begann, sich nach Mitstreitern umzusehen. Er war auf die Hilfe von Freunden und Politikern angewiesen. Im Oktober 1518 kam es durch die Vermittlung des Kurfürsten Friedrich von Sachsen, genannt der Weise, zum Schlagabtausch mit dem von Rom beauftragten Dominikaner und beschlagenen Thomisten Thomas de Vio aus Gaeta, genannt Cajetan, inzwischen zum Kardinal ernannt und einer der gebildetsten Theologen in Rom. Das Verhör fand im Anschluss an den Reichstag in Augsburg statt. Durch ein päpstliches Breve war Cajetan beauftragt, Luther zur Abkehr von seiner inzwischen offenkundigen Ketzerei zu bewegen. Verschiedene Initiativen, die von Rom ausgingen, hatten zum Ziel, Luther zur Umkehr zu drängen. Die Abmachungen zwischen Friedrich dem Weisen und Kardinal Cajetan brachten Luther dazu, nach Augsburg zu reisen.

Cajetan hatte fest zugesagt, mit Luther väterlich und mild zu verhandeln, und so begann das Gespräch zunächst auch eher vorsichtig und mit unterschiedlichen Erwartungen behaftet. Doch schnell steuerte das Gespräch auf den eigentlichen Dissenspunkt zu. Cajetan forderte Luther auf, er solle zum Herzen der Kirche zurückkehren, seine Irrtümer widerrufen und von allem absehen, was die Kirche verwirren könne. Zwei strittige Punkte stellte Cajetan heraus: erstens stellte er die Frage, ob der Papst den durch das Verdienst Christi erworbenen Schatz der Kirche zum Erlass der zeitlichen Sündenstrafen verwenden dürfe. Während sich Cajetan auf das von Rom erlassene Kirchengesetz berief, beharrte Luther auf der Schriftgemäßheit dieser Lehre. Der zweite Punkt betraf die Frage, ob für den Empfang der Sakramente der Glaube notwendig sei. Cajetan hielt dies nicht für schriftgemäß, während Luther genau hierauf beharrte. Cajetan hatte nämlich erkannt, dass die Bindung des Glaubens an das Wort die Bedeutung der Sakramente minimieren musste. Aber auch hier bestand das kritische Moment in der von Luther in Frage gestellten Anerkennung des Papstes. Im Verlauf der Gespräche bekannte Luther in einer feierlichen Protestaktion:

 »Vor allem erkläre ich, der Augustinermönch Martin Luther, dass ich die heilige römische Kirche in allen meinen Worten und Handlungen, gegenwärtigen, vergangenen und zukünftigen, verehre und anerkenne. Wenn ich aber etwas Abweichendes oder Entgegengesetztes gesagt haben oder noch sagen sollte, so will ich dies für nicht gesprochen halten und gehalten wissen.« (WA 2,8; Mü³ Bd. 1, 61)

Luther erschien mit einer schriftlichen Antwort vor Cajetan, die dieser aber zurückwies und geringschätzig behandelte. Luther sah sich von Cajetan zum Widerruf gedrängt, beharrte aber auf seinem Standpunkt. Vor Gott könne der Mensch nur durch den Glauben gerechtfertigt werden, führte Luther in seiner schriftlichen Antwort an Cajetan aus. Für Luther ist der Glaube die unerlässliche Bedingung, daß er gerecht werde.

»Erstens ist es eine unfehlbare Wahrheit, daß niemand gerecht werden kann, der nicht an Gott glaubt, wie es im Römerbriefe (1,17) heißt ... Daher beruht die Gerechtigkeit und das Leben des Gerechten auf seinem Glauben ... Zweitens: der Glaube aber ist nichts anderes als das glauben, was Gott verheißt oder offenbart ... Drittens habe ich nun zu beweisen, daß der, welcher das Sakrament begehrt, notwendig glauben muß, er werde die Gnade erlangen, und nicht daran zweifeln, sondern in fester Zuversicht vertrauen; sonst empfängt er es sich selbst zum Gericht.« (WA 2, 13; Mü³ Bd. 1, 68)

Zuletzt hatte sich der Streit zugespitzt auf den Grunddissens zwischen Kirchenrecht und Schriftbeweis. Als Luther merkte, dass Cajetan von seiner Absicht nicht ließ, verließ Luther den Ort. Obwohl Staupitz noch zu vermitteln suchte, war eine Einigung nicht mehr möglich. Luther glaubte nicht mehr an eine gerechte Lösung des Streites. Die Atmosphäre verdüsterte sich, Luther geriet in banges Warten und qualvolle Unsicherheit. Schließlich gab Luther die Auseinandersetzung zu Protokoll und informierte auch Friedrich den Weisen, seinen Kurfürsten. Die Augsburger Verhandlungen waren gescheitert. Luther war nicht zum Widerruf gebracht worden, das Schriftprinzip kehrte sich mit seiner ganzen Wucht gegen die Autorität der Kirche und des Papstes.

Zunächst geriet die Sache gegen Luther ins Stocken. Da man mit dem Ableben Kaiser Maximilians rechnete und damit eine baldige Neuwahl erforderlich sein würde, bemühte sich Rom zunächst um den sächsischen Kurfürsten. Nachdem dieser erkennen musste, dass er selbst aufgrund mangelnder Hausmacht im Reich sich nicht hätte durchsetzen können, fiel die Wahl 1519 auf Karl von Burgund, der als Karl V. einstimmig zum deutschen König und damit zum Anwärter auf die Kaiserkrone gewählt wurde. Damit war Rom wieder frei, die Sache Luthers in seinem Sinne zu lösen.

Die Leipziger Disputation von 1519 mit Johannes Eck brachte eine neue, nunmehr entscheidende Eskalation im gespannten Verhältnis Luthers zur Kirche. Im Juli ließ sich der Ingolstädter Theologieprofessor Johannes Eck auf eine Disputation mit Luther ein. Eck hatte sich bereits früher ausführlich mit Luthers Schriften beschäftigt und dabei auf den Primat des Papsttums konzentriert. Auch Luther zögerte nicht, sich in Polemik gegen Eck zu wenden, und so kam der Konflikt in Leipzig zu seinem Höhepunkt. Die Disputation zerfiel in mehrere Gesprächsgänge. Die insgesamt 17 Verhandlungstage reichten allerdings nicht aus, um die bereits angeschnittenen Probleme auszudiskutieren. Es kam zu einer regelrechten Redeschlacht.

Die von Luther vorgelegten 13 Thesen, welche die Debatten zusammenfassten, beschäftigen sich zunächst mit den Themen Buße, Strafe, Schuld und Fegefeuer, kommen dann schließlich auf den Ablass zu sprechen. Das Verdienst Christi ist gewiss der Schatz der Kirche, hält Luther fest, aber dieser Schatz ist kein Schatz des Ablasses. Ein Christ muss daher den Ablass verwerfen, und zwar wegen seines Missbrauchs. Von dorther kommt Luther dann auf die entscheidende Sache zu sprechen:

»Daß die römische Kirche über allen anderen sei, wird wohl aus den kahlen Dekreten der römischen Päpste begründet, die seit 400 Jahren aufgekommen sind; dawider aber stehen die beglaubigten Historien von 1100 Jahren, ebenso der Wortlaut der Heiligen Schrift und der Beschluss des Konzils von Nizaea, des heiligsten von allen.« (WA 2, 161; Mü³ Bd. 1, 99)

Damit griff Luther zentral die Autorität des Papstes und die der Konzile an. Er bestritt das göttliche Recht des Papsttums. Luther selbst bekannte, dass es ihm ein Leichtes gewesen wäre, mit Eck »übereinzukommen«, hätte er nicht die Gewalt des Papstes in die Disputation gezogen. Nach dem Urteil Luthers war die Disputation schlecht verlaufen, denn er wollte bald darauf seine Resolutionen von neuem in Druck gehen lassen. Auch im Urteil seiner Freunde und erst recht dem seiner Gegner war sich Luther über Sieg oder Niederlage in der Leipziger Disputation keineswegs sicher. Klar war er sich lediglich darüber, dass Rom seine Exkommunikation vorbereitete. Das hatte auch sein Gegner Eck erkannt, der in einem Brief an den Papst Vorschläge für das weitere Vorgehen gegen Luther machte.

War Luther der Öffentlichkeit seit 1517 zunächst als Kritiker der scholastischen Theologie, der kirchlichen Ablasspraxis und des Papsttums bekannt geworden, so zeigte er sich zusehends als Reformator, da der Konflikt mit Rom auf eine letzte Entscheidung zulief.

Diese Entscheidung ließ nicht lange auf sich warten. Nach der im Sommer 1519 erfolgten Kaiserwahl brauchte Rom in der Luthersache keine Rücksicht mehr auf den sächsischen Kurfürsten zu nehmen. Man machte aber nicht einfach kurzen Prozess mit Luther. Die Kurie nutzte die Zeit, sowohl den sächsischen Kurfürsten wie Luthers Orden um Bereinigung des Konfliktes anzugehen. Nachdem Eck im März 1520 in Rom eingetroffen war, trat das Verfahren gegen Luther in ein neues Stadium. In mehreren Konsistorien wurde die Bulle abschließend beraten. Die Bannandrohungsbulle »Exsurge Domine« (»Erhebe dich, Herr, und führe deine Sache« – Ps 74,22) vom 15. Juni 1520 führt 41 Sätze auf, die sich bis auf einen, der nur sinngemäß wiedergegeben ist, alle in Luthers Schriften finden. Die Anordnung der Sätze ist nicht streng systematisch, doch lassen sich mehrere Blöcke erkennen. Es handelt sich um Aussagen Luthers zum Bußsakrament, zur Sündhaftigkeit des Menschen nach der Taufe, zur Beichtpraxis, zur Rolle des Glaubens im Bußsakrament. Es folgen Aussagen über die Bestreitung des Kirchenschatzes und der Ablässe. Nicht angesprochen werden Luthers grundsätzliche Positionen, die Rechtfertigungslehre und die Auffassung vom Glauben. Die Bulle ließ offen, ob jeder der Sätze Luthers häretisch war oder nur anstößig klang.

»Die vorgenannten Artikel bzw. Irrtümer verurteilen, mißbilligen und verwerfen Wir samt und sonders ganz und gar als, wie vorausgeschickt wird, – je nachdem – häretisch oder anstößig oder falsch oder fromme Ohren verletzend oder einfache Gemüter verführend und der katholischen Wahrheit widerstrebend.« (DH 1492)

Die Bulle blieb die einzige Äußerung des päpstlichen Lehramtes zu Luther selbst. Im Konzil von Trient wurde Luther nicht namentlich verurteilt. Die Bulle wurde im September 1520 rechtswirksam publiziert.

Die Bulle löste im Deutschen Reich eine Vielzahl von Aktivitäten und Reaktionen aus. Luther ließ sich überreden, an Papst Leo X. eine Ergebenheitsadresse zu schreiben. Dem Sendbrief an Leo X. fügte er seine Schrift »Von der Freiheit eines Christenmenschen« bei. Luther suchte darin nochmals eine Übereinstimmung zwischen dem Evangelium und dem Papstamt zu entdecken. Der beigefügte Traktat ist eine der berühmtesten Schriften Luthers geworden. Die Bannandrohungsbulle wurde nicht in allen Städten positiv aufgenommen. Luther entschloss sich zur Gegenaktion. Vor den Toren Wittenbergs ließ er in Anwesenheit seiner Studenten ein Druckexemplar der Bannandrohungsbulle verbrennen. Zusätzlich wurde ein Exemplar des kanonischen Rechts dem Feuer übergeben. Der Bruch mit Rom war nun unvermeidlich. Nahezu automatisch folgte, da der Widerruf Luthers nicht erfolgte, die Bannbulle »Decet Romanum Pontificem« vom 3. Januar 1521. Nachdem Luther wusste, dass die Bannandrohungsbulle gegen ihn unterwegs war, hatte er sich innerlich von Rom losgesagt. Er legte keinen Wert mehr auf Aussöhnung oder Gemeinschaft mit der Kurie. Der Bruch mit Rom war innerlich und jetzt auch äußerlich vollzogen.

Nach mittelalterlichem Recht war Luther nun ein Gebannter. Die weltliche Obrigkeit hatte das Urteil zu vollstrecken. Aber dazu kam es nicht. Luther war inzwischen ein bekannter Mann. Er ließ sich nicht einfach aburteilen. Karl V. hatte den deutschen Fürsten zusichern müssen, dass kein Deutscher ohne vorheriges Verhör verurteilt werden dürfe. Schließlich hielt der sächsische Kurfürst Friedrich der Weise seine schützende Hand über Martin Luther. Dem Verhalten Friedrichs ist es zu verdanken, dass Karl V. Luther zum Verhör vor dem Reichstag in Worms die Zusicherung freien Geleits gab. Vor dem Reichstag in Worms am 18. April 1521 hielt Luther seine denkwürdige Rede, die er mit folgenden Worten abschloss:

 »Es sei denn, daß ich mit Zeugnissen der heiligen Schrift oder mit öffentlichen, klaren und hellen Gründen und Ursachen überwunden und überwiesen werde – denn ich glaube weder dem Papst noch den Concilien alleine nicht, weil es am Tage und offenbar ist, daß sie oft geirrt haben und sich selbst widerwärtig gewesen sind – und ich also mit den Sprüchen, die von mir angezogen und eingeführt sind, überzeugt, und mein Gewissen in Gottes Wort gefangen sei, so kann und will ich nichts widerrufen, weil weder sicher noch geraten ist, etwas wider das Gewissen zu tun. Hier stehe ich, ich kann nicht anders. Gott helfe mir! Amen.« (WA 7, 876 f.; Mü³, Bd. 3, 14 f.)

Der Kaiser war gewillt, jede Ketzerei im Reich auszurotten. Luther war für ihn ein Ketzer. Gleichwohl war der Kaiser bereit, das Luther gewährte freie Geleit zu respektieren. Danach aber wollte er unverzüglich handeln. Der Kaiser unterschrieb gegen Ende des Reichstags das Wormser Edikt, das auf den 8. Mai datiert war. Darin wurde über Luther die Reichsacht ausgesprochen. Das Wormser Edikt war für den Kaiser und die Altgläubigen über ein Jahrzehnt lang eines der wichtigsten politischen Instrumente zur Unterdrückung der Reformation. Am Ende musste der Kaiser erkennen, dass er den Kampf für die Einheit des Glaubens im Reich verloren hatte. Nach dem Augsburger Reichstag von 1530 verließ Karl V. deutschen Boden.

Die Lage im Reich war verworren und nicht leicht zu durchschauen. Dies half Luther und seinem Kurfürsten. Auf dem Rückweg nach Wittenberg ließ ihn Friedrich der Weise mit Zustimmung Luthers überfallen und auf die Wartburg bringen. Die Weigerung Friedrichs des Weisen, Luther auszuliefern, führte zu einer heftigen Machtprobe mit der römischen Zentralgewalt. Die Luthersache hatte sich inzwischen zu einer schweren Krise im Reich entwickelt. Die uneingeschränkte Autorität des Papsttums in Fragen des Glaubens und der Lehre war bestritten worden. Dies war der Ausgangspunkt für die politische Reformation, die nun zu einer Angelegenheit der Adligen, der Städte, der Bauern und der Landesfürsten wurde.

Auf der Wartburg, äußerlich verändert und unter falschem Namen, erlebte Luther eine fruchtbare Zeit. Hier übersetzte er das Neue Testament in 11 Wochen ins Deutsche. Obwohl es schon vor Luther 18 hochdeutsche Druckausgaben gab, konnte Luther mit Hilfe Philipp Melanchthons, der seinen Rat aus Wittenberg schriftlich gab, eine neue, dem griechischen Urtext getreue Übersetzung vorlegen.

5. Luthers theologisches Reformprogramm

Luther entwickelte seine eigene Theologie zwischen 1518 und 1521. Er hat sie in teilweise sehr scharfer Sprache formuliert. Luther nahm häufig zu Fragen des praktischen Lebens Stellung und entwickelte dann im Ausgang seines Bibelverständnisses sein Konzept und bezog Stellung. Luther arbeitete freilich kein geschlossenes ethisches oder soziales Programm aus, es ergab sich eher aus der theologischen und kirchlichen Situation. So arbeitete Luther auch nicht zuerst eine Konzeption seiner neuen Rechtfertigungslehre aus, um daraus für das praktische Leben Konsequenzen zu ziehen. Vielmehr war es gerade umgekehrt. Seine neu ausgearbeitete Rechtfertigungslehre und die Fragen der Praxis des christlichen Lebens in der spätmittelalterlichen Kirche durchdrangen sich wechselseitig. War Luther durch eine tiefe Krise seiner ganzen religiösen Existenz, seines Glaubens, seiner Frömmigkeit, seines Betens zur Entdeckung des gnädigen, rechtfertigenden Gottes, seines neuen Gottesbildes gelangt, so musste dies zu radikalen Veränderungen des religiösen Lebens führen. Aber auch umgekehrt verlangte die Situation, in der er sich angefochten sah, nach einer neuen theologischen Antwort.

Inmitten seines Ringens um eine angemessene theologische Antwort auf die von ihm wahrgenommene Krise des religiösen Lebens legte Luther zwischen 1519 und 1521, vor allem Ende 1519, Anfang 1520 sein Reformprogramm vor. Wenn auch nur seine Schrift »An den christlichen Adel deutscher Nation von des christlichen Standes Besserung« eine Programmschrift im strengen Sinne ist, so erfüllen auch die anderen von ihm in dieser Zeit verfassten Schriften den Charakter eines neuen Programms. Darunter zählt die in lateinischer Sprache verfasste Schrift »Von der babylonischen Gefangenschaft der Kirche«, ebenso aber auch die im Zusammenhang seines Prozesses in Rom verfasste und an Papst Leo X. gesandte Schrift »Von der Freiheit eines Christenmenschen«. Im

Umfeld dieser in der Öffentlichkeit als Programmschriften des Jahres 1520 bekannt gewordenen Publikationen Luthers stehen kleinere Schriften, die im Vorfeld die theologischen Auseinandersetzungen präludieren. Hierzu zählen Predigten, katechismusartige Schriften, Trostschriften, Streitschriften, die sich vielfach konkreten Anlässen verdanken. In kürzester Zeit wurde Luther zu einem der meist gelesenen deutschen Autoren. Seinen Programmschriften folgten einige weitere, nicht weniger grundsätzliche Schriften wie »Vom unfreien Willen« gegen Erasmus 1525 oder »Von weltlicher Obrigkeit, wie weit man ihr Gehorsam schuldig sei« von 1523.

Die Schrift »An den Adel« beinhaltet ein reformerisches Programm. Sie nimmt innerhalb der sonstigen Veröffentlichungen Luthers einen eigenen Platz ein. Sie will nicht Schriftauslegung und theologische Lehre bieten, sondern versteht sich als Ermahnung an den deutschen Adel. Sie erschien Mitte August 1520 in Wittenberg. Der Text besteht aus zwei Teilen, einem kürzeren theologischen und einem längeren praktischen Teil, in dem Luther in 28 Punkten Vorschläge zur Reform der Kirche und der weltlichen Gesellschaft macht. Die Reformvorschläge Luthers sind beachtlich.

Luther richtet sich gegen die Anhänger des Papsttums.

»Die Romanisten haben drei Mauern mit großer Behendigkeit um sich gezogen, womit sie sich bisher beschützt, daß sie niemand hat können reformieren, wodurch die ganze Christenheit greulich gefallen ist. Zum ersten: wenn man hat auf sie gedrungen mit weltlicher Gewalt, haben sie gesetzt und gesagt, weltliche Gewalt habe nicht Recht über sie, sondern wiederum: geistliche sei über die weltliche. Zum andern: hat man sie mit der Heiligen Schrift wollen strafen, setzen sie dagegen, es gebühre die Schrift niemand auszulegen denn dem Papst. Zum dritten: dräuet man ihnen mit einem Concilio, so erdichten sie, es könne niemand ein Concilium berufen denn der Papst. Also haben sie die drei Ruten uns heimlich gestohlen, dass sie mögen ungestraft sein, und sich in sichere Befestigung dieser drei Mauern gesetzt, alle Büberei und Bosheit zu treiben, die wir denn jetzt sehen.« (WA 6, 406; Mü³, Bd. 2, 86)

In den Mittelpunkt seiner theologischen Kritik stellt Luther seine Hauptaussage:

»So werden wir allesamt durch die Taufe zu Priestern geweiht.« (WA 6, 407; Mü³, Bd. 2, 87)

Durch Taufe und Glauben sind alle Christen des geistlichen Standes inne. Bischöfe und Priester unterscheiden sich von Christen nur dadurch, dass sie mit dem Amt der Evangeliumsverkündigung und der Sakramentenspendung beauftragt sind. Der Priester ist nichts anderes als ein Amtmann der Christenheit; solange er im Amte ist, geht er vor, ist er abgesetzt, ist er ein Bürger wie jeder andere. Durch das Priestertum aller Gläubigen bilden alle Christen den einen Körper der Kirche. Priester, Bischöfe und Päpste sind von den anderen Christen »nicht weiter noch würdiger geschieden« (WA 6, 409 f.; Mü³, Bd. 2, 89). Aus diesem Grundsatz folgert Luther eine zweite Hauptaussage, nämlich dass alle eine Macht haben und nicht nur einer. Nicht der Papst allein ist es, der die Schrift auszulegen oder ihre Auslegung zu bestätigen hat, sondern es ist dies die Aufgabe aller. Daraus folgt zuletzt, dass es keinen Grund gibt, allein dem Papst die Kompetenz zuzugestehen, ein Konzil zu berufen oder zu bestätigen. Ein rechtes und freies Konzil ist die Sache aller, die Glied des Körpers Christi sind. Alle sind Mitchristen, Mitpriester, Mitgeistliche und Mitmächtige in allen Dingen, die die Kirche betreffen.

Im Anschluss an diese kurze Darlegung seiner drei Hauptaussagen führt Luther insgesamt 28 Reformvorschläge an, mit denen er die Kirche und ihre Organisation reformieren will. Ein gewählter Bischof soll von seinem Nachbarbischöfen und nicht von Rom bestätigt werden. Wallfahrten nach Rom, das Bettelmönchtum, der Zölibat der Priester sollen abgeschafft werden; die kirchliche Gesetzgebung soll eingeschränkt und überarbeitet werden; insgesamt eine Fülle von Vorschriften und Überlegungen zur Reform der Kirche. Luther richtete seine Schrift an den deutschen Adel, dem er die Aufgabe zutraute, sich für die Belange der Kirche einzusetzen. Der Widerspruch gegen seine Adelsschrift auf kirchlicher Seite blieb freilich nicht aus. Dennoch fand sie große Zustimmung, weil sie in der Tat die in der Kirche vorherrschenden Missstände und Missbräuche ohne alle Umschweife benannte und ihre Beseitigung anmahnte.

Die zweite der drei großen Reformschriften Luthers beschäftigt sich mit der Sakramentenlehre der Kirche. Vorbereitet durch einige kleinere Schriften, unter anderem zur Messe, legt Luther seine grundlegende Auffassung vom Sakrament in seiner Schrift »Von der baylonischen Gefangenschaft der Kirche« dar. Auch in dieser Schrift durchziehen Reformvorschläge und theologisch grundsätzliche Darlegungen den Text. Luther zeigt sich hier als Meister einer neuen literarischen Form, nämlich der an den jeweiligen Leser gerichteten Literatur. Es handelt sich also keineswegs um philosophisch und theologisch ausgearbeitete systematische Darlegungen der Sachthemen, sondern um Gelegenheitsschriften mit programmatischen Aussagen.

   Luthers grundsätzliche Auffassung zur Sakramentenlehre orientiert sich an der aus seiner Rechtfertigungslehre hervorgehenden Konzeption von Verheißung und Glaube.

»Denn Gott ... hat mit den Menschen niemals anders gehandelt, handelt auch noch nicht anders mit ihnen denn durch das Wort der Verheißung. Hiergegen können wir mit Gott nicht anders handeln denn durch den Glauben an das Wort seiner Verheißung. Unserer Werke achtet er nicht, bedarf ihrer auch nicht, mit welchen wir vielmehr gegen die Menschen und mit Menschen und uns selbst handeln. Aber das bedarf er, daß er in seinen Verheißungen von uns für wahrhaftig gehalten und also mit Geduld erwartet und mit Glauben, Hoffnung und Liebe geehret werde ... Denn es versteht ein jeder leicht, daß diese zwei Dinge zugleich nötig sind, die Verheißung und der Glaube. Denn ohne Verheißung kann nichts geglaubet werden. Und ohne Glauben ist die Verheißung nichts nütze, weil sie durch den Glauben befestiget und erfüllet wird.« (WA 6, 516 f.; Mü³, Bd. 2, 178)

Was Luther hier ausdrücken will, ist die unmittelbare Verbindung zwischen dem die Verheißung zum Ausdruck bringenden Wort Gottes einerseits und dem Glauben des Menschen andererseits, der sich dem Worte Gottes bedingungslos unterwirft. Unter diesem Vorzeichen steht das Verständnis der Zeichenhaftigkeit des Sakraments. Das Zeichen ist, wie Luther sich ausdrückt, ein Denkmal der Verheißung des Wortes. Somit geht ein Sakrament aus beiderlei, Wort und Zeichen, hervor. Das Wort ist das Testament, das Zeichen das Sakrament. Dabei ist an dem Worte mehr gelegen, denn an dem Zeichen, so auch mehr an dem Testament, denn am Sakrament. So ist das Wort der Verheißung das Hauptstück, dem der Glaube zu folgen hat.

Luther folgt einer offenkundigen Linie. Nacheinander handelt er die sieben Sakramente ab. Beginnend mit der Frage des Laienkelches, dessen Verweigerung für die Laien er scharf kritisiert, befasst er sich mit der von der Kirche vorgelegten Transsubstantiationslehre, mit dem Verständnis der Messe als Opfer, dessen Werkcharakter er massiv angeht. Die Messe ist ein Geschenk Gottes, und kein Gegenstand von Geschäftemacherei. Die Taufe ist für Luther das Fundament aller Sakramente, die Buße Ausdruck göttlicher Verheißung. Weil ohne Fundament in der Heiligen Schrift verweigert Luther den anderen Zeichen der Kirche den Charakter eines Sakraments: der Ehe, der Weihe, der Firmung, der Letzten Ölung. Wieder setzt sich Luther mit dem Grundsatz vom Priestertum aller Gläubigen auseinander, hier jetzt in Beziehung zum Dienstamt in der Kirche. Wohl lehnt Luther das Sakrament der Weihe ab, dennoch leugnet er nicht, dass es in der Kirche ein besonderes Dienstamt geben muss. Die Kirche entspringt aus dem Wort der Verheißung durch den Glauben und sie wird mit demselben Wort der Verheißung erhalten. Das Wort Gottes ist über der Kirche. Die Kirche hat keine Macht über das Wort Gottes, deshalb ist auch die Weihe kein Sakrament. Was die Kirche braucht, ist der Dienst am Wort Gottes:»Der Dienst des Wortes Gottes macht einen Priester und Bischof.« (WA, 6 566; Mü³, Bd. 2, 244) Nicht das äußerliche Gehabe, nicht die Tonsur noch die Kleidung machen einen Priester, sondern der Dienst am Wort. Wenn auch alle Christen zugleich Priester sind, die alle gleiche Gewalt an dem Wort Gottes haben, kann doch niemand diesen Dienst, zu dem alle berufen sind, an sich ziehen. Das Sakrament der Weihe ist daher nichts anderes als ein gewöhnlicher Brauch,»jemand zu berufen in den Dienst der Kirche«. Somit kann Luther auch zwischen dem Priestertum aller Gläubigen und dem Dienstamt am Wort Gottes unterscheiden. Selbst die Weihe, oder besser Ordination, lehnt Luther nicht entschieden ab.

Anders als seine Adelsschrift traf seine zweite große Hauptschrift nicht auf ungeteilte Zustimmung. Die Wirkung der Schrift war zwiespältig.

Neben diesen beiden großen Schriften Luthers traten eine Reihe kleinerer Schriften, die nicht weniger Aufmerksamkeit erlangten. Dazu zählte auch der Streit Luthers mit Augustin von Alveldt über das Papstamt. Die Streitfrage ist auch für Luther nicht neu. Wieder geht es darum, ob das Papstamt durch göttliches Recht begründet ist. Daher ist seine Auseinandersetzung mit Alveldt über diese Frage nicht das entscheidend Neue, sondern die in dieser Schrift entfaltete Darlegung seines reformerischen Kirchenverständnisses. Wieder setzt er zunächst bei seiner Kritik am Papstamt ein: die äußere Einigkeit unter dem Papst konstituiert nicht die Christenheit. Sie ist für Luther, und darin kommt sein neues Verständnis zum Tragen, eine Versammlung aller Christgläubigen auf Erden. Die Christenheit ist zunächst nicht eine leibliche Versammlung, sondern eine Versammlung der Herzen im einen Glauben. Gemeinschaft der Heiligen heißt bei Luther jetzt Gemeinschaft derer, die an Christus glauben. Die Kennzeichen der geistlichen Gemeinschaft sind Evangelium, Taufe und Abendmahl. Von dorther kommt Luther zu seiner charakteristischen Unterscheidung zwischen den zwei Kirchen. Die erste ist die natürliche, wesentliche und wahrhaftige, die geistliche innerliche Christenheit. Die andere ist die äußerliche, die leibliche Christenheit. Beide Dimensionen von Kirche will Luther nicht auseinander reißen, doch scharf voneinander unterscheiden. Ist die erste Christenheit die allein wahrhaftige Kirche, dann hat sie auf Erden weder einen Bischof noch einen Papst, allein Christus ist ihr Haupt und regiert allein. Die rechte Kirche ist die, die geglaubt wird, und deshalb ist sie eine Gemeinschaft im Glauben. Die äußerliche Kirche dagegen wird durch eine menschliche Ordnung regiert, und deshalb ist gerade sie nicht ohne solche Menschen wie Päpste, Kardinäle, Bischöfe, Priester und Mönche.

Aber diese äußere Kirche macht keine wahren Christen, weil auch sie nicht ohne den Glauben bestehen können. (Von dem Papsttum zu Rom wider den hochberühmten Romanisten zu Leipzig: WA 6, 292 f., 296 f.) Auch hier ergibt die Analyse des Textes die Einsicht, dass Luther eine Unterscheidung herbeiführt, die er für das Wohl und Wehe der Kirche unabdingbar hält. Luther unterscheidet zwei verschiedene Aspekte, den innerlichen und den äußerlichen. Die äußerliche Gemeinde ist nicht allein durch sichtbare Elemente darzustellen, sie ist Ausdruck der inneren Gemeinschaft, die durch den Glauben ausgezeichnet ist. Geistliche Gemeinschaft ist nicht einfach identisch mit der äußerlich sichtbaren und erfassbaren Gemeinde, die durch das Recht und die Ämter strukturiert ist. Freilich bleibt Luther auch hier wie an vielen anderen Stellen die genauere Verhältnisbestimmung von innerlicher und äußerlicher Gemeinde, von innerlichen und äußerlichen Aspekten schuldig. Klar ist jedenfalls, nicht allein das äußerliche Erscheinungsbild der Kirche ist alleiniger Ausdruck dessen, was Kirche im Ganzen genannt zu werden verdient.

In dieser Schrift erweist sich Luther wahrhaft als Polemiker. Gegen Alveldt äußert er:

»Schelte, lästere, richte meine Person und mein Leben nur frisch, wer da will, es ist ihm schon vergeben. Aber niemand erwarte von mir weder Huld noch Geduld, wer meinen Herrn Christus, durch mich gepredigt, und den heiligen Geist zu Lügnern machen will. Es liegt nichts an mir, aber Christi Wort will ich mit fröhlichem Herzen und frischem Mut verantworten, ohne jemand anzusehen, dazu mir Gott einen fröhlichen, unerschrockenen Geist gegeben hat, den sie mir nicht betrüben werden, hoffe ich, ewiglich.« (WA 6, 323; Zitat ins Hochdeutsche übertragen)

Seine Schärfe zieht Luther aus den zentralen Fragen des Glaubens; Luther ist Polemiker aus Glaubensgründen.

Noch in einer anderen Frage betrat Luther gegenüber der Tradition Neuland. In der Auslegung des ersten Gebotes, »Ich bin der Herr dein Gott, du sollst keine anderen Götter neben mir haben«, bot sich Luther die Gelegenheit, seine Vorstellungen einer neuen Ethik grundzulegen. Sowohl in seiner Schrift vom Februar 1520 »Sermon von den guten Werken« als auch in der bekannteren Schrift »Von der Freiheit eines Christenmenschen«, die dem Sendschreiben an Papst Leo X. beigefügt war, gelingt es Luther wiederum, mit kräftigen Strichen seine Auffassung darzulegen. Vielfach hatte er seine Vorstellungen über Ethik in Vorlesungen und Predigten bereits erprobt und vorgetragen, hier kann er sich mit scharfen Thesen an die Öffentlichkeit wenden. Ansatzpunkt seines neuen Denkens ist sein am Römerbrief gewonnenes intensives

Verständnis der Rechtfertigungslehre und das aus ihm gewonnene Verständnis des christlichen Glaubens.

Im Sermon beginnt Luther seine Ausführungen mit zwei Thesen, die einander gegenüberstehen. Die erste These lautet: es gibt keine guten Werke denn allein, die Gott geboten hat. Die zweite lautet: es ist keine Sünde denn allein, die Gott verboten hat. (Von den guten Werken: WA 6, 204; Mü³, Bd. 2, 5) Hat Christus gesprochen, dass allein der selig wird, der die Gebote Gottes hält, und das sind die 10 Gebote, so will Luther hier eine Unterscheidung der guten Werke lehren, die ihm notwendig erscheint. Nicht alle guten Werke sind auch wirklich gut. Wohl finden sich viele, die beten, fasten, stiften, ein gutes Leben führen. Aber ob alle diese Wege zu Gott führen, ist nicht gewiss. Denn das entscheidende Merkmal, ob gute Werke wirklich gut sind, ist allein der Glaube an Christus. Gut ist allein das Werk, das aus dem Glauben geschieht. Der Glaube macht also die Werke gut. Der Glaube ist das Vorzeichen, das alle Werke gutmacht. Das ist der Sinn der Forderung des ersten Gebotes. Diese Linie zieht Luther in seiner Freiheitsschrift weiter aus.

Auch hier beginnt Luther wieder mit einer grundsätzlichen Unterscheidung. Die erste These lautet: »Ein Christenmensch ist ein freier Herr über alle Dinge und niemand untertan«. Die zweite lautet: »Ein Christenmensch ist ein dienstbarer Knecht aller Dinge und jedermann untertan.« (WA 7, 21; Mü³, Bd. 2, 269) Zum Verständnis dieser beiden Thesen, die sich gegenseitig aufzuheben scheinen, greift Luther auf eine ihm längst gängige Unterscheidung zurück, die er nun zur Grundlegung seiner Ethik heranzieht. Zunächst, schlägt Luther vor, schauen wir auf den inwendigen, den geistlichen Menschen, welcher ein frommer, freier Christenmensch heißen soll. Kein äußerliches Ding kann ihn frei oder fromm machen, sondern nur das Evangelium, das Wort Gottes, von Christus gepredigt. Die Seele hat kein anderes Ding als das im Evangelium offenbarte Wort Gottes. Wort und Glaube gehören zuhauf. Der Glaube allein kann fromm machen, ohne alle äußere Werke. Das ist der Sinn der ganzen Heiligen Schrift. Gebote lehren und schreiben uns lauter gute Werke vor, aber damit sind sie noch nicht geschehen. Sie weisen wohl, was man tun soll, geben aber keine Stärke dazu. Das allein macht der Glaube. »Allein das Wort und der Glaube regieren in der Seele.« (WA 7, 24; Mü³, Bd. 2, 273) Die christliche Freiheit kommt aus dem Glauben. Um fromm und selig zu werden, bedürfen wir keines Werkes. Ein Christenmensch ist deshalb frei von allen Dingen und über alle Dinge, weil er aus dem Glauben lebt. Alles was der Mensch tut, richtet sich auf die Ordnung des menschlichen Lebens, nicht auf das Heil. Doch kann nicht geleugnet werden, dass der Mensch auf Erden lebt und handeln muss. Nun muss der Mensch nicht müßig werden, weil er glaubt, aber er ist frei, zu tun, was aus dem Glauben kommt. Wie immer der Mensch entscheidet und handelt, Werke machen niemals fromm. Zuvor muss der Mensch fromm sein, ehe er wirkt. Der Glaube macht die Person, nicht das Werk. Fides facit personam, heißt Luthers knappe Formel hierzu, der Glaube macht die Person.

Die gewiss nicht leicht verständliche Unterscheidung zwischen innerlichem und äußerlichem Menschen ist die wohl in der abendländischen Geistesgeschichte bekannteste Diktion Luthers geworden. Ohne hier auf die Wirkungsgeschichte dieser für das ethische Denken und Handeln wichtigen Grundunterscheidung einzugehen, will Luthers Konzeption, die er in einer paradoxen Doppelthese aufnimmt, den Weg für den Christen weisen. Der Weg zum christlichen Leben, der Weg zu Freiheit und Gerechtigkeit führt nicht über das Tun von frommen Werken, sondern einzig über das Evangelium von Jesus Christus. Das Gesetz, die Gebote Gottes, mögen fordern, den Menschen binden, zu seinem Heil vermögen sie ihn nicht zu führen. Das Gesetz führt den Menschen zur Erkenntnis der Sünde, Christus allein führt ihn zum Heil. Dem Glauben rechnet Gott daher die Gerechtigkeit, die Freiheit, die Gewissheit und die Seligkeit zu, nicht mehr dem Werk. Gleichwohl lebt der Mensch in einer Welt, in der Gebote und Verbote bestehen und befolgt werden müssen. Niemand kann ohne Ordnung leben. Aber diese Ordnung ist frei von der Bindung an das Tun der guten Werke um des Himmelreiches willen. Aus der Gemeinschaft von Gott kommend ist der Mensch frei für das Leben in der Welt. Hier muss er nicht beweisen, dass er zur Gemeinschaft mit Gott gehört. Das allein weiß er aus dem Glauben an das Evangelium Jesu Christi. Freiheit wird möglich allein aus Glauben an Gott. Luthers Antwort auf die traditionelle Frage, was soll ich tun, lautet daher: der Mensch lebt und handelt aus dem Geschenk der Freiheit, als Geschenk der Befreiung, und nicht durch aktivistische Selbstverwirklichung. Hatte die mittelalterliche Philosophie, vor allem Thomas von Aquin, sehr viel Wert auf die durch den Menschen zu ordnende, durch seine ordnende Vernunft bestimmte Welt gelegt, so tritt Luther gleichsam mit einem Rasiermesser an die Welt und trennt Innerliches und Äußerliches voneinander. Um es auf eine knappe Formel zu bringen: nach der Vorstellung des Thomas von Aquin gibt Gott dem Menschen das Gesetz, damit der Mensch dem Willen Gottes gehorsam ist, und die Gnade, um es in der Welt zu erfüllen (Summa Theologica I-II, 90; DThA, Bd. 13, 3); nach Luther dient das Gesetz der Erkenntnis der Sünde, das Evangelium dagegen ist Geschenk der Freiheit, die allem Tun des Menschen vorausliegt. Wirken nach der ersten Vorstellung Gesetz und Gnade zusammen, treten nach der zweiten Gesetz und Evangelium um des Heiles willen auseinander. Schaut Thomas mit den Augen des Schöpfergottes auf Welt, Mensch und Gesellschaft, so Luther mit den Augen des gekreuzigten Christus auf Sünde und Tod des Menschen, die nur Christus überwinden kann.

Die Unterscheidung von Innerlich und Äußerlich hat Luther noch in einer weiteren charakteristischen Unterscheidung geltend gemacht, indem er zwischen zwei Regimenten unterscheidet, dem geistlichen und dem weltlichen Regiment. In seiner so genannten Obrigkeitsschrift führt Luther aus, dass man beide Regimente unterscheiden müsse, ohne sie gänzlich auseinander zu reißen. »Denn ohn Christi geistlich Regiment kann niemand fromm werden vor Gott durchs weltlich Regiment.« (Von weltlicher Obrigkeit, wie weit man ihr Gehorsam schuldig sei: WA 11, 252; Mü³, Bd. 5, 15) Auch hier dient die Unterscheidung dazu, klarzumachen, dass durch alles weltliche Handeln niemand sein Heil erwirken kann. Das eine Regiment macht fromm, das andere schafft äußerlich Frieden und wehrt den bösen Werken. Die äußere Ordnung ist nicht sich selbst überlassen, sondern ist Dienerin Gottes. Dennoch hat Gott dem Menschen zweierlei Gesetz gegeben.

 »Denn ein jeglich Reich muss seine Gesetz und Rechte haben, und ohn Gesetz kein Reich noch Regiment bestehen kann, wie das genugsam täglich Erfahrung gibt. Das weltlich Regiment hat Gesetz, die sich nicht weiter strecken, denn über Leib und Gut und was äußerlich ist auf Erden. Denn über die Seele kann und will Gott niemand lassen regieren, denn sich selbst alleine.« (WA 11, 262; Mü³, Bd. 5, 25)

Die weltliche Ordnung ist sinnvoll, notwendig und unabdingbar, sie reicht aber nicht aus, den Glauben zu erlangen. Und deshalb kann niemand den Menschen in diesem Bereich mit äußerlicher Gewalt zwingen. »Zum Glauben kann und soll man niemand zwingen.« (WA 11, 264; Mü³, Bd. 5, 27) Auch hier steht für Luther klar und deutlich im Vordergrund, dass kein Gesetz der Kirche, auch kein Concilium, den Menschen zu irgendetwas zu zwingen vermag. Auch in der Kirche geht es letztlich um die menschliche Ordnung und diese erstreckt sich weder in den Himmel noch über die Seele. Damit ist klar, dass die weltliche Gewalt nicht über den Glauben verfügen kann. Hier hat jede äußerliche Ordnung ihre unüberwindbare Grenze. Die kirchenkritische Spitze dieser Aussagen kommt in folgendem Zitat zum Ausdruck: »Die Bischöf sollen das Wort Gottes lassen liegen und die Seelen nicht damit regieren, sondern sollen den weltlichen Fürsten befehlen, dass dieselben mit dem Schwert daselbst regieren.« (WA 11, 269; Mü³, Bd. 5, 32) Unter den Christen ist kein Oberster, denn Christus allein. Priester und Bischöfe üben keine Obrigkeit und Gewalt aus, sondern ein Dienstamt. Die Christen müssen im Glauben regiert werden, nicht mit äußerlichen Werken. »Glaube kann aber durch kein Menschenwort, sondern nur durch Gottes Wort kommen«. (WA 11, 271; Mü³, Bd. 5, 34)

Im Anschluss an diese grundsätzlichen Überlegungen gibt Luther den weltlichen Fürsten eine Reihe von Anweisungen zur Hand, nach denen sie ihr weltliches Regiment auszuführen haben. Alle weltliche Gewalt findet ihre Grenze dort, wo das Wort Gottes allein regiert. Ob Luthers Obrigkeitsschrift als Summe seiner politischen Ethik gelten darf, ist heute umstritten. Freilich enthält seine Schrift auch viele zeitbedingte Überlegungen, so dass ihr grundsätzlicher Charakter damit leicht verwechselt werden kann. Nicht alle Fragen der politischen Ordnung und Verantwortung der Christen in der Welt können mithilfe seiner Obrigkeitsschrift beantwortet werden.

Schärfer noch als hier hat Luther in seiner Schrift gegen den Humanisten Erasmus von Rotterdam den grundsätzlichen Unterschied von Gesetz und Evangelium herausgearbeitet. Die 1525 erschienene Schrift »Vom unfreien Willen« (De servo arbitrio) arbeitet die Fundamentalunterscheidung von Gesetz und Evangelium heraus, welche Luther die »höchste Kunst in der Christenheit« (WA 36, 9) nannte. Von ihr kann behauptet werden, dass sie zu Luthers grundlegenden hermeneutischen Erkenntnissen gehört, mit der man die Eigenart von Luthers Reformtheologie erfassen kann. Ohne hier den Reichtum seiner Streitschrift gegen Erasmus ganz erfassen zu wollen, bietet Luther mit der Unterscheidung von Gesetz und Evangelium einen Schlüssel zur Interpretation der Heiligen Schrift. Nach Luther kommt es darauf an, die Funktion des Gesetzes im Blick auf das Evangelium zu erfassen. Das Gesetz bringt den Menschen zur Erkenntnis seiner Ohnmacht. Ohnmächtig ist der Mensch im Blick auf das Erlangen des Heils. Gott besitzt kein anderes Heilmittel als das Gesetz, das er dem Menschen vor Augen stellt, damit dieser erkennt, dass er ein Sünder ist. »Die Schrift aber definiert: Der Mensch ist verderbt und gefangen, außerdem verachtet er stolz Gott und weiß nicht um seine Verderbtheit und Gefangenschaft. Deswegen zupft sie ihn mit jenen Worten und weckt ihn auf, damit er sogar aus unbestreitbarer Erfahrung erkennt, wie er nichts davon vermag.« (WA 18, 674; Mü³, Erg.Reihe Bd. 1, 92) Der ganze Sinn und die Kraft des Gesetzes liegen in der Erkenntnis der Sünde. Das Gesetz belehrt ihn und zeigt, was seine Schwachheit letztlich ist. Durch die Worte des Gesetzes wird der Mensch ermahnt und belehrt: Erkenne, dass du ein Sünder bist. Das Evangelium dagegen beschreibt den Menschen als den, der glaubt, der frei ist, der erlöst ist. Will man also die Heilige Schrift verstehen, so muss man die Unterscheidung von Gesetz und Evangelium anwenden. Dieser Unterscheidung folgt jede rechte Theologie.

Die von Luther ausgearbeitete Lehre führt zur reformatorischen Neufassung der zuerst durch Augustin vorgenommenen Unterscheidung zwischen Gesetz und Gnade. Sie ist dialektisch antithetisch strukturiert, ihr folgen eine Reihe von charakteristischen Unterscheidungen reformatorischer Theologie, wie die von Philosophie und Theologie, Buchstabe und Geist, Person und Werk, Glaube und Liebe, Reich Christi und Reich der Welt, Christperson und Weltperson. Will man den Unterschied zwischen Luthers Neuformulierung der Theologie und der aus der Tradition herkommenden Theologie auf einen einzigen Punkt bringen, so liegt er womöglich in der von Luther scharf gezeichneten fundamentalen Unterscheidung von Gesetz und Evangelium. Ob diese Unterscheidung zugleich eine konfessionsspezifisch trennende Unterscheidung ist, wie dies in der modernen protestantischen Lutherforschung dargestellt wird, ist im ökumenischen Dialog der Gegenwart die entscheidende Frage.

6. Reformatorische Bewegungen

Nicht nur in den Städten, sondern auch auf dem Land begannen Menschen nach 1520 Erneuerungen im Sinne des von Luther vorgebrachten Verständnisses des Evangeliums einzufordern. Auch Luthers Anhänger forderten Konsequenzen aus den großen Programmschriften. Diese bezogen sich zunächst vor allem auf die Messe, den Zölibat des Priesters und das Mönchsgelübde. Bald wurden Änderungen in der Ordnung des Gottesdienstes durchgeführt. Luthers Wittenberger Professorenkollege Andreas von Bodenstein, genannt Karlstadt, feierte mit Gläubigen das Abendmahl in beiderlei Gestalt. Der Gottesdienst fand in deutscher, nicht mehr in lateinischer Sprache statt. Die privaten Messen wurden abgeschafft, die Beichte für unnötig erklärt. Bald wurden auch die Mönchsgelübde als nicht mehr verbindlich betrachtet. Die Geltung des Zölibatsgebotes wurde aufgehoben. Luther erkannte die sich allerorts durchsetzenden Reformen ausdrücklich als berechtigt an, oft kritisierte er allerdings die Art und Weise, wie sich die Reformen durchsetzten. Erst einige Jahre später setzte Luther eigene Ordnungen durch.

Das reformatorische Gedankengut begann sich von Wittenberg auszubreiten. Rasch konnte man von reformatorischen Bewegungen sprechen, die in der Breite die Wittenberger Reformansätze aufnahmen und umzusetzen suchten. Die von Luther ausgelöste reformerische Bewe-

gung fand breite Resonanz in allen Bevölkerungsschichten. Schnellen
Eingang fanden die Reformen in Teilen des niederen Adels. Religiöse
Entscheidungen zeigten sich oftmals beeinflusst von politischen Erwä-
gungen und sozialen Herausforderungen. Hier bot die Reformation An-
satzpunkte für eine sich gegenüber den Landesherren allmählich durch-
setzende neue Politik. Mancher Adlige ließ sich durch die neue Lehre
dazu verleiten, mit militärischen Mitteln für sie zu kämpfen. Aufsehen
erregten so spektakuläre Aktionen des Adels in den Jahren 1522 und
1523. Eine führende Rolle bei der Durchsetzung der Reformation spielten
die Städte. Waren sie vor allem im späten Mittelalter zu sozialen, politischen und kulturellen Zentren herangewachsen, fühlten sich die Bürger
gleichermaßen für das irdische wie für das ewige Heil verantwortlich.
Allmählich wuchs der Einfluss des Bürgertums auf die Geschicke der
Kirche. Konflikte mit den zuständigen Bischöfen ergaben sich dann,
wenn machtversessene Bürger darauf sannen, Pfarrer nach Gutdünken
in die von ihnen gestifteten Kirchen einzusetzen. Bischöfen blieb dann
meist nichts anderes übrig, als ihre Pfarrkirchen außerhalb der Städte
anzusiedeln. In den Städten wirkten dann von Bürgern angestellte Theologen, die das Evangelium predigten, nicht aber die Messe hielten. Bür-
gerschaften beanspruchten auch die Aufsicht über das kirchliche Vermögen und weitere Patronatsrechte, wie die Pfarrerwahl. In dieser
Gemengelage fasste die Reformation rasch Fuß und gewann schnell an
Bedeutung. Hier verbanden sich Kirchenkritik und Antiklerikalismus
und gaben den Stadtherrn die Legitimation zu einem von ihnen bestimmten Kirchenwesen. Bis zum Frühjahr 1525 waren Städte aus dem
gesamten Reich bereits der Reformation zuzurechnen, so vor allem Bremen, Magdeburg, Breslau, Nürnberg, Konstanz, Straßburg, Reutlingen,
Ulm und Zürich.

Auch außerhalb der Städte wurde die Reformation aufgenommen
und lieferte Begründungen für die Durchsetzung von seit Jahrhunderten eingeforderten Reformen in der ländlichen Bevölkerung. So hatte es
im ganzen Reich bereits lange vor der Reformation Bauernunruhen gegeben. Die Lage auf dem Lande war, unter wirtschaftlichen Gesichtspunkten betrachtet, äußerst schlecht. Durch Flugschriften wurden Luthers Forderungen in Kreisen der Bauern wirksam. Aber auch hier
vermischten sich theologische und soziale Forderungen. 1525 kam es
zum Bauernkrieg. Anlass und Ziel waren Forderungen nach Pfarrerwahl
durch die Gemeinden und der Predigt des Evangeliums. Die Berufung
auf die Bibel hatte so etwas wie eine erlösende Funktion und wirkte als
Signal. Die bäuerliche Erhebung, die dann zum Bauernkrieg führte, be-

gann im Sommer 1524 im südlichen Schwarzwald und im Allgäu. Von dort aus verbreitete sich der Aufstand im ganzen süddeutschen Bereich. Luther hatte kein Verständnis für die Forderungen der Bauern. Er verurteilte ihren Aufruhr als »schreckliche, greuliche Sünde«. Die adligen Gegner der Bauern, vor allem der Schwäbische Bund, stellten im Kampf nach und nach die einzelnen bäuerlichen Haufen. Die letzte entscheidende Schlacht fand im Mai 1525 bei Frankenhausen statt. Hier wurde ihr Anführer, Thomas Müntzer, gefangen genommen und schließlich hingerichtet.

Obwohl sich die Reformation auf breite Bevölkerungsschichten auswirkte, blieb sie dennoch ein Phänomen einzelner Reformatoren. Neben Andreas Karlstadt (gestorben 1541) und Thomas Müntzer (1490 bis 1525) waren es vor allem täuferisch gesinnte Reformatoren, die Anklang fanden. Unter ihnen ragten die Täufer von Münster hervor. Von den Täufern zu unterscheiden sind die Spiritualisten, die als Schwärmer gebrandmarkt und verurteilt wurden.

Zentrum der reformatorischen Bewegung war zunächst Wittenberg. Von hier aus dehnte sich die Reformation in den Städten aus, in denen die besten Möglichkeiten zur Verbreitung der reformerischen Ideen lagen. Eigene Ansätze gelangen der Reformation in Süddeutschland. Zentrum dieser Bewegung war die Schweiz, insbesondere die Stadt Zürich. Treibende Kraft der dortigen Reformation war Ulrich Zwingli, geboren am 1. Januar 1484. Nach Ausbildung in Bern, Wien und Basel war er Pfarrer in Glarus. Im Januar 1519 trat er sein neues Amt als Pfarrer des Großmünsters in Zürich an. Durch den Humanismus beeinflusst, von Luther herkommend, wurde Zwingli vor allen Dingen durch eigenes Schriftstudium zum Reformator. Zwingli betrieb weniger theologische Studien als vielmehr praktische Reformen auf der Grundlage der Heiligen Schrift. Darüberhinaus trat er für die Abschaffung des Zehnten und für die Reform der Armenfürsorge ein. Schon 1522 kam es zum Eklat mit den kirchlichen Behörden. Zwingli legte sein Pfarramt nieder, der Rat der Stadt richtete ihm daraufhin eine eigene evangelische Pfarrerstelle ein. Alsbald ging Zwingli daran, seine Ansichten in umfangreichen Abhandlungen und Disputationen zu verteidigen. Seine Hauptschrift »De vera et falsa religione commentarius« erschien 1525. Zwar ist Zwinglis Lehre in Abhängigkeit von Luther entstanden, seine Radikalität im Umgang mit der Bibel und seine reformerischen Maßnahmen aber ließen ihn bald von Luther Abstand nehmen.

Zwinglis theologisches Denken zeichnet sich durch eine strikte Unterscheidung zwischen Schöpfer und Geschöpf, zwischen Himmel und Erde, Geist und Fleisch, Seele und Leib aus. Diese Unterscheidung wirkt sich auch auf die Frage der Vermittlung des Heils aus. Weil der Mensch als Sünder dem Vollkommenheitsanspruch Gottes niemals gerecht zu werden vermag, kann die Kreatur in keinem Fall Trägerin des göttlichen Heils sein. Dies trifft auch auf das Sakramentsverständnis zu. Das Heil verleiht allein Gott dem Glaubenden. Äußere Mittel sind dazu nicht notwendig. Die Taufe ist daher ein Zeichen für den Gnadenbund Gottes, das Abendmahl ist Zeichen der Erinnerung an das Opfer Christi, indem Gläubige für die erwirkte Erlösung Dank sagen und sich zur Gemeinschaft mit Christus verpflichten. Nach der Festigung in Zürich trieb Zwingli die Ausbreitung der Reformation in der Schweiz und in Süddeutschland voran.

Neben den beiden Hauptorten der Reformation, Wittenberg und Zürich, trat in den vierziger Jahren des 16. Jahrhunderts Genf als drittes Zentrum der Reformation hinzu, dessen Ausstrahlungskraft bald die von Zürich überdeckte und auch Wittenberg den Rang als Hauptzentrum der reformatorischen Bewegung streitig machte. Johannes Calvin wurde 1509 in Noyon (Frankreich) geboren und starb 1564 in Genf. Zunächst studierte Calvin Jura, später Theologie, indem er die Bibel und die Kirchenväter zu lesen begann. In Paris vertiefte er die Kenntnisse der biblischen Sprachen, des klassischen und christlichen Altertums. Bald musste er aber, der Häresie verdächtig, nach Basel fliehen, und hier vollzog sich dann seine entschlossene Hinwendung zur Reformation. Hier begann er die Arbeit an seinem theologischen Hauptwerk »Christianae Religionis Institutio«. Als Quellen dienten ihm dabei die beiden Katechismen Luthers sowie dessen Schriften über die Freiheit und über die babylonische Gefangenschaft der Kirche. Calvin wurde aufgrund seines enormen Erfolgs zum Lektor der Heiligen Schrift in Genf ernannt und verfasste dort eine Kirchenordnung, die zur Grundlage für die Erneuerung des Kirchenwesens diente. Aus Genf ausgewiesen, begab sich Calvin nach Straßburg, später nach Frankfurt, Worms und Regensburg. Hier lernte er Melanchthon kennen. Luther dagegen ist er nie persönlich begegnet. Die Genfer riefen ihn 1541 zurück und der Rat genehmigte seine Kirchenordnung, die vier Ämter vorsah: die Pastoren zum Dienst an Wort und Sakrament, die Lehrer zur Erziehung, die Ältesten zur Überwachung der Lebensführung und als Verantwortliche für die Politik, die Diakone zur sozialen Fürsorge. Calvin betrieb auch einige Lehrzuchtverfahren, unter anderem gegen Michel Servet, der auf dem Scheiterhaufen endete. Es gelang Calvin jedoch nie, seine Kirchenordnung ganz umzusetzen. Er starb noch nicht ganz 55-jährig aufgrund der enormen Arbeitsbelastung.

Calvins Theologie kann durch eine Synthese von Weisheit und Wissenschaft charakterisiert werden. Verstand und Herz, Individuum und Gemeinschaft sollen von Gott her und auf das Heilige angesprochen werden, wissenschaftlich setzt seine Theologie die Bibel- und die Altertumskunde, sowie Logik und Dialektik voraus. Trug der Mensch einst das göttliche Ebenbild in sich, so ist dieses zwar nicht völlig zerstört, aber irrtumsanfällig. Durch Rechtfertigung und Erneuerung hat Gott den Menschen ein neues Ebenbild eingegeben. Als Schöpfer bestimmt Gott alles im Voraus. In Christus steht dem Menschen das Bild des unsichtbaren Gottes vor; nunmehr wird die Beziehung zwischen Gott und Mensch durch Evangelium, Schrift, Predigt und sakramentale Worttat vermittelt. Durch die Taufe werden Menschen in die Gemeinschaft der Kirche aufgenommen, im Abendmahl wird uns Christus durch die Zeichen von Brot und Wein wahrhaft gegeben. Beide Sakramente versteht Calvin als Kommunikationsvollzüge. Das in der Kirche wirksame Amt ist unabdingbar, es ist ein Amt am Wort Gottes. Das gemeinsame Priestertum ist nicht die Grundlage seiner Ämterlehre. Calvin hält an der Ordination durch Handauflegung fest, die er als drittes Sakrament anzuerkennen bereit ist. Obwohl Calvin großes Gespür für die Transzendenz Gottes entwickelt, muss seine Theologie heute sicher mehr vom Gedanken der Vermittlung, nicht von dem des dialektischen Gegensatzes aus interpretiert werden. Insgesamt betrachtet kann seine Theologie nicht im eigentlichen Sinn als schöpferisch verstanden werden, er ist ganz der Mann der zweiten reformatorischen Generation, wohl der größte Schüler Luthers, der ihm sehr viel verdankt. Eigentümlich ist die im Gegenüber zu Luther strengere Fassung der Prädestinationslehre.

Der Calvinismus hat sich in Europa gegen katholische Obrigkeiten in einem harten Kampf durchsetzen müssen. Dies geschah in der reformatorischen Bewegung in Frankreich und den Niederlanden. Hier hat sich der Calvinismus auf Dauer verbreiten und die katholische Kirche aus der Position der Staatskirche verdrängen können. Calvinistische Glaubensflüchtlinge, vor allem nach der so genannten blutigen Bartholomäusnacht 1572 in Frankreich, fanden Zuflucht in Brandenburg-Preußen. Aber auch in der Pfalz konnte sich der Calvinismus wie in anderen kleineren Territorien im Alten Reich durchsetzen. Der deutsche Calvinismus hat schließlich Kirchenordnungen hervorgebracht; unter den Bekenntnisschriften ragt der Heidelberger Katechismus hervor.

7. Die politische Durchsetzung der Reformation

Von Anfang an war die reformatorische Bewegung ein politisches Phänomen. Zwar zielte Luthers religiöser Erneuerungswille auf die Reform der Kirche und der hergebrachten Theologie, aber die von ihm ausgelösten Reformbestrebungen weiteten sich auf alle Gebiete des öffentlichen Lebens aus. Wohl hatte es schon in den vorausliegenden Jahrhunderten immer wieder Reformbestrebungen gegeben, aber erst deren Bündelung im Rückgriff auf den theologischen Erneuerungswillen Luthers gab diesen die nötige Durchschlagskraft. Einmal in Gang gesetzt, lösten sich viele der Reformbestrebungen von ihren theologischen Anliegen und führten daher ein fast selbstständiges Dasein. Zusehends gewannen alle Arten von Reformwünschen Gestalt. Hinzu kam der Umstand, dass der theologische Veränderungswille allmählich erlahmte und die von ihm angestoßenen Ziele theologisch nicht umgesetzt werden konnten. Am Ende war die Durchsetzung der Reformation ein politisches Anliegen geworden.

Hatte es zunächst so ausgesehen, dass nach dem Tode von Papst Leo X. selbst ein Erneuerer in der Petrusnachfolge tätig werden konnte, so blieb Hadrian VI. nicht genügend Zeit, einen entscheidenden Beitrag zur Durchführung berechtigter Reformanliegen zu leisten. Hadrian war es nicht vergönnt, die Kirchenspaltung zu vermeiden. Durch ein von ihm selbst initiiertes Schuldbekenntnis wollte Hadrian zur Erneuerung der Kirche und zur Vermeidung der Kirchenspaltung beitragen. Schließlich waren aber die politisch Verantwortlichen nicht bereit, seine Reformanliegen mitzutragen. Clemens VII., der schon ein Jahr später die Nachfolge Hadrians übernahm, stellte alle zuvor aufgestellten Überlegungen zurück und erwies sich als entschiedener Gegner des Konzilsgedankens. Eine Lösung der drohenden Kirchenspaltung schien daher nicht in Sicht.

Nun versuchten die Fürsten und die Reichsstädte eine Lösung herbeizuführen, während Kaiser und Papst dies verhindern wollten. So kam es zu konfessionellen Sonderbünden. Zuerst schlossen sich die katholischen Fürsten zusammen, dann waren es die evangelischen, die sich zu einem lutherischen Bekenntnis zusammenzuschließen begannen. Der Kaiser dagegen suchte die von ihm ursprünglich angestrebte Politik, die Spaltung der Kirche zu verhindern, auf seine Weise durchzusetzen. Hier lag sein Schwergewicht auf der Durchsetzung des Wormser Ediktes. Evangelisch gesinnte Fürsten wie auch die städtischen Obrigkeiten, die den evangelischen Glauben bereits angenommen hatten, suchten seine Umsetzung zu verhindern.

Um einen größeren Konflikt zu vermeiden, ließ der Kaiser zu, dass in einigen Territorien eigene Kirchenordnungen von den Landesfürsten aufgestellt wurden. In den bereits reformierten Gebieten sollten freilich auch die alten Bräuche und die katholische Messe wieder eingeführt werden. Gegen diesen auf dem Reichstag beschlossenen Entscheid der Mehrheit legten die evangelischen Reichsstände im April 1529 Protest ein. Von diesem Protest leitet sich bis heute der Name »Protestanten« ab. Es waren fünf Fürstentümer – Hessen, Kursachsen, Brandenburg-Ansbach, Braunschweig-Lüneburg, Anhalt, und 14 Städte, unter anderem Straßburg, Nürnberg, Ulm und Konstanz, die unter den 400 Reichsständen ihren Protest einlegten.

Aber auch zwischen den selbstständiger gewordenen evangelischen Fürstentümern und ihren theologischen Eigenheiten war inzwischen theologischer Streit aufgekommen. Luther und Zwingli hatten sich in den Jahren 1526 bis 1528 über der Abendmahlsfrage zerstritten. An diesem Streit nahmen eine Vielzahl von Reformatoren teil, eine Lösung konnte nicht gefunden werden.

Kaiser Karl V. suchte auf dem Mitte 1530 angesetzten Reichstag eine Lösung des Konflikts herbeizuführen. Um der drohenden Türkengefahr entgegentreten zu können, brauchte er die Einigung im Inneren und auch die finanzielle Unterstützung der inzwischen evangelisch gewordenen Landesfürsten. Andererseits wollten sich die evangelischen Reichsstände in Augsburg auch in theologischer Hinsicht rechtfertigen. Zur Vorbereitung auf den Reichstag kamen im März 1530 Wittenberger Theologen in Torgau zusammen, um ein neues Bekenntnis zu formulieren. Aus diesem ging schließlich die so genannte Confessio Augustana hervor, deren Hauptverfasser der engste Mitarbeiter Luthers war. Philipp Melanchthon, in Bretten 1497 geboren, suchte die Hauptpunkte der neuen Lehre darzulegen und fasste sie in einem Kompendium der evangelischen Lehre zusammen. Die Confessio Augustana wurde am 25. Juni 1530 dem Kaiser von lutherischen Fürsten und Städten übergeben.

Der erste Teil der Confessio Augustana umfasst die Artikel des Glaubens und der Lehre. Enthalten sind darin Artikel über den dreifaltigen Gott, Gott den Schöpfer, Christus, den Geist, die Kirche, die Sakramente und das kirchliche Amt (Ordo). Der zweite Teil umfasst diejenigen Artikel, die offensichtliche Missstände in der Kirche zu beheben suchten, so die Frage des Ehestands der Priester, der Gestalt der Sakramente und ihres liturgischen Gebrauchs. Richtungsweisend erwies sich Art. 4 der Confessio Augustana über die Rechtfertigungslehre sowie Art. 7 über die Einheit der Kirche. So verband die Confessio Augustana den Willen zur

Reform mit dem Festhalten an der Einheit der Kirche Jesu Christi. Insoweit war die Confessio Augustana kein Dokument der Spaltung, sondern Ausdruck des Erneuerungswillens innerhalb der Kirche. Beredtes Zeugnis für diesen Einheitswillen ist der Hinweis, an der Jurisdiktion der katholischen Bischöfe festzuhalten, aber auch das Amt in der Kirche neu zu ordnen. Freilich gelang es der Confessio Augustana nicht, Grundlage der Einigungsbestrebungen zu werden, vielmehr bot sie bald den Boden für die Ausbildung eines eigenen, nunmehr lutherischen Bekenntnisses.

Die in Augsburg anwesenden 20 katholischen Theologen, darunter Johannes Cochlaeus, Johannes Eck, Johannes Fabri und Konrad Wimpina betrieben eine eigenständige Antwort und damit eine Widerlegung der Confessio Augustana. Diese Confutatio fand die Billigung des päpstlichen Legaten Campeggi, nicht aber die des Kaisers. Sie hielt sich eng an die Confessio Augustana und suchte die Differenzen mit Hinweis auf die Heilige Schrift und die Kirchenväter aufzuarbeiten. Eine offizielle Übergabe an die lutherischen Stände unterblieb auf ausdrücklichen Befehl des Kaisers. Melanchthon selbst, in Kenntnis der Confutatio, suchte darauf noch einmal eine Verteidigung der Confessio Augustana. Diese Apologie war bereits im Oktober des Jahres 1530 fertig und legte ihr Hauptaugenmerk auf die Rechtfertigungslehre. Die Apologie wurde schließlich zur Grundlage der lutherischen Bekenntnisschriften.

Während die frühe reformatorische Bewegung eine innerkirchliche Erneuerungsbewegung darstellte, ging die Einrichtung eines evangelischen Kirchenwesen auf politische Entscheidungen zurück. Vorangeschritten waren die Städte, die bereits in den zwanziger Jahren des 16. Jahrhunderts die Reformation einführten und eigene Vorstellungen von der Ordnung der Kirche umzusetzen begannen. In den dreißiger Jahren folgten dann die ersten Territorien. Durch die Einführung der Reformation gelang es den evangelischen Kirchenfürsten, ihre Machtbasis im Reich gegenüber dem Kaiser zu stärken. Die Einführung der Reformation bedeutete zunächst die Unabhängigkeit von der Jurisdiktion der zuständigen Bischöfe. Die Aufsicht über die Kirche bekam nun der Landesfürst in die Hand. Damit übernahm er auch das Vermögen der Kirche und deren Grundbesitz. Das eingezogene Kirchengut wurde sowohl für kirchliche, soziale wie pädagogische Zwecke, wie die Einrichtung von Internaten und Seminaren, verwendet. Auch Luther sah mehr und mehr die Notwendigkeit, die Sache der Visitation klarer und deutlicher zu regeln. Obwohl Luther an der episkopalen Ordnung der Kirche festzuhalten gewillt war, gelang ihm dies nicht. Hatte er im Hinblick einer Konzeption des Landesfürsten als eines Bischofs nur von einer Notordnung gesprochen, setzte sich gerade diese Lösung auf der ganzen Linie durch. Das landesherrliche Kirchenregiment konnte dabei auf spätmittelalterliche Vorformen zurückgreifen. Somit übernahmen die Fürsten die führende Rolle bei der Gestaltung der Kirche. Wichtigstes Instrument hierzu war die Ausbildung eines evangelischen Kirchenwesens durch Visitation.

Die Schwerpunkte der kirchlichen Neuordnung bestanden in folgenden Maßnahmen:

1. Verfestigung der Lehrgrundlage: Die Herausbildung der lutherischen Bekenntnisschriften (auf der Grundlage der drei altkirchlichen Symbole die Confessio Augustana von 1530, die Apologie der Konfession, die Schmalkaldischen Artikel, der kleine und der große Katechismus Luthers und Melanchthons Traktat über die Gewalt und Obrigkeit des Papstes, zusammengefasst im Konkordienbuch von 1580) stellte die entscheidende Basis für die Entstehung eines eigenständigen Kirchenwesens dar.

2. Neuordnung des Gottesdienstes: Für die lutherischen Kirchen wurde die Ordnung der Messe durch Streichung des Messkanons und die Eliminierung aller Hinweise auf den Opfercharakter der Messe neu geregelt. Stilbildend hierfür wurden Luthers noch lateinische Gottesdienstordnung »Formula missae et communionis« von 1523 und schließlich seine »Deutsche Messe und Ordnung des Gottesdienstes« von 1526.

3. Sorge um die Ausbildung und soziale Sicherung der Pfarrer: In erster Linie musste für die Pfarrer und ihre Familien die soziale Sicherung geregelt werden. Dies gelang durch Ordnung der kirchlichen Pfründe und Einnahmen. Um die Ausbildung der Pfarrer zu sichern, wurde insgesamt das Universitätsstudium an protestantischen Universitäten neu organisiert.

4. Förderung des Schulwesens: Mit der Einführung der Reformation gingen auch die Ordnung und Reform des Bildungswesens einher. In den evangelischen Gebieten entstanden Schulen unter der Aufsicht der weltlichen Territorien. Die Ausbildung sollte junge Menschen sowohl für den geistlichen Stand wie auch für weltliche Berufe qualifizieren. Großer Wert wurde auf das Erlernen der alten Sprachen, vor allem Griechisch und Latein, gelegt. In den Schulen erlernten Schüler auch Grundelemente des christlichen Glaubens. Die Entwicklung des aus der Reformation hervorgegangenen Bildungswesens führte zur Etablierung eines typisch protestantischen Kulturwesens.

5. Neuordnung des Kirchenwesens: Grundlage des evangelischen Kirchenwesens wurden die Pfarreien. Luther hatte zwar für Naumburg und Merseburg Bischofsweihen vorgenommen, die Episkopal-Verfassung setzte sich aber nicht durch. Als dem bischöflichen Amte vergleichbar wurde das Superintendentenamt eingeführt. An der Spitze der Kirche stand ein von den

jeweiligen Landesherrn eingesetztes Konsistorium. Im 19. Jahrhundert schließlich wurden Synoden etabliert.

Durch die weitgehende politische Formierung der Reformation setzten sich deren Anliegen seit den dreißiger Jahren auch außerhalb der Reichsgrenzen vor allem in Nordeuropa immer stärker durch. Hier waren es ganze Kirchen, die den neuen Glauben übernahmen. Auch in England wurde die römische Jurisdiktion zurückgedrängt, ohne jedoch die innere Reformation durchzuführen. Im Reich versuchten die evangelischen Landesherrn sich gegenüber dem Kaiser und seiner katholischen Politik zu behaupten. Karl V. setzte alles daran, die evangelischen Reichsstände zu unterwerfen. Diese gingen jedoch dazu über, untereinander einen Bund zu bilden. Im Schmalkaldener Bund verpflichteten sich die protestantischen Fürsten zur gegenseitigen Waffenhilfe im Verteidigungsfall. Dieser Bund stand in den ersten Jahren unter der Führung des hessischen Landgrafen Philipp. Dennoch drängte der Kaiser darauf, die faktische Spaltung der Kirche rückgängig zu machen. Mittel dazu war ihm die Einberufung eines Konzils. Zeitgleich lancierte er Verhandlungen mit den evangelischen Fürsten, in so genannten Religionsgesprächen die Chance für eine erneute Einigung in religiösen Sachen auszuloten. Freilich gelang es dem Kaiser nicht, seine Ziele zu erreichen. Schließlich kam es Mitte 1546 zu einem Krieg, in dem Karl V. die Protestanten schlagen und unterwerfen konnte. Dennoch erlangte er die Wiederherstellung der Einheit des Reiches unter dem Papst und dem einen Glauben nicht. Seine grundsätzliche Intention, die Religionsfrage in Deutschland aus eigener Machtvollkommenheit zu lösen, ist Karl V. nicht gelungen. Verbittert zog er sich aus dem Reich zurück.

Der Reichstag von Augsburg im Jahre 1555 brachte schließlich eine Lösung der Religionsfrage, die annähernd 250 Jahre Bestand hatte. Nunmehr wurde der Religionsfriede politisch ohne einen theologischen Vergleich und ohne Lösung der eigentlichen Glaubensfragen herbeigeführt. Der Friede im Reich wurde möglich durch einen Vertrag, der die Ordnung der Religionsfrage an die jeweiligen Landesfürsten band. Entsprechende Regelungen konnten die jeweiligen Landesfürsten ohne Übernahme von Bestimmungen eines Reichstages selbst gestalten. Bestimmungen des Religionsfriedens galten für die Anhänger des alten Glaubens, das heißt für die Katholiken und für die Anhänger der Confessio Augustana. Alle anderen wurden ausdrücklich vom Religionsfrieden ausgenommen. Der Religionsfriede wurde ausschließlich zwischen den Reichsständen geschlossen. Religiöse Toleranz war damit nicht gewollt. Die Untertanen mussten der Religion ihrer Herren folgen, wenn sie dies nicht wollten, konnten sie auswandern. Das Prinzip dieses Religionsfriedens, der von allen Reichsständen geteilt wurde, bringt eine Formulierung zum Ausdruck, die zwar nicht im Vertrag auftaucht, aber über die Jahrhunderte hinweg den Geist des Augsburger Reichstages zum Ausdruck brachte: Cuius regio, eius religio. Diese Regelung sorgte im Alten Reich allmählich für eine homogene religiöse Prägung der jeweiligen Territorien. Zwar konnte die Religionsfrage nicht theologisch entschieden werden, aber der Friede im Reich konnte auf diesem Wege gesichert werden. Bestand hatte diese Ordnung bis zur Auflösung des alten Reiches im Jahre 1806.

8. Das Konzil von Trient und die katholische Reform

Die Reform der Kirche war eines der Hauptthemen des späten Mittelalters. Vermochten weder das Konzil von Konstanz (1414–1418) noch das letzte Lateran-Konzil (1512–1517) berechtigte Reformforderungen umzusetzen, gelang es erst der Reformation, diese aufzunehmen und zum Inhalt einer schließlich von der Kirche sich abwendenden Bewegung zu machen. Mit den gescheiterten Reformbemühungen ging seit dem Ausgang des 15. Jahrhunderts die Festigung der päpstlichen Autorität einher. Der Konziliarismus wurde zurückgedrängt. Dennoch hielt sich die Hoffnung auf Einberufung eines Nationalkonzils, wenn schon kein Universalkonzil möglich erschien. Nachdem sich die Reformation durch die politische Entwicklung im Reich durchgesetzt hatte, ließ sich der Konzilsgedanke nicht mehr aufhalten. Freilich stand dieses Konzil von Anfang an unter einer gegenreformatorischen Ausrichtung.

Der deutschen Kirche und den deutschen Theologen war es nicht gelungen, angemessen auf die von Luther ausgelöste Reformbewegung zu reagieren. Sie vermochten die von Luther erhobenen Reformanliegen nicht in ein plausibles und verständliches Konzept einer erneuerten Theologie aufzunehmen. Sie sahen in Luther lediglich den auf die äußere, juristisch fixierte Ordnung der Kirche gerichteten Gegner. Für sie stand der Autoritätskonflikt im Vordergrund. Erst nachdem sich die römischen Päpste dem innerkatholischen Reformanliegen gegenüber aufgeschlossen zeigten, war die Zeit reif für ein Konzil.

Luther hatte schon nach seinem Verhör durch Cajetan 1518 an ein zukünftiges Konzil appelliert und den Aufruf hierzu immer wieder erneuert. Luther selbst, der seine Bemühungen stets als Kampf um das Konzil zu deuten verstand, erlebte wohl die Einberufung, nicht jedoch den Abschluss des Konzils von Trient. Er starb 1546 in Eisleben. Gründe für die zögerliche römische Haltung, ein Konzil einzuberufen, dürften in dem das 15. Jahrhundert beherrschenden Konziliarismus liegen, der aus der Sicht römischer Päpste eine enorme Gefahr und eine Bedrohung ihrer Existenz bedeuten musste. Dagegen waren die Forderungen nach einem Konzil im Deutschen Reich anders gelagert. Hier lagen die Missstände offen und deren Behebung war hauptsächliches Ziel eines einzuberufenden Konzils. Zwar gab es schon 1537, 1538 und in den folgenden Jahren immer wieder neue Konzilsberufungen, die aber letztlich erfolglos blieben. Erst die Einberufung des Konzils durch Papst Paul III. führte schließlich zum Erfolg. Das Konzil wurde fast 30 Jahre nach den Thesen Martin Luthers am 13. Dezember 1545 in Trient eröffnet. Anwesend waren zunächst nur etwa 31, meist italienische Bischöfe, aus Deutschland gar nur zwei. Erst allmählich stieg die Zahl der Teilnehmer am Konzil.

Das Konzil tagte in drei Perioden. Die erste umfasste die Jahre von 1545–47, beziehungsweise 1549, nachdem es von Trient nach Bologna verlegt worden war. Im September 1549 wurde das Konzil suspendiert. Die zweite Periode begann 1551 und dauerte etwa ein Jahr. Die dritte Periode schließlich wurde 1562 eröffnet und dauerte etwas mehr als ein Jahr.

Trient ist die theologische Antwort auf die Reformation. Das Konzil reagierte zwar auf Probleme, die durch die Reformation aufgeworfen worden waren, es ließ sich daher von Anfang an durch den Gegensatz zur reformatorischen Theologie leiten, richtete seinen Blick jedoch auf die innerkirchliche Reform. Insoweit ist Trient ein Reformkonzil geworden. Drei wesentliche Themenkreise hatte das Konzil zu bearbeiten. Zunächst war es die Frage nach dem Verhältnis von Schrift und Tradition, eine Frage, die durch Luthers Autoritätskonflikt besondere Bedeutung gewonnen hatte. Dann war es der gesamte Fragenkomplex von Erbsünde und Rechtfertigung, der im Zentrum von Luthers und Melanchthons Theologie stand. Schließlich ging es um die Sakramente, nachdem Luther schon 1520 die Einführung des Laienkelches, die Abschaffung und Eliminierung des Opfercharakters der Messe und die Ablehnung der Lehre von der Transsubstantiation gefordert hatte. Darüberhinaus wurden Fragen des kirchlichen Lebens, das Fegefeuer, die Reliquien- und Bilderverehrung betreffend, behandelt.

Luthers Forderung nach Einführung des Schriftprinzips war eine Kampfansage an das Traditionsverständnis der Kirche. Im späten Mittelalter war die Autorität der Schrift uneingeschränkt von allen zugestanden worden, während kirchlichen Traditionen selbstverständlich ein nachgeordneter Rang zugemessen wurde. Auch Luther war sich zumindest darin mit Erasmus von Rotterdam noch einig gewesen, nicht über die Autorität der Heiligen Schrift, sondern über deren Auslegung und die Auslegungskompetenz des Lehramtes zu streiten. Doch mehr und mehr stellte sich für Luther die einzig mögliche Lösung ein, die alleinige Autorität der Heiligen Schrift gegen die Lehrkompetenz des Lehramtes zu behaupten. Die Konzilsväter richteten aber ihr Augenmerk nicht so sehr auf die Autoritätsfrage, sondern legten im »Dekret über die Annahme der Heiligen Bücher und der Überlieferungen« den Umfang der Schrift genau fest. Dagegen blieb die Bestimmung der Tradition offen. Es wurde lediglich festgelegt, dass die Wahrheit des Evangeliums und die Lehre der Kirche »in geschriebenen Büchern und ungeschriebenen Überlieferungen enthalten sind« (DH 1501). Die Mehrheit der Väter verstand daher Tradition als eine neben der Schrift stehende Quelle der Offenbarung. Sowohl Schrift als auch Tradition gelten als Quellen der Offenbarung. Gleichwohl formulierte das Konzil nicht die Zwei-Quellentheorie. Erst dem Zweiten Vatikanischen Konzil gelang es, die Unsicherheiten in der Auslegung der Formulierungen des Konzils von Trient auszuräumen und zu bestimmen, dass die Heilige Schrift das Wort Gottes sei, wohingegen die Tradition das Wort Gottes weitergebe. Von einer materiellen Insuffizienz der Schrift ist nicht mehr die Rede.

Im Mittelpunkt der Auseinandersetzung mit der reformatorischen Theologie stand der Fragenkomplex von Ursünde und Rechtfertigung. Das Konzil hielt fest, dass die Ursünde durch Adam in die Welt gekommen sei und durch Fortpflanzung, nicht durch Nachahmung auf seine Nachkommenschaft übertragen werde. Die Strafwürdigkeit der Ursünde wird durch die Gnade Jesu Christi in der Taufe vergeben. Deshalb bleibe im gerechtfertigten Menschen nicht die Sünde zurück, sondern nur das, was zur Sünde geneigt macht, nämlich die Begehrlichkeit, oder auch Konkupiszenz genannt. Diese auch nach der Taufe zurückbleibende Begehrlichkeit sei nicht im eigentlichen Sinne Sünde zu nennen.

Die Klärung der Rechtfertigungslehre kann als Hauptaufgabe des Konzils von Trient bezeichnet werden. In ihr sah Luther einst den Schlüssel zur Reform der Theologie und der Kirche. Auf sie musste die Kirche eine Antwort finden, wenn sie der Reformation entgegentreten wollte. Diese Aufgabe bildete eine klare Herausforderung, da die Konzilsväter nicht auf eine schon fertig formulierte kirchliche Lehre zurückgreifen konnten. Das »Dekret über die Rechtfertigung« vom Januar 1547 kann angesichts der Schwere der Aufgabe als ein durchaus gelungenes Dokument der Kirche verstanden werden. Zunächst greift das Dekret auf das Verständnis der Ursünde zurück, welches das Konzil bereits geklärt hatte, um von daher in 16 Lehrkapiteln die Grundauffassung der Kirche darzulegen.

Rechtfertigung ist »nicht nur Vergebung der Sünden …, sondern auch Heiligung und Erneuerung des inneren Menschen durch die willentliche Annahme der Gnade und der Gaben, aufgrund derer der Mensch aus einem Ungerechten ein Gerechter und aus einem Feind ein Freund wird« (DH 1528).

Als Zweckursachen der Rechtfertigung wird zunächst die Ehre Gottes, als Wirkursache der barmherzige Gott selbst, als Verdienstursache Jesus Christus, als instrumentale Ursache die Taufe festgehalten. Die Taufe ist das Sakrament des Glaubens, »ohne den keinem jemals Rechtfertigung zuteil wird«. So entsteht ein Verständnis von Rechtfertigung, das in der Sprache der scholastischen Tradition auf die wesentlichen Aussagen des Paulus zurückgreift, um von dorther die Aussagen des Rechtfertigungsgeschehens darzulegen, nämlich Rechtfertigung geschieht durch den Glauben und umsonst, Glaube oder Werke können selbst die Gnade der Rechtfertigung nicht verdienen. Sünden werden nur umsonst, allein durch die göttliche Barmherzigkeit um Christi willen vergeben. Den Glauben hierzu erbitten die Katechumenen vor dem Sakrament der Taufe. Somit hat das Konzil von Trient den Zusammenhang von Heil, Vergebung und Erneuerung auf der Grundlage des Glaubens und der Sakramente entfaltet.

Hält das Dekret zunächst die Aussagen der Schrift zur Rechtfertigung fest, bestimmt es gegenüber der lutherischen Auffassung vor allem die anthropologische Seite des Rechtfertigungsgeschehens, indem es die Bedeutung und Wirkung der Taufe, das sakramentale Geschehen in den Vordergrund stellt. Das Dekret versteht Rechtfertigung als ein umfassendes Heilsgeschehen, das von Gott ausgeht, den ganzen Menschen, das heißt mit Leib und Seele umfasst, und schließlich zu Gott zurückkehrt. Insoweit bleibt die Rechtfertigung im Leben des Menschen eine stetige Herausforderung. Im Gegensatz zu Luther suchte das Dekret die Rechtfertigung als einen das Leben umfassenden ganzheitlichen Prozess zu verstehen. Luther dagegen sieht in der Rechtfertigung ein eher prinzipielles Geschehen, das den Menschen im Glauben rechtfertigt. Insoweit die Rechtfertigungslehre von den Reformatoren als derjenige theologische Artikel bezeichnet wurde, mit dem die Kirche steht und fällt, mussten sich gerade hier die augenscheinlichen Unterschiede zwischen den sich herausbildenden Traditionen zeigen. Wirkungsgeschichtlich betrachtet, worauf noch zurückzukommen sein wird, setzten sich schließlich nicht die 16 Lehrkapitel des Dekrets über die Rechtfertigung durch, sondern die 33 Kanones, die den Lehrkapiteln angehängt wurden. In ihnen wurde die Auffassung der Reformatoren über die Rechtfertigung anhand vorliegender Kern- oder Spitzenaussagen verurteilt.

Im Anschluss an die Vorlage des Rechtfertigungsdekretes nahmen sich die Konzilsväter noch in der ersten Sitzungsperiode das Dekret über die Sakramente vor, indem sie die Siebenzahl der Sakramente feststellten und die Lehre Luthers, die Sakramente wirkten das Heil allein durch den Glauben, zurückwiesen.

In der zweiten Tagungsperiode stand die Lehre von den Sakramenten im Vordergrund, vor allen Dingen die Lehre über die Eucharistie. Hier suchten die Kirchenväter das Problem der wirklichen Gegenwart Jesu Christi im Sakrament der Eucharistie zu lösen. Festgehalten und lehramtlich definiert wurde auch die Lehre über die Wesensverwandlung, die so genannte Transsubstantiationslehre. Die Konsekration des Brotes und Weines geschieht durch eine Verwandlung der ganzen Substanz des Brotes in die Substanz des Leibes Christi, und der ganzen Substanz des Weines in die Substanz seines Blutes. Diese Wandlung wird von der Kirche als Wesensverwandlung, als Transsubstantiation bezeichnet. Damit ist jene Auffassung gemeint, die es erlaubte, zwischen der Gestalt des Zeichens einerseits und der Realität der Verwandlung andererseits zu unterscheiden, beides aber im Begriff des Sakramentes als Geschehen festzuhalten. Wenn auch mit dieser Lehre nicht alle Fragen zu beantworten waren, so bildete sie doch den Ausgangspunkt für ein an der Wirklichkeit orientiertes Verstehen der realen Gegenwart Jesu Christi »wahrhaft, wirklich und substanzhaft« (DH 1636) unter den Elementen von Brot und Wein. Freilich zeigten sich hier für die Zukunft neben der Frage nach dem Opfercharakter der Messe die eine Kirchentrennung zum Ausdruck bringenden Hauptunterschiede in der Lehre der Kirchen. Sowohl mit dem Sakrament der Buße, wie mit dem Sakrament der Letzten Ölung beschäftigte sich die zweite Tagungsperiode.

In der letzten Tagungsperiode wendeten sich die Konzilsväter dem wohl schwierigsten Punkt der reformatorischen Auseinandersetzung zu, in dem schon Luther einen der wesentlichen Unterschiede festzumachen gesucht hatte, wenn er davon spricht, dass gerade hier die Kirchen wesentlich und auf immer voneinander geschieden wären. Im Zentrum stand die Frage nach dem Opfercharakter der Messe. Suchte Luther von früh an jeden Hinweis auf die Messe als Opfer der Kirche zu eliminieren, sah das Konzil gerade die Eucharistie als Opfer der Kirche. So wurde in der »Lehre und Kanones über das Messopfer« festgehalten, dass Christus der Kirche ein sichtbares Opfer hinterlassen habe,

»durch das jenes blutige (Opfer), das einmal am Kreuze dargebracht werden sollte, vergegenwärtigt werden, sein Gedächtnis bis zum Ende der Zeit fortdauern und dessen heilbringende Kraft für die Vergebung der

Sünden, die von uns täglich begangen werden, zugewandt werden sollte«.
(DH 1740)

Wird also das Messopfer wahrhaft als ein Sühnopfer bezeichnet, treten
zwei Dinge in den Vordergrund: die Eucharistie als Opfer der Messe, das
vom Priester dargebracht wird, und das Opfer Christi, das er selbst als
Hingabe seines Lebens dargebracht hat und von hier ausgehend sein
Opfer vergegenwärtigt, erinnert und zugewandt werden soll. Verstanden werden konnte zur damaligen Zeit freilich nicht ausreichend, dass
das Opfer der Messe eine sakramentale Vergegenwärtigung des einmaligen Kreuzesopfers Jesu Christi darstellt. Dem Konzil ist es letztlich nicht
gelungen, die Zweiteilung von Opfer und Sakrament zu überwinden. So
erscheint in der Wirkungsgeschichte des Konzils das Opfer als eine reale
Wiederholung des Kreuzesopfers Christi, nicht aber als seine Vergegenwärtigung im Sakrament, wie das Konzil von Trient allerdings formuliert
und intendiert hatte.

Noch in einer weiteren Frage suchte das Konzil eine Klärung herbeizuführen, nämlich in der Lehre über das Sakrament der Weihe. Die Einsetzung des Priestertums wird in enger Anbindung an das Verständnis
der Eucharistie und den Opfercharakter der Messe begründet.

»Opfer und Priestertum sind nach Gottes Anordnung so verbunden, dass
es in jedem Bunde beides gibt. Da also die katholische Kirche im Neuen
Testament das heilige Opfer der Eucharistie aufgrund der Einsetzung des
Herrn sichtbar empfangen hat, muss man auch bekennen, dass es in ihr
ein neues sichtbares und äußeres Priestertum gibt.« (DH 1764)

So gehen Priestertum und Eucharistiefeier ein enges Verhältnis ein, und
in der Wirkungsgeschichte des Konzils wird daraus die einseitige und
ausschließliche Verbindung von Opfer und Amt. Somit ist der Dienst des
Priestertums etwas Göttliches, das den Priester weit aus der Schar der
Gläubigen heraushebt. Dem Priester ist gerade die Vollmacht übergeben,
Christi Leib und Blut zu konsekrieren. Daraus erwächst auch die Bedeutung des priesterlichen Lebens und Wirkens, die mit dem Sakrament der
Weihe verbunden ist. Hatte Luther das priesterliche Amt als einen Dienst
an der Verkündigung des Evangeliums und in der Kirche bezeichnet und
festhalten wollen, so wird durch die Lehre des Konzils von Trient der
Charakter des Opferpriestertums geradezu festgeschrieben. Die Gründe
für die gegenseitigen Verurteilungen, die Bestandteil der jeweiligen konfessionellen Festlegungen geworden sind, dürfte in dieser äußerst gegensätzlichen Bestimmung des Priestertums beziehungsweise des durch Ordination übertragenen Dienstamtes im Luthertum liegen.

Zur Krise kam es während des Konzils gerade in den mit der Frage des Priestertums verbundenen Fragen des Bischofsamtes. Auch in dieser Frage hatte Luther bereits festgestellt, dass es keinen prinzipiellen Unterschied zwischen Bischöfen und Priestern gebe, sondern nur denjenigen der unterschiedlichen Funktion. Unter den Konzilsvätern gab es zwei Auffassungen. Die eine sah in der Bischofskonsekration die Verleihung einer Vollmacht, die der Priester nicht besitze, nämlich das Priestertum weiterzugeben, weshalb die Bischöfe höher stehen als die Priester. Die anderen dagegen vertraten die Auffassung, dass die Bischofskonsekration lediglich die Weihegewalt, nicht jedoch die Leitungsgewalt übertrage. Die werde allein vom Papst übertragen und stamme von ihm ab. An dieser Frage drohte das Konzil ganz zu scheitern. Zu einer Klärung über das Wesen des Bischofsamtes, seine Stellung innerhalb der Hierarchie und sein Verhältnis zum päpstlichen Primat ist es auf dem Konzil nicht mehr gekommen. Das Dekret über den Ordo trägt daher Züge einer theologischen Verlegenheitslösung.

Mit den Dekreten über Schrift und Tradition, über die Ursünde, die Rechtfertigung, Sakramente und Amt sah das Konzil seine Aufgaben als erfüllt an. Das Konzil schloss im Dezember 1563. Neben diesen die Hauptfragen der Reformation betreffenden Lehrdokumenten verabschiedete das Konzil eine Reihe von Reformdekreten, mit denen die Ordnung der Messe, die Ausbildung der Priester, das Ablasswesen und viele andere das liturgische Leben der Kirche betreffenden Fragen geregelt werden sollten.

Hatte Papst Paul III. dem Konzil von Trient die Aufgaben gestellt, zur Beseitigung der Zwietracht im Glauben, zur Reform des christlichen Volkes, der Friedensstiftung unter den Völkern des Abendlandes beizutragen, so musste am Ende der dritten Konzilsperiode nüchtern festgestellt werden:

1. Die Einheit der Kirche im Abendland war zerbrochen und eine neue Kirche im Entstehen begriffen. Freilich trat neben die römisch geprägte katholische Kirche keine neue geschlossene, zentral geführte Kirche, sondern eine Vielzahl von konfessorisch geprägten, durch landesherrliches Kirchenregiment abgestützte und institutionalisierte Kirchenorganisationen. Basis des neuen Kirchenwesens bildete die Gemeinde.
2. Die Friedensfrage im Reich war wohl vorgeklärt, aber längst nicht erledigt. Der Augsburger Religionsfriede von 1555 sicherte dem Reich zunächst stabile politische Verhältnisse, konnte aber den großen abendländischen Konflikt im 17. Jahrhundert, den Dreißigjährigen Krieg, nicht verhindern. Die Ausbildung eines säkularen Nationalstaates mit starken Konfessionen und konfessionalistischen Abgrenzungen blieb eine Hypothek des Reformationszeitalters.

3. Das Konzil von Trient leitete eine lang andauernde innerkirchliche Reformbewegung ein. Allmählich setzten sich die vom Konzil angeregten Reformvorschläge, vor allem in der Frage der Ausbildung und der Auswahl der Priester und Bischöfe, durch. Teilweise dauerte es aber noch Jahrhunderte, bis die Reformvorschläge in den Ortskirchen umgesetzt werden konnten. 4. Was das innerkirchliche Leben betraf, so konnten hier die weitgehendsten Wirkungen des Konzils verfolgt werden. So setzte sich das Trienter Konzil entscheidend im seelsorgerlichen und missionarischen Bereich durch. Die Entfaltung eines reichen, sakramental bestimmten Lebens in den Gemeinden war Frucht der Konzilsentscheidungen.

9. Konfessionsbildung und Konfessionalisierung

Die Herausbildung konfessionell unterschiedener Kirchen gehört zu den Hauptvorgängen des Zeitalters der Reformation. In einem langen Prozess von über 100 Jahren, in Form und Gestalt je verschieden in den Ländern, in denen die Reformation Fuß gefasst hatte, vollzog sich die Konfessionsbildung. Dieser Prozess betraf aber nicht nur kirchliche, sondern gleichermaßen politische, gesellschaftliche und kulturelle Lebensbereiche. Die Konfessionalisierung führte schließlich zur geistigen und organisatorischen Verfestigung auseinander strebender christlicher Bekenntnisse. Sie führte zu in Dogma, Verfassung und religiös-sittlicher Lebensform stabilen Kirchentümern, auf Grund der Augsburger Regel bezogen auf ein bestimmtes Territorium. Gestalt und Auftreten der Konfessionen wurden weithin durch das Gegeneinander in Glaube, Lehre und Leben der Kirchen bestimmt. Art und Ausmaß, in denen die weltliche Obrigkeit die religiösen Verhältnisse beeinflusste, waren je nach Konfession verschieden. Dieser Prozess der Konfessionsbildung und der Konfessionalisierung bestimmte die Gestalt und das Auftreten der Konfessionen auf Dauer. Ihr Wesensmerkmal war der Gegensatz, die Abgrenzung. Der Widerspruch gegen die von der anderen Seite behauptete Auffassung gehörte zur eigenen Identität hinzu.

   War das Trienter Reformwerk weitgehend ein Kompromiss geblieben, so bildeten die Entscheidungen des Konzils die Grundlage für die Formung einer katholischen Identität im Zeitalter des Konfessionalismus. Katholisches Leben wurde von seinem Zentrum her normiert, weil die innerkirchlichen Reformbemühungen durch die antievangelische Ausrichtung bestimmt waren. Dies zeigte sich wirkungsgeschichtlich derart, dass nicht die positive Lehrbestimmung das theologische Denken und das kirchliche Handeln bestimmten, sondern die die falsche Lehre verurteilenden Kanones der Trienter Dekrete. Sie beherrschten Handeln und Denken dermaßen, dass diese geradezu durch den antithetischen Gegensatz geprägt wurden. Die kontroverstheologische Abgrenzung ließ auch die katholische Kirche zur Konfessionskirche werden. Somit zeigte sich diese Kirche ganz durch die Reformation bestimmt, wenn auch in negativer und abgrenzender Absicht. Es ist erst dem Zweiten Vatikanischen Konzil (1962–1965) gelungen, die von Trient ausgehenden Reformbemühungen und Anliegen von ihrer konfessionalistischen Prägung zu befreien und sich den von Luther vorgebrachten theologischen Reformbemühungen positiv zu öffnen.

Literaturverzeichnis

Angenendt, Arnold, Geschichte der Religiösität im Mittelalter, Darmstadt 1997

Blickle, Peter, Die Reformation im Reich, Stuttgart ² 1992

Brandmüller, Walter, Das Mittelalter – Von der Einheit zur Spaltung: Handbuch der Ökumenik, Bd. 1, Paderborn 1985, 180–195

Brecht, Martin, Martin Luther, 3 Bde. Stuttgart 1981–1987

Calvin, Johannes, Institutio Christianae Religionis (Unterricht in der christlichen Religion), nach der letzten Ausgabe übersetzt und bearbeitet von O. Weber, Neukirchen-Vluyn 1955

Decot, Rolf, Kleine Geschichte der Reformation in Deutschland, Freiburg im Breisgau 2005

Denzinger, Heinrich, Kompendium der Glaubensbekenntnisse und kirchlichen Lehrentscheidungen, hrsg. v. P. Hünermann, Freiburg i. Br.-Basel-Rom-Wien ³⁷ 1991

Die Bekenntnisschriften der evangelisch-lutherischen Kirche, hrsg. im Gedenkjahr der Augsburgischen Konfession 1930, Göttingen ⁹ 1982

Ebeling, Gerhard, Luther. Einführung in sein Denken, Tübingen 1964, ⁵ 2006

Hamm, Berndt; Moeller, Bernd; Wendebourg, Dorothea, Reformationstheorien. Ein kirchenhistorischer Disput über Einheit und Vielfalt der Reformation, Göttingen 1995

Iserloh, Erwin, Die Kirchenspaltung im Westen. Handbuch der Ökumenik, Bd. 1, Paderborn 1985, 196–285

Iserloh, Erwin, Katholische Reform und Gegenreformation: Handbuch der Ökumenik, Bd. 1, Paderborn 1985, 286–306

Jedin, Hubert, Geschichte des Konzils von Trient, 4 Bde., Freiburg 1949–1975

Leppin, Volker, Wie reformatorisch war die Reformation?: Zeitschrift für Theologie und Kirche 99 (2002) 162–176

Lexikon der Reformationsgeschichte (Lexikon für Theologie und Kirche kompakt), Freiburg 2002

Lohse, Bernhard, Luthers Theologie in ihrer historischen Entwicklung und in ihrem systematischen Zusammenhang, Göttingen 1995

Lortz, Joseph, Die Reformation in Deutschland, Freiburg [4]1962

Luther Handbuch, hrsg. von A. Beutel, Tübingen 2005

Luther, Martin, Ausgewählte Werke, hrsg. von H. H. Borcherdt und G. Merz, 6 Bde. und 7 Ergänzungsbde. (Münchener Ausgabe) München 1948 ff.

Luther, Martin, Werke. Kritische Gesamtausgabe (Weimarer Ausgabe) Weimar 1883–1985

Mörke, Olaf, Die Reformation. Voraussetzungen und Durchsetzung (Enzyklopädie Deutscher Geschichte Bd. 74), München 2005

Pesch, Otto Hermann, Hinführung zu Luther, Mainz 1982, [2]2004

Rabe, Horst, Reich und Glaubensspaltung. Deutschland 1500–1600 (Neue Deutsche Geschichte Bd. 4) München 1989

Schmidt, Heinrich Richard, Konfessionalisierung im 16. Jahrhundert (Enzyklopädie Deutscher Geschichte, Bd. 12), München 1992

Schorn-Schütte, Luise, Die Reformation. Vorgeschichte – Verlauf – Wirkung (Beck'sche Reihe 2054) München 1996

Thomas von Aquin, Summa Theologica (Deutsche Thomas-Ausgabe, Bd. 13, hrsg. von O. H. Pesch) Heidelberg-Graz-Wien-Köln 1977

Um Reform und Reformation. Zur Frage nach dem Wesen des »Reformatorischen« bei Martin Luther, hrsg. von A. Franzen (KLK 27/28), Münster 1968

Wolgast, Eike, Art. Reform, Reformation: Geschichtliche Grundbegriffe. Historisches Lexikon zur politisch-sozialen Sprache in Deutschland, hrsg. von O. Brunner, W. Conze, R. Koselleck, Bd. 5, Stuttgart 1984, 313–360

Zur Mühlen, Karl Heinz, Reformation und Gegenreformation, 2 Tl. (Zugänge zur Kirchengeschichte Bd. 6) Göttingen 1999

Brennpunkte des ökumenischen Dialogs

Dorothea Sattler

I. Vorüberlegungen

1. Der Ausgangsort

Die Römisch-Katholische Kirche ist seit der Zeit des 2. Vatikanischen Konzils (1962–1965) auf internationaler und auf nationaler Ebene an zahlreichen ökumenischen Gesprächen beteiligt. Die Gesamtheit dieser Ereignisse zu überschauen, ist selbst Fachleuten kaum noch möglich.[1] Eine grundlegende Beschreibung der Bereitschaft der Römisch-Katholischen Kirche, sich in die seit Beginn des 20. Jahrhunderts zunächst vor allem von Christen reformatorischer Prägung und einzelnen orthodoxen Kirchen initiierte und getragene Ökumenische Bewegung nicht nur einbeziehen zu lassen, sondern ein wichtiger Förderer von deren Anliegen zu werden, nimmt eine Passage im »Dekret über den Ökumenismus« des 2. Vatikanischen Konzils, das mit den lateinischen Anfangsworten dieses Dokumentes den Titel »Unitatis Redintegratio« (»Wiederherstellung der Einheit«) trägt, vor:

»Unter der ›Ökumenischen Bewegung‹ versteht man Tätigkeiten und Unternehmungen, die je nach den verschiedenartigen Bedürfnissen der Kirche und nach Möglichkeit der Zeitverhältnisse zur Förderung der Einheit der Christen ins Leben gerufen und auf dieses Ziel ausgerichtet sind. Dazu gehört: Zunächst alles Bemühen um Ausmerzung aller Worte, Urteile und Taten, die der Lage der getrennten Brüder nach Gerechtigkeit und Wahrheit nicht entsprechen und dadurch die gegenseitigen Beziehungen mit ihnen erschweren; ferner der ›Dialog‹, der bei Zusammenkünften der Christen aus verschiedenen Kirchen oder Gemeinschaften, die vom Geist der Frömmigkeit bestimmt sind, von wohlunterrichteten Sachverständigen geführt wird, wobei ein jeder die Lehre seiner Gemeinschaft tiefer und genauer erklärt, so dass das Charakteristische daran deutlich hervortritt. Durch diesen Dialog erwerben alle eine bessere Kenntnis der Lehre und des Lebens jeder von beiden Gemeinschaften und eine gerechtere

---

[1] Eine sehr gute Hilfe auch für das Eigenstudium ist die Quellensammlung »Dokumente wachsender Übereinstimmung«, in der sämtliche Berichte und Konsenstexte interkonfessioneller Gespräche auf Weltebene im Wortlaut dokumentiert sind. Ausführliche Register ermöglichen eine erste Orientierung in einzelnen Themenbereichen. Die Sammlung wird fortgesetzt. Bisher sind drei Bände erschienen: vgl. *Harding Meyer u. a.* (Hg.), Dokumente wachsender Übereinstimmung, 3 Bde., Frankfurt / Paderborn 1983; 1992; 2003.

Würdigung derselben. Von hier aus gelangen diese Gemeinschaften auch zu einer stärkeren Zusammenarbeit in den Aufgaben des Gemeinwohls, die jedes christliche Gewissen fordert, und sie kommen, wo es erlaubt ist, zum gemeinsamen Gebet zusammen. Schließlich prüfen hierbei alle ihre Treue gegenüber dem Willen Christi hinsichtlich der Kirche und gehen tatkräftig ans Werk der notwendigen Erneuerung und Reform.«

2. Vatikanisches Konzil, Unitatis Redintegratio, Nr. 4

Wegweisende Einsichten sind diesem Konzilstext zu entnehmen: Ökumenische Begegnungen werden nur dann weiterführend sein, wenn sie im Geist der Wahrheitsliebe geschehen und den Gesprächspartnern in deren Selbstsicht gerecht werden. Manche Hürden – Unterschiede etwa in der theologischen Sprache und Begrifflichkeit – können im wechselseitigen Einverständnis überwunden werden. Die Atmosphäre in den Gesprächen wirkt sich auf die Ergebnisse aus. Lernbereitschaft und Neugierde aufeinander soll für alle spürbar werden. Sachkundige Menschen sollen die Gespräche führen. Das gemeinsame Ziel – die Einheit der christlichen Glaubensgemeinschaften – soll das Handeln bestimmen. Demut, Umkehrbereitschaft, Einsicht in eigene Grenzen und Verkehrungen des Evangeliums könnten Kennzeichen dieser grundlegend geistlichen Sicht der Dialogökumene sein. Bis heute sind die Gebete am Morgen, am Mittag und am Abend eine sprudelnde geistliche Quelle, aus der Kommissionen auch in schweren Zeiten Zuversicht schöpfen können.

2. Die Motivationen

Christinnen und Christen, die sich bereit finden, in ökumenischen Gesprächen ihre Lebenszeit und Lebenskraft einzusetzen, wissen sich dazu von Jesus Christus selbst berufen. Eine Bitte Jesu – überliefert im Zusammenhang der Abschiedsreden Jesu nach dem Johannesevangelium – erfahren alle ökumenisch Engagierten als in ihr Stammbuch geschrieben. Jesus betet: *»Alle sollen eins sein: Wie du, Vater, in mir bist und ich in dir bin, sollen auch sie in uns sein, damit die Welt glaubt, dass du mich gesandt hast«* (Joh 17,21). Die Grundmotivation bei der Suche nach christlich-ökumenischer Verbundenheit ist die Anerkenntnis des Zusammenhangs zwischen der erfahrbaren Einheit der Kirchen und der Glaubwürdigkeit ihres gemeinsamen Christuszeugnisses.[2] Im Blick auf den Einsatz für die Ökumenische Bewegung war vor allem die Erfahrung

---

[2] Eine Dialogkommission der Arbeitsgemeinschaft Christlicher Kirchen in Deutschland (ACK) hat ihre Motivation zum ökumenischen Gespräch in vielfacher konfessioneller Spiegelung gemeinsam an Joh 17,21 zurückgebunden: vgl. *Wolfgang Bienert* (Hg.), Ein-

stimulierend, als gespaltene Christenheit kaum Aussicht auf eine über-
zeugende Mission in den noch nicht christianisierten Ländern haben zu
können. Wenn in einer Region in kurzer Zeit hintereinander viele Kir-
chengebäude unversöhnter christlicher Konfessionen errichtet werden,
liegen kritische Rückfragen hinsichtlich der christlichen Botschaft von
der möglichen Versöhnung unter allen Geschöpfen unmittelbar nahe.
Immer wieder vergegenwärtigen sich Theologinnen und Theologen, die
an ökumenischen Gesprächen beteiligt sind, diesen Grundimpuls für
die ökumenische Tätigkeit, die angesichts des einen christlichen Evangeliums als alternativlos erscheint.

Im Einzelnen werden die Motivationen der Menschen, die sich heute
in Dialogkommissionen berufen lassen, sehr unterschiedlich sein. In aller Regel geht mit der Zustimmung zur Mitarbeit die Gewissheit einher,
Zeit und Kraft dabei einsetzen zu müssen. Die Themen der Gespräche
sind zumeist sehr konkret. Die Vorgänge erscheinen manchmal gut über-
schaubar. Oft schließt eine neue Dialogrunde an vorausgehende an.
Deshalb ist es wichtig, nicht den gesamten Kreis der an den früheren
Gesprächen beteiligten Menschen auszutauschen. Das in längerer Zusammenarbeit gewachsene Vertrauen kann in schwierigen Situationen
weiterhelfen. Die Motivationsforschung bei der Analyse ökumenischer
Gespräche wird an solchen Überlegungen zur personalen Komponente
im Begegnungsgeschehen nicht vorbeisehen dürfen.

**Nüchtern betrachtet wissen alle an ökumenischen Dialogen beteiligten Per-
sonen, dass auch dann, wenn sie eine weitreichende oder gar vollständige
Übereinstimmung in einzelnen strittigen Sachfragen erreichen können, die
Einheit der Kirchen noch nicht wiederhergestellt sein wird. Andere Fragen
sind noch offen. Die gewachsenen Kirchen müssten zunächst einen Weg
finden, sich wechselseitig als Nachfolgegemeinschaft Jesu Christi anzuerkennen. Die Ämterstrukturen sind über die Jahrhunderte sehr unterschiedlich
geworden. Kann es da je gelingen, zu einer gemeinsamen Gestalt der institutionell verfassten Kirche zu kommen?**

Vor diesem Hintergrund – angesichts all der offenen Fragen – kann die
Motivation zu einer kontinuierlichen Mitarbeit an ökumenischen Gesprächen nicht in der Annahme bestehen, durch die eigene Mitarbeit
einen entscheidenden Fortschritt erreichen zu können, sodass sich weitere Gespräche erübrigten. Ein Ertrag der Dialogrunden besteht bereits
dann, wenn ein Zuwachs an Einsicht in die Komplexität der Fragestel-

---

heit als Gabe und Verpflichtung. Eine Studie des Deutschen Ökumenischen Studienausschusses zu Johannes 17 Vers 21, Frankfurt / Paderborn 2002.

lungen gewonnen werden konnte. Unterschiedliche Perspektiven auf die eine Sachfrage werden offenkundig. Überraschend können aber auch verbindende Erfahrungen ins Wort kommen. Könnte es sein, dass gelebte Optionen des Christlichen sich nicht notwendig gegenseitig ausschließen müssen, sie vielmehr jeweils authentische Variationen darstellen, deren Einheit in versöhnter Verschiedenheit näherhin zu beschreiben wäre?

3. Die handelnden Personen

In ökumenische Dialogkommissionen werden Theologinnen und Theologen berufen, die mit der jeweils behandelten Sachthematik bereits vertraut sind und das Vertrauen der delegierenden Kirchen haben, den konfessionellen Standort sachgemäß und gesprächsbereit zu präsentieren. Auch innerhalb der Konfessionsgemeinschaften sind die theologischen Sachpositionen nicht selten plural. Größtmögliche Ausgewogenheit unter den Schulrichtungen sollte gegeben sein. Dies gelingt keineswegs immer in allen Dialoggremien. Auch die Bemühungen um eine theologische Konvergenz sind abhängig von Bedingungen, die nicht allein unter fachtheologischen Gesichtspunkten zu erfassen sind. Dies wahrzunehmen ist aus meiner Sicht wichtig für alle Menschen, die eine Rezeption, das heißt einen anerkennenden oder abweisenden Nachvollzug der Gesprächsergebnisse versuchen. Oft geschieht leider nicht einmal in einer größeren theologischen Öffentlichkeit eine Kenntnisnahme der Gesprächsergebnisse. Wie könnten Dialogergebnisse die Gemeinden vor Ort erreichen?[3] Nicht nur im Blick auf die Basisökumene, auch hinsichtlich der Kirchenleitungen sind die Erfolgsaussichten der Dialogergebnisse nüchtern zu betrachten, denn in den in kirchenoffiziellen Stellungnahmen erreichten theologischen Konvergenzen werden häufig jene Vorbehalte erneut benannt, die im Gesprächsgeschehen der Dialogkommissionen einer differenzierteren Sichtweise nähergebracht wurden. Die zwischenmenschlichen Erlebnisse und Erfahrungen in den Dialogen lassen sich kaum aus den Texten heraus erahnen, die am Ende einer kriti-

---

[3] Berechtigterweise besteht bis heute die Klage, Ergebnisse ökumenischer Dialoge könnten in den Ortskirchen kaum aufgenommen werden. Die Darstellungsform erschwert die Rezeption. Vor Ort sind die Fragen oft viel konkreter. Dennoch ist es wichtig, um die Hintergründe zu wissen, die bei manchen Verboten eines gut gemeinten ökumenischen Miteinanders wirksam werden. Vgl. zu diesem Problemkreis: *Sabine Pemsel-Maier*, Rezeption – Schwierigkeiten und Chancen. Eine Untersuchung zur Aufnahme und Umsetzung ökumenischer Konsensdokumente in den Ortskirchen, Würzburg 1993.

schen Öffentlichkeit präsentiert werden. Wenn trotz all dieser Erschwernisse die Gespräche in den Dialoggremien fortgesetzt werden, dann in
der unabweisbaren Gewissheit, dass wir als Christinnen und Christen
zuinnerst zueinander gehören. Bei den Morgen- und Abendandachten
sowie beim lebensgeschichtlichen Erzählen am Abend eines langen Sitzungstages bei Wasser, Saft, Wein und Bier wird dies spürbar – und
wirkt über die Tage der oft nicht leichten Dialogarbeit hinaus.

Die Römisch-Katholische Kirche hat sich nach dem 2. Vatikanischen Konzil
entschlossen, vor allem bilaterale ökumenische Gespräche zu führen: Internationale Zweiergespräche mit allen christlichen Traditionen jeweils über jene Themen, die als trennend gelten und wirken. Darüber hinaus aber hat sie
sich auch in den Prozess der multilateralen Ökumenischen Bewegung einbinden lassen. Sie ist Mitglied in einer sehr alten und verdienstvollen Untergruppe des weltweiten Ökumenischen Rats der Kirchen, die sich lange Zeit vor
allem mit den systematisch-theologischen ökumenischen Kontroversen befasst hat: der Bewegung für Glauben und Kirchenverfassung (Faith and Order). Die Ergebnisse der multilateralen und der bilateralen Dialogarbeit unter
Beteiligung der Römisch-Katholischen Kirche werden hier Gegenstand der
Abschnitte II. und III. sein. Darüber hinaus werde ich in Abschnitt IV. Bereiche
benennen, die gegenwärtig als besondere Herausforderungen erscheinen.

Manches Dialogereignis ist auch deshalb bleibend wichtig, weil seine
Ergebnisse von nachfolgenden Generationen wieder aufgegriffen werden könnten. Nicht immer stellen sich Erfolge der Gesprächsökumene
unmittelbar ein. Manche Studien liegen auf Halde – bis die Zeit gekommen ist, sie angemessen zu rezipieren. Gerade gegenwärtig erscheint es
ökumenisch motivierten Theologinnen und Theologen häufig so: Wir
arbeiten für kommende Generationen, die sich unter anderen Voraussetzungen den drängenden christlich-ökumenischen Fragen stellen müssen. Vermutlich werden alle christlichen Traditionen zukünftig gemeinsam noch viel stärker in den interreligiösen Dialog einbezogen sein.
Dabei hilft es sehr, mit einer christlichen Stimme sprechen zu können.

4.   Die geschichtlichen Hintergründe der Themen

Die Themen, die in der Geschichte der Christenheit zu Trennungen und
Spaltungen geführt haben, gehen mit durch die Zeiten der Kirchen. Fragen, die am Anfang einer konfessionellen Eigenbewegung sehr wichtig
waren, bleiben es auch später. Bis heute kehren die frühen Themen wieder: christologische Lehrtraditionen in den Dialogen mit den Altorienta-

lischen Kirchen (etwa der Koptisch-Orthodoxen, der Assyrisch-Orthodoxen und der Armenisch-Orthodoxen Kirche), die Ansprüche des Bischofs von Rom im Rechtsbereich der östlichen Patriarchate im Gespräch mit den Orthodoxen Kirchen byzantinischer Tradition (heute vor allem mit dem Griechisch-Orthodoxen und dem Russisch-Orthodoxen Patriarchat), die Praxis der Säuglingstaufe mit den täuferischen Kirchen (vor allem den Hussiten, Waldensern, Mennoniten und Baptisten), Fragen der Rechtfertigungslehre, des Schriftverständnisses und der Ämterlehre mit den Kirchen und kirchlichen Gemeinschaften reformatorischer Herkunft (mit Lutheranern, Reformierten, Anglikanern und Methodisten), die Bedeutung des Petrusdienstes mit der Altkatholischen Kirche.

In der bildhaften Wiedergabe der komplexen Geschichte der Entstehung einzelner Konfessionsgemeinschaften hat sich in der Ökumenischen Theologie inzwischen das »Zweig-Modell« (»branch-theory«), das zunächst in der reformatorischen Tradition favorisiert wurde, als weithin konsensfähig herausgestellt. Das nachstehende Schaubild findet sich in einem Buch des evangelischen Theologen Reinhard Frieling[4] (vgl. S. 62).

Alle Zweige an dem einen Baum der Christenheit, deren Wurzeln in der apostolisch bezeugten Überlieferung des Christusgeschehens liegen, verstehen sich als rechtmäßige Fortsetzung des frühkirchlichen Erbes. Könnte wirklich eine christliche Kirche für sich beanspruchen, allein – oder zumindest deutlicher als alle anderen Kirchen – auf eine ungebrochene Tradition von den Anfängen der Kirche bis heute hinweisen zu können? Es gab auch (und gibt noch) Darstellungen von der Entstehungsgeschichte der Kirchen, bei denen eine durchgehende, dicke, schwarze Linie von den Ursprüngen bis heute zur Römisch-Katholischen Kirche verläuft. Die Sicht der Geschichte wird in der Ökumenischen Theologie somit von hermeneutischen Vorentscheidungen mitbestimmt; das Selbstverständnis einer Kirche wirkt sich unmittelbar auf die Betrachtung der Geschichte aus. Nur im interkonfessionellen Austausch kann sich eine Annäherung der unterschiedlichen Perspektiven ergeben. Die Römisch-Katholische Kirche verweist bei der Rechtfertigung ihrer Geschichtssicht auf die Vollständigkeit der neutestamentlich begründeten Strukturelemente innerhalb allein ihrer Institution. Der Petrusdienst wird dabei zum »kritischen« – im Sinne von »entscheidenden« – Bezugspunkt der ökumenischen Suche nach der Einheit aller Kirchen. So verwundert es nicht, dass zu den fortdauernden Themen in den ökumenischen Gesprächen immer wieder auch die Frage des Papstamtes gehört.

---

[4] Vgl. *Reinhard Frieling*, Der Weg des ökumenischen Gedankens, Göttingen 1992, 29.

Neuere Themenbereiche haben sich insbesondere im Bereich der Anthropologie und der Ethik ergeben. Die Frage einer möglichen Zulassung von Frauen zu den ordinierten Ämtern wurde in der Zeit der konfessionellen Differenzierungen noch nicht kontrovers behandelt, denn bis weit in das 20. Jahrhundert hinein stimmten alle christlichen Tradi-

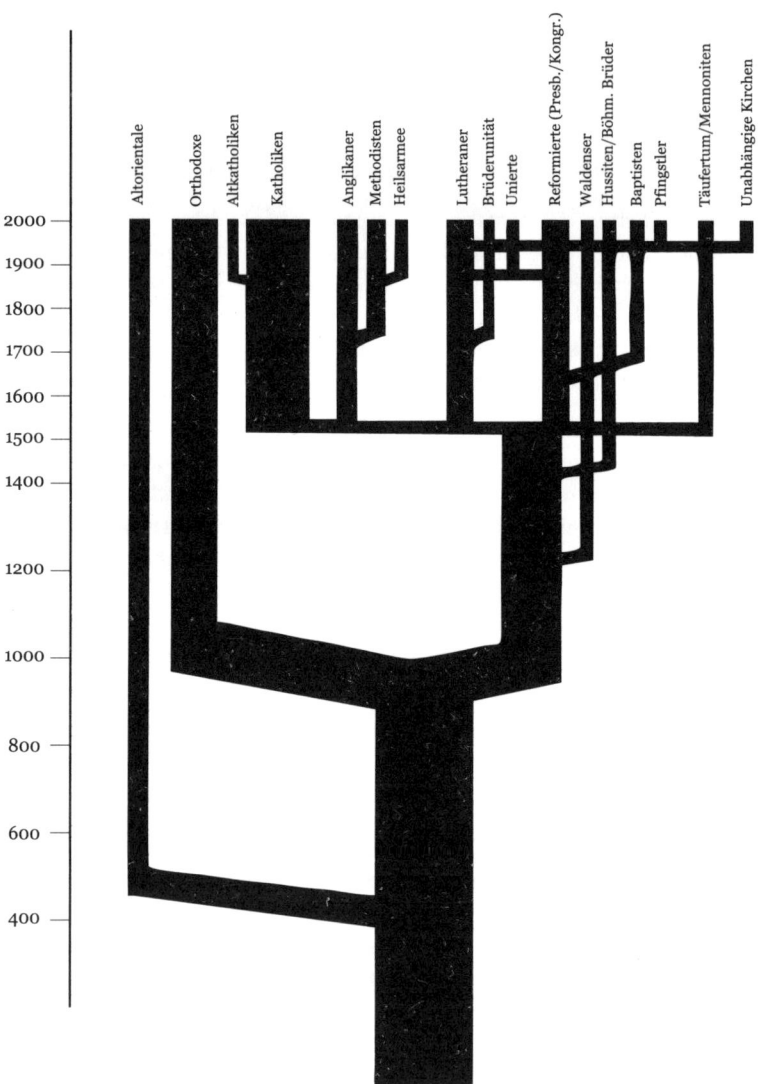

Abb. 1: Die größeren gegenwärtig bestehenden Kirchen

tionen darin überein, dass das Amt Männern vorbehalten sei. Im Bereich der Ethik haben vor allem individualethische Themen (gleichgeschlechtliche Partnerschaften, Eheverständnis, Schwangerschaftsabbruch und Euthanasie) auch innerhalb der einzelnen weltweiten Konfessionsgemeinschaften die Tendenz entwickelt, zu einer Zerreißprobe zu werden. Kulturelle und mentalitätsgeschichtliche Unterschiede nehmen konfessionenübergreifend Einfluss auf theologische Fragestellungen. Europäische und nordamerikanische Lutheraner/innen treffen unter römisch-katholischen Christ/inn/en, die denselben Lebensraum teilen, vor allem bei individualethischen Problemen auf mehr Verständnis als unter den Angehörigen der eigenen Konfessionsgemeinschaft in Afrika oder in Asien. Ähnlich sieht es aufgrund der konfessionenübergreifenden Erfahrungen der armen Bevölkerung in den südlichen Ländern bei sozialethischen Themen aus. Der Kampf gegen die Armut, gegen Hunger und Durst, gegen den Ausschluss von Teilen der Weltbevölkerung aus den Bildungssystemen verbindet Angehörige aller Konfessionen. Gemeinsamkeiten in einer kulturellen Tradition oder in der politischen Mentalität werden nicht selten stärker wahrgenommen als die Differenzen durch die Zugehörigkeit zu unterschiedlichen Kirchen.

5. Der Streit um die Methoden

Von Beginn der sogenannten Ökumenischen Bewegung im 20. Jahrhundert an gehört die Frage, welche Wege die Richtigen sind, wenn sie zur Einheit der Kirchen führen sollen, zu den meistbesprochenen. Könnte es sein, dass Kontroversen in der Frage der Kirchenverfassung bis heute die christlich-ökumenische Verbundenheit in unverhältnismäßig gewichtiger Weise beeinträchtigen? Fragen der weltweiten Diakonie, die Suche nach Wegen für das Überleben der Ärmsten der Armen, Entfernung von Landminen, Projekte zur Kreditbeschaffung für einen ersten Schritt aus der Lethargie, Bildungskonzepte, Gesundheitsprogramme – dies sind Beispiele für ein Ökumene-Verständnis, das vom biblischen Gedanken der Gerechtigkeit Gottes geleitet ist. Die soziale Wirklichkeit weltweit ist der Bezugspunkt dieser ökumenischen Arbeit.

Manchmal scheint es so zu sein, als könnte es einen Widerspruch geben zwischen dieser Gestalt ökumenischen Handelns und einem Engagement in fachtheologischen Gesprächen über verbliebene Lehrdifferenzen im Bereich des Kirchen- und Amtsverständnisses oder der Sakramentenlehre. Aber wäre es nicht möglich, sich in arbeitsteiliger Weise an der einen ökumenischen Bewegung zu beteiligen, ohne sich wechselseitig eines Fehlverhaltens zu beschuldigen? Unterschiedliche Kräfte können je an ihren Orten bei aller Differenziertheit einmütig zusammenwirken: Theologinnen und Theologen im Wissen um die kirchlichen Lehrtraditionen und sozial engagierte Menschen in allen Kirchen im Angesicht der notleidenden Schöpfung. Auch auf der Ebene der Ortsgemeinden gibt es die Möglichkeit, eine solche Unterscheidung von Diensten an der einen Sache vorzunehmen. Nicht alle Menschen nehmen gerne Angebote der Erwachsenenbildung zu Fragen der Ökumene wahr. Auch diakonische Projekte können an den Lebensorten die ökumenische Verbundenheit nachhaltig stärken. Unnötige Polarisierungen in den ökumenischen Methoden schaden dem gemeinsamen Anliegen.

In der fachtheologischen Hermeneutik hat die Frage, ob in der ökumenischen Hermeneutik nicht ein Paradigmenwechsel weg von einer zunehmend vergeblich erscheinenden Konsenssuche hin zu einem konstruktiven Differenzmodell ansteht, hohe Aufmerksamkeit erfahren.[5]

Die Argumente für eine solche Position sind stark: Angesichts der in allen Konfessionsgemeinschaften gefestigten institutionellen Vorgaben ist die Aussicht auf eine Verständigung in Fragen des Kirchen- und Amtsverständnisses äußerst gering. Insbesondere in diesen Fragen haben sich Verhärtungen der Positionen ergeben, die weitere Dialoge allenfalls unter dem Vorzeichen einer wechselseitigen Anerkennung des jeweilig eigenen Selbstverständnisses sinnvoll erscheinen lassen. Die vom derzeitigen Ratsvorsitzenden der Evangelischen Kirche in Deutschland, Wolfgang Huber, begonnene Rede von einer aus seiner Sicht heute erforderlichen »Ökumene der Profile« hat in kürzester Zeit nicht nur in Fachkreisen die Runde gemacht. Sie nimmt ein Grundempfinden vor allem der evangelisch geprägten Christ/inn/en auf, die bei zunehmenden Annäherungen an die medienpräsente Römisch-Katholische Kirche im öffentlichen Bewusstsein eine schwindende Kenntnis der reformatorischen Identität befürchten, zu der wesentlich auch die Freiheit eines Christenmenschen gehört, personal getragene Gewissensentscheidungen in religiösen Fragen treffen zu können. Mit der – frühere Äußerungen wiederholenden – Aussage im Schreiben der Glaubenkongregation »Dominus Iesus« aus dem Jahr 2000, dass die »kirchlichen Gemeinschaften (...), die den gültigen Episkopat und die ursprüngliche und vollständige Wirklichkeit des eucharistischen Mysteriums nicht bewahrt haben,

---

[5] Vgl. *Ulrich H. J. Körtner*, Wohin steuert die Ökumene? Vom Konsens- zum Differenzmodell, Göttingen 2005.

(…) nicht Kirchen im eigentlichen Sinn«[6] sind, haben sich zumindest in fachtheologischen Kreisen im deutschsprachigen Raum die ökumenischen Fragen erneut auf die ekklesiologischen Themen hin konzentriert. Gleichwohl bleibt der ökumenische Gesamthorizont weiter als die schmerzliche Frage nach einer möglichen Verständigung in Fragen des Kirchenverständnisses. Die Formulierung des gemeinsamen christlichen Zeugnisses in den gesellschaftlichen Herausforderungen der Gegenwart steht heute ganz oben auf der Tagesordnung. Die Ökumenische Bewegung verändert sich derzeit auch im deutschsprachigen Raum: Eine stärkere Beachtung der (sozial-)ethischen Verantwortung aller Kirchen ist zu erkennen.

II. Ausgewählte Themen multilateraler Gespräche

1. Rahmenbedingungen

Die wichtigste Trägerin der multilateralen Ökumene ist die »Kommission für Glauben und Kirchenverfassung« (Faith and Order). Sie hat das Ziel, alle christlichen Konfessionsgemeinschaften miteinander in Gespräche bringen zu wollen, deren Ziel die sichtbare Einheit der Kirchen ist. Diese auf das Jahr 1927 und den Ort Lausanne zurückgehende Initiative[7], die bis heute vor allem die systematisch-theologischen Fragen in der Ökumene behandelt, gilt neben der Bewegung für Praktisches Christentum, dem Internationalen Missionsrat und dem Weltrat für Christliche Erziehung als einer von vier Quellflüssen, die im Ökumenischen Rat der Kirchen, der 1948 gegründet wurde, zusammenströmten. Fragen der Praxis – Mission, Erziehung und Bildung – erschienen damals schon vorrangig wichtig. Bis heute ist es nicht leicht, innerhalb des Ökumenischen Rates der Kirchen Raum zu behalten für Lehrgespräche über theologische Inhalte. Die sozialen Nöte weltweit sind so groß, dass die Suche nach umfassender Gerechtigkeit unter den Geschöpfen die höhere Dringlichkeit zu haben scheint. Beide Aspekte haben jedoch ihre je eigene Berechtigung. Eine chronologische Übersicht kann einen ersten Einblick in die Geschichte der ökumenischen Bewegung seit Beginn des 20. Jahrhunderts vermitteln:

---

[6] Kongregation für die Glaubenslehre, Erklärung DOMINUS IESUS. Über die Einzigkeit und die Heilsuniversalität Jesu Christi und der Kirche (6. August 2000), Bonn 2000, Nr. 17, 23.
[7] Vgl. *Tobias Brandner*, Einheit gegeben – verloren – erstrebt. Denkbewegungen von Glauben und Kirchenverfassung, Göttingen 1996.

DIE ÖKUMENISCHE BEWEGUNG IM 20. JAHRHUNDERT
Überblick in Stichworten

1910–1915 Weltmissionskonferenz von Edinburgh – Beginn der modernen Ökumenischen Bewegung; Zielsetzung: Evangelisierung der Welt innerhalb einer Generation

1921 Konstitution des Internationalen Missionsrates (IMR) in Lake Mohonk (heute Kommission für Weltmission und Evangelisierung im Ökumenischen Rat der Kirchen)

1925 Gründung der Bewegung für Praktisches Christentum in Stockholm (auf Initiative von *Nathan Söderblom*). Ziel: Verständigung, Friede, soziale Ordnung

1927 1. Weltkonferenz für Glauben und Kirchenverfassung in Lausanne (auf Initiative von *Charles Brent*) unter Beteiligung der Orthodoxie; Ziel: Herausarbeitung der unterschiedlichen Lehrauffassungen bezüglich Amt, Sakramente u. a.

1937 2. Weltkonferenz für Glauben und Kirchenverfassung in Edinburgh – 2. Weltkonferenz der Bewegung für Praktisches Christentum in Oxford (deutsche Vertreter sind mit Ausreiseverbot belegt); Ziel: Vereinigung beider Bewegungen

1938 Gemeinsamer Ausschuss von »Glaube und Kirchenverfassung« und »Bewegung für Praktisches Christentum« in Utrecht. Ausarbeitung einer Verfassung und Vorbereitung eines konstituierenden Treffens des »Ökumenischen Rates« (geplant für 1941 in Genf; durch 2. Weltkrieg verzögert)

1948 1. Vollversammlung des Ökumenischen Rates der Kirchen in Amsterdam als »Gemeinschaft von Kirchen, die unseren Herrn Jesus Christus als Gott und Heiland anerkennen«

1954 2. Vollversammlung des Ökumenischen Rates der Kirchen in Evanston, belastet durch Ost-West-Konflikt. Gründung des Referates für Kirche und Gesellschaft – Verantwortung für unterentwickelte Staaten der 3. Welt wird entdeckt

1961 3. Vollversammlung des Ökumenischen Rates der Kirchen in Neu Delhi mit erstmaliger Beteiligung katholischer »Beobachter«. Beitritt der Russisch-Orthodoxen Kirche und einer Vielzahl von neuen Mitgliedern aus Afrika und Lateinamerika. Erweiterung der gemeinsamen Basis: »Gemeinschaft von Kirchen, die den Herrn Jesus Christus gemäß der Heiligen Schrift als Gott und Heiland bekennen und darum gemeinsam zu erfüllen trachten, wozu sie berufen sind, zur Ehre Gottes, des Vaters, des Sohnes und des Heiligen Geistes.« Integration des Internationalen Missionsrates in den Ökumenischen Rat der Kirchen

1962–1965 2. Vatikanisches Konzil – Ökumenische Öffnung der Römisch-

Katholischen Kirche. ÖRK durch Beobachter vertreten. Gründung einer gemeinsamen Arbeitsgruppe, ab 1968 gemeinsames Büro für Entwicklungs- und Friedensfragen (Sodepax)

1966 Weltkonferenz für Kirche und Gesellschaft in Genf – erster Schritt in Richtung »Weltratsgemeinschaft«, unter stärkerer Berücksichtigung sozialkritischer Belange und Bedürfnisse der Entwicklungsländer

1968 4. Vollversammlung des Ökumenischen Rates der Kirchen in Uppsala – Leitthema »Siehe, ich mache alles neu« – Programme zur Bekämpfung des Rassismus – Kommission der Kirchen zu Entwicklungsfrage, u. a. als Ausdruck eines christlichen Engagements für kulturelle und soziale Gerechtigkeit. Deshalb Spannungen zwischen »Horizontalisten« und »Vertikalisten«. Visionen eines »universalen Konzils« aller Christen. Im weiteren Verlauf zunehmende Beschäftigung mit globalen Umwelt-, Friedens- und sozialen Themen

1975 5. Vollversammlung des Ökumenischen Rates in Nairobi – Vergleich der Weltlage mit dem Untergang der »Titanic« – Forderung nach einem radikalen Kurswechsel, um den drohenden Untergang zu vermeiden. Programm zur Bekämpfung des Militarismus – Kirchliche Einheit als »konziliare Gemeinschaft« anvisiert

1982 Konvergenzerklärung von Lima über Taufe, Eucharistie und Amt der Kommission für Glaube und Kirchenverfassung (»Lima-Papier«) nach jahrelanger Vorarbeit – unter offizieller Mitwirkung katholischer Theologen – verabschiedet

1983 6. Vollversammlung des Ökumenischen Rates der Kirchen in Vancouver – unter den 4000 Delegierten sind etwa 30 % Frauen vertreten. Höhepunkt ist die gemeinsame Feier der »Lima«-Liturgie. Der Konziliare Prozess für Gerechtigkeit, Frieden und Bewahrung der Schöpfung erfährt entscheidende Impulse

1990 Weltversammlung in Seoul markiert vorläufigen Höhepunkt des Konziliaren Prozesses (nach vorausgegangenen Treffen 1988 in Stuttgart und Dresden, sowie 1989 in Basel), allerdings ohne offizielle Beteiligung der katholischen Kirche (nur durch Beobachter vertreten)

1991 7. Vollversammlung des Ökumenischen Rates der Kirchen in Canberra – Leitthema »Komm, Heiliger Geist, erneuere die ganze Schöpfung« – bringt Spannungen zwischen Orthodoxen und den sozialkritisch engagierten Mitgliedern

1998 8. Vollversammlung des Ökumenischen Rates der Kirchen in Harare – Leitthema »Kehret um zu Gott – seid fröhlich in Hoffnung« (50 Jahre ÖRK)

2006 9. Vollversammlung des Ökumenischen Rates der Kirchen in Porto Alegre – Leitthema »Gott, in deiner Gnade verwandle die Welt«

Die Römisch-Katholische Kirche hat nach dem 2. Vatikanischen Konzil (1962–1965) ihre Bereitschaft zur Mitarbeit bei »Faith and Order« erklärt. Seit 1968 wirkt eine römisch-katholische Delegation von Theologen gleichberechtigt mit den Delegierten aus anderen Konfessionsgemeinschaften bei der Erarbeitung der Konvergenzdokumente mit, obwohl die Römisch-Katholische Kirche nicht Mitglied im Ökumenischen Rat der Kirchen ist. Themen aus dem Bereich des Glaubensverständnisses (Faith) und Fragen der institutionellen Verfassung der Kirche (Order) erscheinen im Rahmen des ökumenischen Engagements der Römisch-Katholischen Kirche näherliegend als Überlegungen in den Bereichen der Ökonomie, der Ökologie, der Friedensforschung oder der Geschlechteranthropologie. Im Rahmen des Konziliaren Prozesses (siehe hier unter IV. 2.) mit den Leitthemen Frieden, Gerechtigkeit, Bewahrung der Schöpfung und Versöhnung zeigt die Römisch-Katholische Kirche insbesondere auf europäischer Ebene jedoch Bereitschaft, diese Themenkreise in ökumenischer Gemeinschaft zu behandeln.

2. Einzelne Dokumente

Die »Kommission für Glauben und Kirchenverfassung« hat sowohl Grundfragen der ökumenischen Hermeneutik (z. B. im Themenfeld Schrift und Tradition oder im Blick auf die Unterscheidung zwischen dem Inhalt und der Begrifflichkeit einer theologischen Aussage) als auch zentrale theologische Themen (Taufe, Abendmahl/Eucharistie, Ämter, Kirchenverständnis) von Beginn ihrer Tätigkeit an stetig verfolgt. Einzelne der vorgelegten Ergebnissichtungen haben in der Theologie hohe Aufmerksamkeit erfahren. Noch immer ist diese Kommission von der Grundüberzeugung geprägt, durch erreichte Lehrkonvergenzen der sichtbaren Einheit der Kirchen zunehmend näherzukommen.

a. Themenbereich »Schrift und Tradition«

»Gemeinsam können wir sagen, dass wir als Christen aus der Überlieferung des Evangeliums leben (der Paradosis des Kerygmas), das in der Schrift bezeugt und in der Kraft des Heiligen Geistes in der Kirche und durch sie weitergesagt wird. Die in diesem Sinne verstandene Überlieferung (Tradition) geschieht durch die Verkündigung des Wortes, in der Feier der Sakramente und Gottesdienste, in der christlichen Unterweisung und theologischen Lehre, sowie in der Sendung aller Glieder der Kirche, für Christus in ihrem Leben Zeuge zu sein«.[8]

---

[8] Deutsche Übersetzung von: »We can say that we exist as Christians by the Tradition of

Diese Worte des Dokumentes »Scripture, Tradition and Traditions« der vierten Weltkonferenz der »Kommission für Glauben und Kirchenverfassung« 1963 in Montreal bringen die gemeinsame christliche Überzeugung zum Ausdruck, den christlichen Glauben durch die Predigt des Evangeliums empfangen zu haben, dessen Überlieferung die biblischen Schriften ermöglichen. Eindrücklich bringt der Text die Unverzichtbarkeit der lebendigen Überlieferung der Offenbarung ins Wort. Ein wichtiges Ergebnis mancher in Montreal offen ausgetragener Kontroversen war die Vereinbarung, der Frage nach der Einheit des Schriftzeugnisses in den nachfolgenden Studien größere Aufmerksamkeit zu schenken.

Die Überzeugung von der im strengen Sinn theologischen Einheit der Schrift festigte sich in den anschließenden Gesprächsrunden. 1971 wurde im Rahmen der Weltkonferenz von Faith and Order in Löwen eine Verständigung über die Lehre von der Gründung der Schriftautorität in Gottes Willen, sich allen Menschen in allen Zeiten zu offenbaren, erreicht. Als Schriftstück hat die Bibel lediglich eine abgeleitete Autorität. Die primäre Autorität ist Gott selbst in seiner Offenbarungswilligkeit. Er ist das wirkende Wort, das gläubiges Vertrauen begründet. Jede Zeit bedarf der Interpretation der Schrift (im wissenschaftlichen Diskurs, in geistlicher Übung, im Dienst der Verkündigung), um Gottes sich selbst offenbarendes Handeln je neu zu vergegenwärtigen. Schriftauslegung ist insofern ein unabdingbares Instrument, um die göttliche Autorität der in den biblischen Büchern bezeugten Wahrheit zur Geltung zu bringen.

1971 wurde auch eine Stellungnahme zur Frage nach der »Mitte der Schrift« verabschiedet. In konsequenter Fortführung des offenbarungstheologischen Ansatzes wird zwischen der Rede von einer »Sachmitte« (»material centre«) und von einer »Beziehungsmitte« (»relational centre«) unterschieden. Diese von deutschen und holländischen Theologen eingebrachte Differenzierung wendet sich gegen die Annahme einer im statischen Sinn zu erfassenden thematisch-inhaltlichen Sachmitte der biblischen Schriften. Sie tritt dafür ein, die bereits innerbiblisch bezeugte Bezugnahme der Texte aufeinander wahrzunehmen. In der Mitte der

----

the Gospel (the paradosis of the kerygma) testified in Scripture, transmitted in and by the Church through the power of the Holy Spirit. Tradition taken in this sense is actualized in the preaching of the Word, in the administration of sacraments and worship, in Christian teaching and theology, and in mission and witness to Christ by the lives of the members of the Church«: »Scripture, Tradition and Traditions« (1963 Nr. 45, in: *Ellen Flesseman-van Leer* (Hg.), The Bible. Its Authority and Interpretation in the Ecumenical Movement, Genf 1980, 20. Dieser Band dokumentiert alle wichtigen Ergebnisse zum Themenbereich »Schrift und Tradition«, die »Faith and Order« bis 1980 erreicht hat.

Schrift steht die von Gott verheißene, in ihm allein begründete Hoffnung auf Leben – ewiges Leben, Leben in Fülle.

Bereits in Löwen wurden Stimmen laut, die das dort intensiv diskutierte Thema der theologischen »Mitte der Schrift« in Folgestudien konkret auf die Problematik des Verhältnisses zwischen dem Alten und dem Neuen Testament hin genauer bedacht sehen wollten. 1978 konnte in Bangalore ein Text verabschiedet werden, in dem deutlich zur Sprache kommt, dass wesentliche Inhalte des christlichen Gottesglaubens entweder ausschließlich oder zumindest klarer in alttestamentlichen Texten bezeugt sind: Gottes schöpferisches Wirken, seine Forderung von Recht und Gerechtigkeit, sein Eintreten für die Armen, Einsamen und Unterdrückten, sein eifersüchtiger Widerstand gegen die Verehrung anderer Götter, sein Kampf gegen einen bloß äußerlichen Kult und seine weisheitliche Weisung für ein Gelingen des alltäglichen Lebens.

Seit den 80er Jahren ist die »Kommission für Glauben und Kirchenverfassung« des Ökumenischen Rates der Kirchen vor allem damit befasst, die zuvor erreichte Verständigung in den Fragen des Schriftverständnisses und der Schriftauslegung bei der gemeinsamen Besprechung von zentralen Themen der Theologie und des kirchlichen Lebens fruchtbar zu machen.

b. Taufe, Eucharistie und Amt (Lima 1982)

Die Bedeutung einzelner Dialogdokumente lässt sich auch daran ermessen, welche Rezeptionsgeschichte sie erfahren haben. Diesbezüglich sind die Konvergenzerklärungen zu den Themen »Taufe, Eucharistie und Amt«[9], die 1982 in Lima anlässlich einer Weltkonferenz der »Kommission für Glauben und Kirchenverfassung« verabschiedet worden sind, bisher unvergleichlich.[10] Jahrestage dieser Lima-Erklärungen geben immer wieder Anlass dazu, nochmals die erreichten Konvergenzen zu erinnern. Vermutlich werden die ökumenischen Gespräche in näherer Zukunft kein vergleichbar hohes Maß an Konvergenzen erreichen können wie in Lima 1982.

Die Lima-Konvergenzerklärungen setzen mit einer Besinnung auf

---

[9] Vgl. Kommission für Glauben und Kirchenverfassung des Ökumenischen Rates der Kirchen, Taufe, Eucharistie und Amt (Lima-Dokument 1982), in: *Harding Meyer u.a.* (Hg.), Dokumente wachsender Übereinstimmung, Bd. 1, Frankfurt / Paderborn 1983, 545–585.

[10] Vgl. Ökumenischer Rat der Kirchen: Kommission für Glauben und Kirchenverfassung, Die Diskussion über Taufe, Eucharistie und Amt 1982–1990. Stellungnahmen, Auswirkungen, Weiterarbeit, Frankfurt / Paderborn 1990.

die ökumenische Bedeutung der Taufe ein. Sie erinnern an die gemeinsame, christologisch-soteriologisch begründete Hoffnung aller Christinnen und Christen, teilhaben zu können an der Überwindung des Todes kraft der Auferstehung Jesu Christi. Anthropologische Aspekte (Taufe und Umkehr), pneumatologische Hintergründe (Taufe als Geistmitteilung) und ekklesiologische Vertiefungen (Taufe als Aufnahme in eine Glaubensgemeinschaft) kommen zur Darstellung. Weiten Raum nimmt die Frage ein, welche Taufpraxis der biblischen Überlieferung am ehesten entsprechen könnte. In den multilateralen Dialogen sind christliche Konfessionsgemeinschaften sehr präsent, die im deutschen Kontext eher im Hintergrund stehen. Täuferische christliche Gemeinschaften (vor allem Baptisten und Mennoniten) treten für die Berechtigung allein der Taufe von gläubigen Erwachsenen ein und schließen die Möglichkeit einer Taufe von unmündigen Kindern aus. Das Lima-Dokument versucht in diesem Zusammenhang einen Weg zu bahnen, auf dem es zu einer wechselseitigen Tolerierung der unterschiedlichen Praxis kommen könnte. Grundlegend ist dabei die Einsicht, dass das christliche Initiationsgeschehen in personaler Perspektive niemals als abgeschlossen gelten kann: Immer handelt es sich um einen Prozess in Gemeinschaft, der von Gott initiiert und begleitet ist. Alle Konfessionen kennen Formen der geistlichen Begleitung des Anfangs im Glaubensweg und Gestalten der Bestärkung auf diesem Weg. Auf diese Unterschiedlichkeiten nimmt der Lima-Text Bezug:

 »In einigen Kirchen, die die Tradition der Kindertaufe und der Gläubigentaufe miteinander verbinden, haben sich zwei gleichberechtigte Alternativen für den Eintritt in die Kirche als möglich erwiesen: eine Struktur, bei der auf die Kindertaufe später das Glaubensbekenntnis folgt, und eine Struktur, bei der die Gläubigentaufe auf eine Darstellung und Segnung in der Kindheit folgt. Dieses Beispiel lädt andere Kirchen zur Entscheidung darüber ein, ob auch sie nicht in ihren wechselseitigen Beziehungen und in kirchlichen Unionsgesprächen gleichberechtigte Alternativen anerkennen können.«[11]

Bis heute ist es nicht gelungen, weltweit eine solche Gleichberechtigung in den Taufpraktiken zu erreichen. Schritte hin auf eine wechselseitige Anerkennung der Taufe konnten getan werden, doch halten insbesondere Baptisten und Mennoniten streng an der alleinigen Form der Erwachsenentaufe fest. Bei einer Konversion in diese Konfessionsgemeinschaften hinein kommt es jedoch nicht notwendig zu einer (Wieder-)Taufe – die aus ihrer Sicht ja auch die erste wäre –, wenn der als Kind getaufte

---

[11] Taufe, Eucharistie und Amt (s. Anm. 9), Kommentar zu Nr. T/12, 554.

Christ in seinem Gewissen überzeugt ist, dass diese Taufe in seinem Leben wirksam wurde. Die Kirchen, die Kinder taufen, sind heute bereit, nicht unterschiedslos jede und jeden zu taufen. Sie prüfen, ob wirklich gewährleistet ist, dass das Kind in gläubiger Gemeinschaft einen Weg mit Jesus Christus gehen kann.

Im Abschnitt über die Eucharistie, in dem die Fragen ihrer Einsetzung, ihrer theologischen Bedeutung und ihrer Feiergestalt erörtert werden, konnte eine wichtige Übereinkunft über den Anamnese- oder Gedächtnischarakter dieser Feier erreicht werden.[12] Auf dieser Basis war es dann auch möglich, sich gemeinsam auf die Glaubensüberzeugung von der realen Gegenwart Jesu Christi im eucharistischen Mahl zu verständigen:

»Die Worte und Handlungen Christi bei der Einsetzung der Eucharistie stehen im Mittelpunkt der Feier; das eucharistische Mahl ist das Sakrament des Leibes und Blutes Christi, das Sakrament seiner wirklichen Gegenwart (Realpräsenz). Christus erfüllt sein Versprechen, bis zum Ende der Welt immer bei den Seinen zu sein, in vielfältiger Weise. Doch die Art der Gegenwart Christi in der Eucharistie ist einzigartig. Jesus sagte über dem Brot und dem Wein der Eucharistie: ›Dies ist mein Leib ... dies ist mein Blut.‹ Was Christus sprach, ist wahr, und diese Wahrheit wird jedesmal erfüllt, wenn die Eucharistie gefeiert wird. Die Kirche bekennt Christi reale, lebendige und handelnde Gegenwart in der Eucharistie. Obwohl Christi wirkliche Gegenwart in der Eucharistie nicht vom Glauben der einzelnen abhängt, stimmen jedoch alle darin überein, dass Glaube erforderlich ist, um Leib und Blut Christi unterscheiden zu können.«[13]

Den Zusammenhang zwischen der wahren Gegenwart Jesu Christi und den Zeichen Brot und Wein beschreiben die Konfessionsgemeinschaften unterschiedlich. Verschiedene Denkmodelle sind überliefert, um dieses Geheimnis zu erfassen. Übereinstimmung besteht darin, dass Brot und Wein als Mahlgaben zu verstehen sind, die für die Kommunion bestimmt sind. Als bleibend wichtig erwiesen sich auch die Ausführungen zu den Gestaltungselementen bei der Liturgie der Eucharistie, die in allen Konfessionsfamilien welthin übereinstimmen, und zur Verbindung zwischen eucharistischer Feier und sozial-diakonischem Handeln. Auf der Grundlage der erreichten Konvergenzen wurde eine Liturgie erarbeitet, die 1982 in Lima erstmals gefeiert wurde und seitdem als Lima-Liturgie bezeichnet wird.[14]

Der Abschnitt über das Amt beginnt mit einer Besinnung auf die

---

[12] Vgl. ebd., Nr. E/5–13, 559–561.
[13] Ebd., Nr. E/13, 560 f.
[14] Vgl. Die Eucharistische Liturgie von Lima, Frankfurt 1983.

Berufung des ganzen Volkes Gottes, die sich in der Rede vom allgemeinen Priestertum (evangelischer Sprachgebrauch) oder vom gemeinsamen Priestertum (römisch-katholische Begrifflichkeit) artikuliert. Die Einrichtung eines ordinationsgebundenen Amtes befürworten grundsätzlich alle Konfessionsgemeinschaften, auch wenn die konkreten Formen der Amtsübertragung variieren. Nicht alle Traditionen kennen das dreigliedrige Amt von Bischöfen, Priestern und Diakonen. Die Konvergenzerklärung von Lima versucht in diesem Zusammenhang auf die unterschiedlichen Aufgaben dieser Amtspersonen aufmerksam zu machen: Überregionale Leitungsaufgaben, die Sorge für alle Belange einer Lokalkirche und sozial-caritative Tätigkeiten werden von unterschiedlichen Personen wahrgenommen, die dazu jeweils berufen und beauftragt werden. Eigene Aufmerksamkeit wird der Frage nach der Sukzession des apostolischen Amtes (Nachfolge im Amt durch Übertragung von Person zu Person) geschenkt, weil einige Kirchen mit dieser Thematik die Frage nach einer möglichen Anerkennung der Ämter verbinden. Zunächst wird die Amtssukzession eingeordnet in den größeren Zusammenhang der Hoffnung auf das Verbleiben der Gesamtkirche in der apostolischen Tradition:

»Die vorrangige Manifestation der apostolischen Sukzession findet sich in der apostolischen Tradition der Kirche als ganzer. Die Sukzession ist ein Ausdruck der Beständigkeit und daher der Kontinuität von Christi eigener Sendung, an der die Kirche teilhat. Innerhalb der Kirche hat das ordinierte Amt eine besondere Aufgabe, den apostolischen Glauben zu bewahren und zu vergegenwärtigen. Die geordnete Weitergabe des ordinierten Amtes ist daher ein wirksamer Ausdruck der Kontinuität der Kirche durch die Geschichte; sie betont auch die Berufung des ordinierten Amtsträgers als Hüter des Glaubens. Wo Kirchen der Bedeutung der geordneten Weitergabe wenig Bedeutung beimessen, müssen sie sich selbst fragen, ob sie nicht ihr Verständnis von Kontinuität in der apostolischen Tradition ändern sollten. Andererseits, wo das ordinierte Amt der Verkündigung des apostolischen Glaubens nicht angemessen dient, müssen sich die Kirchen fragen, ob ihre Amtsstrukturen nicht einer Änderung bedürfen.«[15]

In für viele weitere Dialogprozesse vorbildlicher Weise haben die Lima-Konvergenzerklärungen einen Weg gefunden, bestehende Übereinkünfte zwischen den Konfessionsgemeinschaften zu beschreiben, ohne die verbliebenen Unterschiede zu verschweigen. Immer ist dabei der Blick auch auf die Praxis der Kirchen bei den Feiern der Taufe, der Eucharistie und der Ordination gerichtet. Kritische Rückfragen richten sich an alle

---

[15] Ebd., Nr. A/35, 579 f.

Traditionen. Das Leitbild der gemeinsamen Erneuerungsbewegung ist das biblisch überlieferte apostolische Erbe.

c. Gemeinsam den einen Glauben bekennen (1991)

1982 beschloss »Faith and Order«, Studien über den apostolischen Glauben als einen Schwerpunkt der künftigen Arbeiten anzugehen. Als Ausgangspunkt wurde das Bemühen um eine gemeinsame Auslegung des nizäno-konstantinopolitanischen Glaubensbekenntnisses (in der Literatur meist als NC bezeichnet) gewählt. Weitere Schritte sollten die gemeinsame Anerkennung nicht nur des NC, sondern auch die Anerkennung der anderen Kirchen als einer apostolisch glaubenden Gemeinschaft sein. Mit dieser Studienarbeit verband sich zudem die Hoffnung auf einen umfassenden Umkehr- und Erneuerungsprozess aller Kirchen. Die Frucht der jahrelangen Arbeit der »Kommission für Glauben und Kirchenverfassung« an einer gemeinsamen Auslegung dieses Bekenntnistextes ist die Studie »Gemeinsam den einen Glauben bekennen«.[16] Sie orientiert sich in ihrer Grundstruktur an den trinitarisch strukturierten Inhalten des Bekenntnisses zu Gott, zu Jesus Christus und zum Heiligen Geist. Alle Unterabschnitte bieten neben biblischen und historischen Auskünften auch jeweils ein Angebot für ein heutiges Verständnis des Glaubensbekenntnisses. In Kommentaren werden einzelne strittige Fragen aufgegriffen. Zu diesen gehört vor allem die Frage, ob die später im lateinischen Text eingeführte Rede vom Ausgang des Geistes auch vom Sohn (filioque) theologisch legitim erscheint. In ökumenischen Gottesdiensten wird das NC heute in der Regel in seiner ursprünglichen Form ohne filioque gesprochen. Zu dieser Praxis haben vor allem Verständigungsbemühungen zwischen der Römisch-Katholischen Kirche und den Orthodoxen Kirchen geführt.[17]

Das NC wurde formuliert, bevor es anlässlich der christologischen Aussagen des Konzils von Chalzedon im Jahr 451 zur ersten bedeutenderen Spaltung der christlichen Bekenntnisgemeinschaft kam. Der ursprüngliche liturgische

---

[16] Vgl. Kommission für Glauben und Kirchenverfassung, Gemeinsam den einen Glauben bekennen. Eine ökumenische Auslegung des apostolischen Glaubens, wie er im Glaubensbekenntnis von Nizäa-Konstantinopel (381) bekannt wird, Frankfurt / Paderborn 1991. Vgl. dazu auch: *Deutscher Ökumenischer Studienausschuss* (DÖSTA), Wir glauben – wir bekennen – wir erwarten. Eine Einführung in das Gespräch über das Ökumenische Glaubensbekenntnis von 381, Eichstätt 1997.

[17] Vgl. Die griechische und die lateinische Überlieferung über den Ausgang des Heiligen Geistes. Eine Klarstellung in Verantwortung des Päpstlichen Rates zur Förderung der Einheit der Christen, in: Una Sancta 50 (1995) 316–324.

Ort des Glaubensbekenntnisses ist die Taufe. In die Feier der Eucharistie fand es vermehrt erst im frühen Mittelalter Aufnahme. In östlichen und westlichen Liturgien wird das NC gesprochen. Dieser gemeinsame Bekenntnistext verbindet die gesamte Christenheit. Er wird leider im deutschsprachigen Raum in jüngerer Zeit viel seltener gesprochen als das Apostolische Glaubensbekenntnis, das daher eher wörtlich im Gedächtnis ist.

d. Ein Schatz in zerbrechlichen Gefäßen (1998)

Nicht zuletzt der mühsame und in Teilen enttäuschende Prozess der Rezeption vorausgehender Studien zu inhaltlich-theologischen, materialen Fragen der Ökumene hat in den 90er Jahren bei »Faith and Order« die Überzeugung gefördert, ein stärkeres Augenmerk auf formale Fragen richten zu müssen. Grundlegende hermeneutische Überlegungen sollten dabei behilflich sein, die Wege der Ökumene besser zu verstehen. Vor diesem Hintergrund ist das Dokument »Ein Schatz in zerbrechlichen Gefäßen. Eine Anleitung zu ökumenischem Nachdenken über Hermeneutik« zu verstehen, das 1998 zum Abschluss kam.[18] Wie sich bereits im Blick auf den Untertitel erahnen lässt, geht diese Studie erste tastende Schritte in ein Neuland hinein. Zwar wurden auch bei den vorausgehenden Arbeiten hermeneutische Gesichtspunkte angesprochen, doch fanden diese zuvor noch keine Bündelung und Reflexion.

Die Weltkonferenz von »Faith and Order« 1993 in Santiago de Compostela formulierte die Einsicht, dass vor allem in drei Bereichen eine weitere Förderung der bereits erreichten Gemeinschaft (Koinonia / Communio) zu wünschen sei: (1) im Blick auf die Frage, nach welchen Kriterien zwischen der einen, gemeinsamen apostolischen Tradition und den vielen konfessionellen Traditionen zu unterscheiden sei; (2) hinsichtlich der Frage, wie sich die kulturellen und lokalen Kontexte auf die Lehrgestalten auswirken, und (3) durch eine Besinnung auf die gegenseitige Rechenschaftspflicht aller Kirchen bei ihrem Bemühen, in dieser Zeit Zeugnis für Jesus Christus abzulegen, ohne zu verkennen, dass die Erfüllung der christlichen Hoffnung eine eschatologische Dimension hat. Die eine Tradition ist das Evangelium, das in unterschiedlichen Kontexten von mehreren Kirchen bezeugt wird. Die weithin ausbleibende Rezeption dieser Studie kann belegen, wie komplex die

---

[18] Vgl. die deutsche Übersetzung: *Dagmar Heller* (Hg.), Ein Schatz in zerbrechlichen Gefäßen. Eine Anleitung zu ökumenischem Nachdenken über Hermeneutik, Frankfurt 1999.

gewählten Themenbereiche empfunden wurden. An hermeneutischen Vorfragen führt jedoch in der Ökumene kein Weg (mehr) vorbei.

e. Das Wesen und die Bestimmung / die Sendung der Kirche (1998 / 2005)

Zeitgleich zur Hermeneutik-Studie arbeitete »Faith and Order« an einem Text zu Fragen des Kirchenverständnisses. Eine erste Fassung erschien 1998 unter dem Titel »Das Wesen und die Bestimmung der Kirche«.[19] Nach einem mehrjährigen Konsultationsprozess, in dessen Verlauf dieser Entwurf von Kirchenleitungen, Ökumenischen Instituten sowie Theologinnen und Theologen einer kritischen Sichtung unterzogen wurde, legte die Kommission 2005 eine überarbeitete Fassung unter dem Titel »Das Wesen und die Sendung der Kirche« vor.[20] Das Ziel all dieser Bemühungen ist es, in der Ekklesiologie möglichst bald ein Konvergenzpapier vorlegen zu können, in dem – analog zur Behandlung der Themen Taufe, Eucharistie und Amt in Lima 1982 – eine gemeinsame Sichtweise von Sein und Sollen der Kirche beschrieben ist. Allen an diesem Prozess Beteiligten ist bewusst, wie schwierig ein solcher Verständigungsprozess sich gestaltet, da die in unterschiedlicher Weise geschichtlich geformten Institutionen nun gemeinsam über ihr Selbstverständnis nachdenken, sich wechselseitig zur Umkehr rufen und nach einer zukunftsfähigen Gestalt der kirchlichen Einheit suchen.

Die aufgenommenen Themenaspekte sind in den beiden genannten Ekklesiologie-Studien weithin gleich geblieben: Es geschieht eine trinitarische Begründung des Wesens der Kirche; die Geschichte der Kirche erfährt Beachtung; die Ausdrucksgestalten des kirchlichen Lebens werden im Begriff der Gemeinschaft (Koinonia / Communio) zusammengefasst. In diesem Zusammenhang finden auch die Ergebnisse Beachtung, die in den vorausliegenden Studien erarbeitet wurden: der apostolische Glaube sowie Überlegungen zu Taufe, Eucharistie und Amt. Nachweislich auch im Titel vermerkt, hat sich der Akzent in Richtung auf eine stärkere Betonung des missionarischen Dienstes der Kirche verschoben. Dieser Thematik ist ein eigenes Kapitel gewidmet.

Wie auch andere ökumenische Studien versteht sich diese bisher letzte der »Kommission für Glauben und Kirchenverfassung« als eine Samm-

---

[19] Vgl. die deutsche Übersetzung: *Dagmar Heller* (Hg.), Das Wesen und die Bestimmung der Kirche. Ein Schritt auf dem Weg zu einer gemeinsamen Auffassung, Frankfurt 2000.
[20] Vgl. The Nature and the Mission of Church, Geneva 2005 (Faith and Order Paper No 198). Eine deutsche Übersetzung ist in Vorbereitung.

lung von Erträgen, die in den zurückliegenden Jahrzehnten ökumenischer Forschung und ökumenischer Dialogarbeit erreicht werden konnten. Die ökumenische Bewegung ist an einem Punkt angekommen, an dem kaum mehr erwartet wird, dass neue Einsichten auf der Ebene der Sachinformation gewonnen werden können. So vieles ist schon gesagt und geschrieben. Der Ruf nach einer ökumenischen Hermeneutik, die den Dienst der Kirche(n) an Gottes Schöpfung in den Mittelpunkt stellt, ist erneut wach geworden. Die beiden Bereiche der einen ökumenischen Bewegung, die »Gerechtigkeitsökumene« und die »Dialogökumene« lassen sich zwar arbeitsteilig behandeln, sie gehören jedoch zusammen.

III. Ausgewählte Themen bilateraler Gespräche

1. Vorüberlegungen

Ein Gedankenspiel kann verdeutlichen, wie bilaterale Gespräche zwischen zwei Konfessionsgemeinschaften eine große Bereicherung und zugleich auch eine Belastung für den gesamtökumenischen Prozess darstellen: Vorstellbar wäre, dass alle Konfessionen mit Gummibändern in einem Gewirr von Bezügen miteinander verbunden sind. Wenn in diesem Gesamtgebilde zwei Partner sich wechselseitig annähern, entsteht an manchen Stellen eine Reduktion der Spannung, an anderen Stellen erhöht sie sich zugleich. Als Beispiel zur Veranschaulichung dieser Schwierigkeit dient in der Ökumenischen Theologie in jüngerer Zeit zumeist die Frage der Frauenordination.[21] Mit der Möglichkeit der Zulassung von Frauen zum ordinierten Amt in der Anglikanischen Kirchengemeinschaft und in der Altkatholischen Kirche – zunächst zum Diakonat, dann zum Presbyterat (Pfarramt) und zuletzt auch zum Episkopat (Bischofsamt) – haben diese Konfessionsgemeinschaften einen großen Schritt im Hinblick auf eine Kirchengemeinschaft mit den Konfessionen aus reformatorischer Tradition getan. Zugleich ist die entspannte Nähe, die Anglikaner und Altkatholische angesichts ihres ge-

---

21 Vgl. *Elisabeth Gössmann / Dietmar Bader* (Hg.), Warum keine Ordination der Frau? Unterschiedliche Einstellungen in den christlichen Kirchen, München / Zürich 1987; *Walter Groß* (Hg.), Frauenordination. Stand der Diskussion in der Katholischen Kirche, München 1996; *Christine Globig*, Frauenordination im Kontext lutherischer Ekklesiologie. Ein Beitrag zum ökumenischen Gespräch, Göttingen 1994; *Dorothea Reininger*, Diakonat der Frau in der Einen Kirche. Diskussionen, Entscheidungen und pastoralpraktische Erfahrungen in der christlichen Ökumene und ihr Beitrag zur römisch-katholischen Diskussion, Ostfildern 1999.

meinsamen Festhaltens am apostolisch begründeten Bischofsamt mit
den Orthodoxen Kirchen lebten, geschwunden. Während der Diakonat
der Frau innerhalb der Orthodoxie in theologischen Reflexionen angesichts entsprechender Traditionszeugnisse im Blick auf die Taufassistenz
ergebnisoffen besprochen wird, erscheint eine Zulassung von Frauen
zum priesterlichen oder bischöflichen Amt prinzipiell ausgeschlossen.

Andere Bereiche, in denen die wachsende Nähe zweier Gesprächsteil-
nehmer zueinander vermehrte Spannungen im Blick auf andere Mitglie-
der der Kommunikationsgemeinschaft unter den christlichen Kirchen
bewirken, sind mit Fragen der Rechtfertigungslehre und der Pneumatologie verbunden: Im Zweiergespräch mit Konfessionsgemeinschaften, die
die Rede von der Heiligung des Menschen im Rechtfertigungsgeschehen
nicht zurückweisen und daher den menschlichen Kräften bei der Ergrei-
fung des Guten Zutrauen schenken (reformierte, freikirchliche oder orthodoxe Traditionen), können mit der Römisch-Katholischen Kirche
Übereinkünfte erreicht werden, die manche Formulierungen in der mit
dem Lutherischen Weltbund vereinbarten »Gemeinsamen Erklärung zur
Rechtfertigungslehre« von 1999[22] wieder fragwürdig erscheinen lassen
könnten (siehe hier unter III. 2). Multilaterale Gespräche sind vor diesem
Hintergrund bei jeder Thematik wichtig.[23] Zugleich führen manche bilateralen Gespräche in eine theologische Tiefe, die auch für nichtbeteiligte
Traditionen lehrreich sein kann. Auch wenn bilaterale Gespräche nicht
selten für Außenstehende irritierende Ergebnisse hervorbringen, tragen
sie zur Redlichkeit im ökumenischen Gesamtgeschehen bei. Keine der
Gesprächsebenen – weder die multilaterale noch die bilaterale – ist ver-
zichtbar. Ökumenische Dialoge sind ein vielgestaltiges Lerngeschehen.
Die Kommunikationsgeschehnisse lassen sich nicht allein auf die Frage
reduzieren, wer in der theologischen Sachposition schriftgemäßer argumentiert. Die gewordenen institutionellen kirchlichen Gefüge tendieren
zu einer beharrlichen Selbsterhaltung. Das Gewordene erscheint zunächst einmal völlig legitim. Von der Versuchung, so zu denken, kann
sich keine Tradition unbesehen freisprechen. Die gemeinsame Umkehr
tut immer wieder not.[24] Dazu hilft auch der Blick in die bereits vorlie-

---

[22] Vgl. Gemeinsame Erklärung zur Rechtfertigungslehre des Lutherischen Weltbundes
und der Katholischen Kirche, in: *Harding Meyer u. a.* (Hg.), Dokumente wachsender Übereinstimmung, Bd. 3, Frankfurt / Paderborn 2003, 419–441.

[23] Vgl. als multilaterales Dokument zur Rechtfertigungslehre: Von Gott angenommen –
in Christus verwandelt. Die Rechtfertigungslehre im multilateralen Dialog. Studie des
Deutschen Ökumenischen Studienausschusses (DÖSTA). Im Auftrag des DÖSTA herausgegeben von *Uwe Swarat, Johannes Oeldemann* und *Dagmar Heller*, Frankfurt 2006
(Beiheft zur Ökumenischen Rundschau 78), 331–349.

[24] Zu diesem Thema hat eine bilateral evangelisch – römisch-katholisch besetzte Dialog-

genden ökumenischen Ergebnisse, auf die aufbauend weitere Gesprächsrunden begonnen werden können. Leider ist nicht immer gesichert, dass neue ökumenische Projekte mit einer Sichtung der Ergebnisse vorangegangener Studien beginnen.

2. Einzelne Fragenkreise

Auf internationaler Ebene und auf nationaler Ebene gibt es weltweit ungezählt viele Dialogkommissionen. Im internationalen Gespräch sind in der Regel (in der evangelischen Konfessionsfamilie) die Weltbünde, (im Blick auf die römisch-katholische Tradition) der Päpstliche Rat für die Förderung der Einheit der Christen und (hinsichtlich der Orthodoxie) das Ökumenische Patriarchat von Konstantinopel (mit Sitz in Istanbul in der Türkei) Träger der Initiativen. Vor allem in Ländern, in denen die konfessionelle Spaltung besonders deutlich ersichtlich ist (etwa in den USA), gibt es auch nationale Dialogkommissionen, die im bilateralen Gespräch sind. In Deutschland hat der Ökumenische Arbeitskreis evangelischer und katholischer Theologen eine bis auf das Jahr 1946 zurückreichende Geschichte.[25] Einzelne Studien dieser Theologengemeinschaft – in jüngerer Zeit insbesondere die Ergebnisse der Gespräche über den Opfercharakter von Eucharistie und Abendmahl[26] sowie die Studie »Lehrverurteilungen – kirchentrennend?«[27] – haben hohe Wertschätzung erfahren. Das letztgenannte Dokument geht der Frage nach, ob die im 16. Jahrhundert in den reformatorischen Bekenntnisschriften oder in den römisch-katholischen Äußerungen des Trienter Konzils festgehaltenen Verurteilungen der theologischen Lehren der je-

---

kommission wegweisend gearbeitet: Vgl. *Groupe des Dombes*, Pour la Conversion des Églises, Paris 1991. Deutsche Übertragung: Gruppe von Dombes, Für die Umkehr der Kirchen. Identität und Wandel im Vollzug der Kirchengemeinschaft, Frankfurt / Paderborn 1994.

[25] Vgl. *Barbara Schwahn*, Der Ökumenische Arbeitskreis evangelischer und katholischer Theologen von 1946 bis 1975, Göttingen 1996.

[26] Vgl. *Karl Lehmann / Edmund Schlink* (Hg.), Das Opfer Jesu Christi und seine Gegenwart in der Kirche. Klärungen zum Opfercharakter des Herrenmahles, Freiburg / Göttingen 1983 (Dialog der Kirchen 3). Das eucharistische Opfer ist die sakramentale Vergegenwärtigung der liebenden Lebenshingabe Jesu Christi in der (Mahl-)Feier und im Leben der Kirche. In dieser Weise ließe sich knapp zusammenfassen, was der Ökumenische Arbeitskreis in jahrelangem Bemühen durch Detailuntersuchungen und in Gesprächen erarbeitete und der Öffentlichkeit zur Rezeption übergab.

[27] Vgl. *Karl Lehmann / Wolfhart Pannenberg* (Hg.), Lehrverurteilungen – kirchentrennend?, Rechtfertigung, Sakramente und Amt im Zeitalter der Reformation und heute, Freiburg / Göttingen 1986 (Dialog der Kirchen 4).

weils anderen Konfessionsgemeinschaft in den Themenbereichen Rechtfertigung, Sakramente und Amt aus heutiger Sicht noch kirchentrennenden Charakter haben. Der Ökumenische Arbeitskreis kommt zu dem Ergebnis, dass inzwischen in den wichtigsten Fragen weitreichende ökumenische Annäherungen bestehen, angesichts derer die in den Kontroversen des 16. Jahrhunderts verbliebenen Differenzen heute nicht mehr kirchentrennend sein müssen. Gleichwohl sind in den Folgezeiten weitere Lehrentscheidungen in anderen Bereichen – von römisch-katholischer Seite im Blick auf das Papstamt und in der Mariologie, von evangelischer Seite etwa in der Frage der Frauenordination – getroffen worden, so dass auf der Basis allein einer Verständigung über das 16. Jahrhundert eine vollständige evangelisch/römisch-katholische Übereinstimmung nicht erreicht werden kann.

Es ist an dieser Stelle nicht möglich, in allen Themenbereichen auf alle Dialogergebnisse einzugehen. Ich beschränke mich auf die Wiedergabe mir wichtig erscheinender Ergebnisse aus der internationalen und der nationalen bilateralen Ökumene. Der Schwerpunkt liegt dabei auf dem evangelisch / römisch-katholischen Gesprächsgeschehen, da Kenntnisse in diesen Bereichen im deutschen Kulturraum angesichts der bestehenden konfessionellen Verhältnisse besonders wichtig sind.

a. Schrift und Tradition

Bei der Durchsicht der bisherigen Ergebnisse des lutherisch / römisch-katholischen Dialogs auf der internationalen Ebene fällt auf, dass das Thema »Schrift und Tradition« von Beginn an weitgehend konsensfähig behandelt werden konnte. Kontroverse Fragen stellten sich in diesem Bereich nahezu ausschließlich im Blick auf die Verbindlichkeit einer lehramtlichen Schriftauslegung. Bereits der 1972 veröffentlichte Bericht über die erste Dialogphase bekräftigt die Auffassung von der Notwendigkeit der Überlieferung im Raum der Kirche als eine gemeinsame Überzeugung und erklärt.

 »Damit stellt sich die alte kontrovers-theologische Frage nach dem Verhältnis von Schrift und Tradition in neuer Weise. Es kann nicht mehr die Schrift exklusiv der Tradition gegenübergestellt werden, weil das Neue Testament selbst Ergebnis urchristlicher Tradition ist. Doch kommt der Schrift als Zeugnis der grundlegenden Überlieferung eine normative Funktion für die gesamte spätere Tradition der Kirche zu.«[28]

---

[28] Malta-Bericht. Bericht der Evangelisch-Lutherisch / Römisch-Katholischen Studienkommission »Das Evangelium und die Kirche«, in: *Harding Meyer u. a.* (Hg.), Dokumente wachsender Übereinstimmung, Bd. 1, Nr. 17, 253.

Konsens bestand damals auch über das Erfordernis, Kriterien benennen zu müssen, die es ermöglichen, zwischen legitimen und illegitimen Entwicklungen der nachbiblischen Tradition zu unterscheiden. Das Dokument benennt im Fortgang als primäres Kriterium bei einer solche Differenzierung, »dass der Heilige Geist das Christusgeschehen als Heilsereignis erweist«[29]. Da die Rechtmäßigkeit einer Inanspruchnahme des Wirkens des Geistes Gottes jedoch im Einzelfall kaum zu überprüfen ist, bedarf es sekundärer Kriterien zur Traditionskritik. Über deren Gestalt bestand zwischen beiden Konfessionen zwar (noch) keine Einigkeit, gemeinsam ließ sich aber sagen:

»Weder das Prinzip sola scriptura noch der formale Verweis auf die Verbindlichkeit des Lehramtes kann genügen.«[30]

Lutherischerseits werden insbesondere die Predigt und die Bekenntnisschriften als Kriterien der Wahrheitserkenntnis benannt. Die römisch-katholischen Theologen verwiesen an dieser Stelle auf die lebendige Glaubenserfahrung der Christen sowie auf das Miteinander von Amt und nichtamtlichem Charisma. Eine grundlegende Gemeinsamkeit wurde auch in der Sinnbestimmung jeder kirchlichen Autorität als Dienst am Wort formuliert. Einig waren sich die Gesprächspartner auch in der pneumatologischen Begründung der Überzeugung, als gesamte Kirche in der Wahrheit zu bleiben:

»Unfehlbarkeit muss in erster Linie verstanden werden als Gabe an die ganze Kirche als Volk Gottes. Das Bleiben der Kirche in der Wahrheit darf nicht statisch verstanden werden, sondern ist ein dynamisches Geschehen, das sich unter dem Beistand des Heiligen Geistes im unaufhörlichen Kampf gegen Irrtum und Sünde in der Kirche wie in der Welt vollzieht.«[31]

Als weiterführend erwies sich auch die theologische Bestimmung der Mitte der Schrift; diese kann nicht »in eine theologische Formel eingefangen werden«, sie »besteht vielmehr in dem eschatologischen Heilshandeln Gottes in Kreuz und Auferstehung Jesu, das alle Verkündigung explizieren will«[32].

In den nachfolgenden Dialogrunden wurden die bis 1972 erreichten Verständigungen in den wechselnden thematischen Zusammenhängen erinnert. Die gemeinsame Überzeugung von der Normativität allein der Schrift wurde zwar nicht mehr intensiv bedacht, sie wirkte sich jedoch

---

[29] Ebd., Nr. 18, 253.
[30] Ebd.
[31] Ebd., Nr. 23, 254.
[32] Ebd., Nr. 24, 254.

bei der Gestaltung der Dialogmethode insofern aus, als bei der Behandlung der strittigen theologischen Themen zunächst in der Regel das biblische Zeugnis dargestellt wurde. Neben der Eucharistietheologie standen Visionen über die Gestalt sichtbarer Einheit und insbesondere Fragen des kirchlichen Amtes im Mittelpunkt des Interesses. Die Frage der Verbindlichkeit kirchlicher Lehrentscheide wurde in jüngerer Zeit in dem Dokument »Kirche und Rechtfertigung« eingehend behandelt.[33] In diesem Text wurden Konvergenzen bezüglich der Notwendigkeit kirchlicher Lehrtätigkeit überhaupt, im Blick auf die Zusage des Geistes Gottes an die gesamte Kirche, sie in der Wahrheit zu halten, und hinsichtlich der Aufgabe einzelner kirchlicher Institutionen (Kirchenleitungen, Synoden, theologische Fakultäten), eine besondere Verantwortung in der Lehre zu übernehmen, erzielt. Strittig blieb die römisch-katholische Auffassung von der Letztverbindlichkeit einzelner Lehrentscheide der Konzilien und des Papstes, die nach lutherischer Wahrnehmung damit der kritischen Überprüfung in illegitimer Weise entzogen werden.

Auch der internationale reformiert / römisch-katholische Dialog widmete sich seit Mitte der 80er Jahre ausdrücklich ekklesiologischen Fragen.[34] Er konnte dabei im Blick auf Fragen des Schriftverständnisses und der Schriftauslegung an den 1977 erschienenen Schlussbericht der ersten Dialogphase anknüpfen. Als Stand des Gespräches notiert der Text von 1990:

»Beide Seiten heben den unfehlbaren Charakter des geistgewirkten Predigens und Lehrens hervor, welches das Evangelium und die Heilige Schrift widerspiegelt. Die römisch-katholischen Christen beziehen jenes Predigen und Lehren auf eine gottgegebene Autorität, die in der Kirche eingesetzt ist und der im Dienst am Wort Gottes in Schrift und Tradition die Vollmacht übertragen worden ist, es in authentischer Weise zu interpretieren und die in bestimmten Fällen den Beistand des Heiligen Geistes erhält, um sich in Fragen des Glaubens und der Sitten auf unfehlbare Weise zu äußern. Reformierte Christen beziehen ein solches Predigen und Lehren letztlich auf die höchste Autorität des Wortes Gottes in der Schrift, die vom Heiligen Geist erleuchtet ist.«[35]

Zu den wichtigsten der bereits 1977 erreichten Übereinstimmungen in der reformierten und der römisch-katholischen Lehre zählen folgende

---

[33] Vgl. Kirche und Rechtfertigung. Das Verständnis der Kirche im Licht der Rechtfertigungslehre, Frankfurt / Paderborn 1994, 91–118.
[34] Vgl. Auf dem Weg zu einem gemeinsamen Verständnis von Kirche. Internationaler reformiert / römisch-katholischer Dialog. Zweite Phase (1984–1990), in: *Harding Meyer* u. a. (Hg.), Dokumente wachsender Übereinstimmung, Bd. 2, Frankfurt / Paderborn 1992, 623–673.
[35] Ebd., Nr. 139, 663.

Aussagen: Die Schrift selbst ist eine Gestalt der Tradition; die Kirche steht als creatura verbi unter dem Wort Gottes; in der Lehrentwicklung und der Bekenntnisbildung ist Gottes Geist wirksam. Die verbliebenen Differenzen bezüglich der lehramtlichen Schriftauslegung führt das Dokument auf unterschiedliche Auffassungen von der Weise der Wirksamkeit des Geistes Gottes zurück:

»Im allgemeinen suchen die Reformierten nach einer unmittelbaren Begründung ihrer Lehre im apostolischen Zeugnis der Schrift, während die Römisch-Katholische Kirche das apostolische Zeugnis stärker im Glaubensleben der Gesamtkirche vernimmt, insofern sie im Laufe der Jahrhunderte ständig der Fülle der göttlichen Wahrheit entgegenstrebt. (…) Dieser unterschiedlichen Haltung dürfte eine Differenz in der Pneumatologie zugrunde liegen: Das katholische Denken ist in erster Linie getragen vom Vertrauen auf die fortdauernde Gegenwart des Heiligen Geistes, während die reformierte Kirche die Gegenwart des Geistes als stets neues Geschenk des erhöhten Herrn erfährt.«[36]

Die ökumenischen Dokumente zum Thema Schriftverständnis und Schriftauslegung zeigen in eindrücklicher Weise, dass sich alle christlichen Kirchen im Dialoggeschehen als solche wiedererkannt haben, die unter Gottes Wort stehen und allein die von Gott selbst ermöglichte Offenbarung seines Wesens und Willens verkündigen möchten. Die durch diese Erfahrung tiefer Gemeinsamkeit in den Jahrzehnten der neueren Ökumenischen Bewegung gewachsene Verbundenheit erscheint ungefährdet. Zumeist beziehen sich spätere Dialoge sogar ausdrücklich auf den bereits erreichten Diskussionsstand. In einer im Vergleich mit allen anderen bilateralen Dialogen weit höheren Intensität hat sich der Ökumenische Arbeitskreis evangelischer und katholischer Theologen mit dem Themenkreis Schrift und Tradition befasst.[37] Die in drei Bänden dokumentierten Referate werden in einem gemeinsam verantworteten Bericht abschließend auf ihre Konvergenzfähigkeit hin befragt. Dabei zeigten sich weitreichende Übereinkünfte, die mit Ergebnissen in anderen bilateralen Dialogen Verwandtschaft haben, angesichts der erreichten Differenziertheit jedoch von eigener Bedeutung bleiben.

Zusammenfassend lässt sich sagen: Der in aller Regel gewählte Ausgangspunkt bei ökumenischen Äußerungen zum Schriftverständnis ist die Rede von Gottes Offenbarung. Die Einheit und Mitte der Schrift besteht in der

---

[36] Die Gegenwart Christi in Kirche und Welt. Schlussbericht des Dialogs zwischen Reformiertem Weltbund und dem Sekretariat für die Einheit der Christen, in: *Harding Meyer* u. a. (Hg.), Dokumente wachsender Übereinstimmung, Bd. 1, 494.
[37] Vgl. *Theodor Schneider / Wolfhart Pannenberg* (Hg.), Verbindliches Zeugnis, 3 Bde., Freiburg / Göttingen 1992–1998.

Einheit Gottes, der in der Geschichte Israels und im Christusereignis die Mitte seines Heilswillens in Zeit und Geschichte kundgemacht hat. An dieser (im strengen Sinn) theologischen Voraussetzung aller weiteren Überlegungen halten die Kirchen gemeinsam fest. Auf breiter Basis besteht zudem Übereinstimmung in der positiven Wertigkeit der kirchlichen Traditionsbildung. Die Heilige Schrift ist eine Gestalt der Tradition; sie ist schriftgewordene Tradition. Ohne das gemeindliche Überlieferungsgeschehen wäre Gottes Evangelium nicht hörbar geworden. Der Prozess der Traditionsbildung in den Glaubensgemeinschaften in biblischer Zeit sowie das Ereignis der Schriftwerdung des Evangeliums werden von den christlichen Kirchen als ein von Gottes Geist gewirktes Ereignis verstanden. Die Annahme der Inspiration der biblischen Texte ist konsensfähig. Unbestritten ist in den Dokumenten zudem, dass Gottes Wort in vielgestaltigen Menschenworten begegnet, deren geschichtliche Bedingtheiten es erfordern, (auch) mit den Mitteln der historisch-kritischen Exegese zur Erkenntnis der Aussageintention zu gelangen. Auffällig ist, dass der pneumatologischen Argumentation in ökumenischen Zusammenhängen ein hoher Stellenwert zukommt. In Dokumenten, an denen orthodoxe oder freikirchliche Theologen beteiligt waren, geschieht in dieser Hinsicht eine besondere Akzentsetzung. Als ein ökumenischer Grundkonsens kann gelten, dass allein die gläubige Erwartung der Wirksamkeit des Geistes Gottes die Hoffnung begründet sein lässt, in der Wahrheit zu bleiben, d. h. das Evangelium Gottes ursprungsgemäß, getreu der apostolischen Überlieferung weitersagen zu können.

Die im Rahmen der weitgehenden Übereinstimmungen in den bilateralen Dialogen festzustellenden Eigenarten erklären sich durch die besonderen Anliegen, die einzelne Konfessionsgemeinschaften im Rückblick auf ihre geschichtlichen Erfahrungen beim kirchlichen Dienst der Schriftauslegung in die Gespräche einbringen. In profilierter Weise mahnen etwa die evangelikalen bzw. pfingstlerischen Gemeinschaften die missionarische Dimension der gegenwärtigen Verkündigung in den Mittelpunkt der Überlegungen zu rücken und die ökumenischen Gespräche mit der Zielsetzung zu verbinden, die Glaubwürdigkeit des christlichen Glaubens durch die Festigung der christlichen Gemeinschaft zu erhöhen. Sie greifen damit Anliegen auf, die zu Beginn der modernen Ökumenischen Bewegung zu einer Intensivierung der Suche nach einem gemeinsamen christlichen Schriftverständnis führten.

Die noch bestehenden Grenzen der Tragweite der erreichten Verständigung werden in den Dialogen vor allem dann spürbar, wenn kontroverse Einzelfragen unter Bezugnahme auf das biblische Zeugnis

versuchsweise einander angenähert werden. Als ein solches Feld der Erprobung bieten sich insbesondere Fragen der Mariologie und des päpstlichen Lehramtes an. Trotz aller noch bestehenden Offenheiten erwies
sich die gelungene Verständigung auf die Methode der Wahrheitsfin-
dung im Sinne der Darstellung des Schriftzeugnisses in vielen Einzelfragen bereits als sehr fruchtbar.

Der in nahezu allen Dialogen erkennbare Hauptgegenstand der verbliebenen konfessionellen Kontroverse ist die römisch-katholische Lehre
von der Möglichkeit unfehlbarer Lehrentscheide. Doch sind auch in diesem Bereich Annäherungen der Standorte unverkennbar: Die an den
Gesprächen beteiligten römisch-katholischen Theologen binden diese
Lehre in die Überzeugung von der Gegenwart des Geistes in der Gesamtheit der Glaubensgemeinschaft ein, die beim Geschehen der Rezeption
verbindlicher Lehren deren Schriftgemäßheit zu prüfen hat, und sie weisen auf die Bruchstückhaftigkeit der Erkenntnis und die Vorläufigkeit
ihrer geschichtlich bedingten Aussagegestalt hin. Die Kirchen in reformatorischer Tradition gestehen zu, dass auch sie die Notwendigkeit verbindlichen kirchlichen Lehrens anerkennen, jede konkrete Lehrgestalt
jedoch zu jeder Zeit dem kritischen Maßstab der Schriftgemäßheit un-
terliegt. Perspektiven für eine weitergehende Verständigung über die
Unfehlbarkeit einzelner Lehren könnte sich durch eine Bezugnahme
auf die auch in den reformatorischen Kirchen vertretene Auffassung
von der in Gottes Wirken selbst begründeten Gewissheit seines Heilswillens ergeben.

b. Rechtfertigungslehre

»Ihr Völker alle, klatscht in die Hände; jauchzt Gott zu mit lautem Ju-
bel!« (Ps 47,2) Dieses Wort war tief im Sinn der Menschen, die mit-
erlebten, wie sich am 31. Oktober 1999, am Reformationstag, in der
Augsburger St. Anna-Kirche in einem anhaltenden, lauten Beifall spürbar die Spannung löste, mit der die Unterzeichnung der »Gemeinsamen
Offiziellen Feststellung« (GOF) über den bestehenden Konsens in
Grundwahrheiten der Rechtfertigungslehre zwischen den Lutherischen
Kirchen und der Römisch-Katholischen Kirche erwartet worden war.[38]
Das Händeklatschen setzte ein, als die Anwesenden die spontane und
herzliche Umarmung wahrnahmen, mit der die beiden Sekretäre, Pfar-
rer *Ishmael Noko* vom Lutherischen Weltbund (LWB) und (damals noch)

---

[38] (s. Anm. 22).

Bischof *Walter Kasper* vom Päpstlichen Rat zur Förderung der Einheit der Christen, ihre zuvor geleisteten Unterschriften unter die Erklärung bekräftigten. Nicht nur in St. Anna klatschten die Menschen, auch in den vielen Räumen, in die hinein das Geschehen live übertragen wurde. Die Hände ruhten erst wieder, als alle zehn Namenszüge unter das Dokument gesetzt waren: Vor den Sekretären hatten die beiden Präsidenten, Landesbischof *Christian Krause* und *Edward I. Kardinal Cassidy*, unterzeichnet. Sechs hochrangige Vertreterinnen und Vertreter des LWB bestätigten sodann mit ihren Unterschriften, dass das Geschehen in Augsburg in der weltweiten Lutherischen Gemeinschaft auf große Zustimmung gestoßen war. Drei Frauen, die Schatzmeisterin des LWB und die beiden Vizepräsidentinnen für Afrika und Asien, unterschrieben das Dokument. Mit hoher Sensibilität hat die Festgemeinschaft dieses Zeugnis der evangelischen Katholizität der Lutherischen Kirchen freudig anerkannt. Angesichts der hohen theologischen Bedeutung dieser erreichten Konvergenz, die bis heute in Einzelfragen nicht unumstritten ist, lässt sich von einem solchen Ereignis nur möglichst erlebnisnah und auch emotional erzählen. Für die weltweite ökumenische Gemeinschaft der Christinnen und Christen ist es sehr wichtig, dass zumindest in einem Themenbereich die Gespräche zu einem verbindlichen, durch Unterschriften bekräftigten Abschluss haben kommen können.

Eine erste Fassung der »Gemeinsamen Erklärung zur Rechtfertigungslehre« (GER) wurde 1994 von einer kleinen Gruppe evangelisch-lutherischer und römisch-katholischer Theologen erarbeitet. Der Text wurde im Januar 1995 den Kirchen in einer nicht zur Veröffentlichung bestimmten Form für die Beratung zugänglich gemacht. Auf der Basis der eingegangenen Modi nahm ein evangelisch-katholisches Expertenteam im Juni 1996 in Würzburg Textverbesserungen vor. Weitere Eingaben von einzelnen Mitgliedskirchen des Lutherischen Weltbundes (LWB) und aus Rom veranlassten dazu, den Text nochmals bei einem Treffen in Würzburg zu bearbeiten. Die dort im Januar 1997 verabschiedete Fassung lag den Kirchen zur Beschlussfassung vor, die bis zum 1. Juni 1998 erfolgt sein sollte. Nach heftigen innerlutherischen Auseinandersetzungen – forciert vor allem durch das negative Votum von über 150 deutschen Theologinnen und Theologen –, stimmte trotz dieser heftigen Einwände der LWB am 16. Juni 1998 einstimmig dem Entwurf zur GER zu.

Größte Irritationen hat in der Schlussphase dann die römisch-katholische Antwort auf die Frage, ob ein Konsens bestehe, ausgelöst. Ein Schreiben vom 25. Juni 1998 stellt zunächst fest, es gebe einen Grundkonsens in der Rechtfertigungslehre, im Kleindruck werden dann aber

Einschränkungen angefügt, die von lutherischer Seite – und auch von den im Vorfeld beteiligten römisch-katholischen Theologen – als höchst ärgerlich betrachtet wurden, z. b. die Infragestellung der Bedeutung des Beschlusses des LWB angesichts der unklaren Kompetenz dieses Gremiums; in der Sache wurden vor allem Bedenken bezüglich eines schon konsensfähigen Sündenverständnisses formuliert. Durch diese römisch-katholische Reaktion schien über lange Zeit eine feierliche Unterzeichnung der »Gemeinsamen Erklärung« nicht mehr möglich; ökumenisch engagierte Theologen haben dann in Rom – auf recht undurchsichtigen Wegen – erreichen können, dass die Glaubenskongregation sich nochmals mit dem Vorgang befasste. So entstand ein Anhang zur GER, in dem nochmals der bestehende Grundkonsens bekräftigt wird und Auslegungsregeln für die erste römisch-katholische Reaktion auf die GER vereinbart wurden. Dieser Anhang, der im Mai des Jahres 1999 einvernehmlich verabschiedet wurde, machte dann den Weg frei für die Unterzeichnung der GER am Reformationstag 1999. Die Entstehungsgeschichte der GER ist ein lehreiches Beispiel für die Vielzahl der auch nicht-theologischen Faktoren, die bei den Bemühungen um ökumenische Konvergenzen zu beachten sind.

Die Präambel der GER (Nr. 1–7) erinnert an die Geschichte dieses Textes, an Vorläufertexte und bestimmt die Zielsetzung der GER: Nach einem mehr als 25jährigen Dialog über die Rechtfertigungstheologie soll Bilanz gezogen werden. Das gemeinsame Grundverständnis der Rechtfertigungslehre wird beschrieben. Nicht alle Aspekte können zur Sprache kommen. Die konfessionell geprägte Lehrtradition, die Geschichte der Konfessionen mit dieser Thematik, soll nicht korrigiert werden. Lediglich der gemeinsame Lernerfolg, der heute erreichte Stand der Gespräche, soll anerkannt werden. Der erste Teil der Erklärung (Nr. 8–12) fasst dann das biblische Zeugnis zusammen. Dies ist ein neuerlicher Erweis für die Tatsache, dass auch die römisch-katholische Dogmatik zunächst grundlegend die Themen der Schrift vorlegt und keine weiteren, keine anderen Lehren lehren will als diejenigen, die Gott selbst von sich und seinem ewigen Willen und Wesen offenbar gemacht hat.

Ein kurzer 2. Abschnitt (Nr. 13) erinnert an die Bedeutung einer Verständigung über die Rechtfertigungslehre für den ökumenischen Dialog. Der wichtige Abschnitt 3 (Nr. 14–18) bestimmt dann das gemeinsame Verständnis der Rechtfertigung; Abschnitt 4 (Nr. 19–39) entfaltet die gemeinsame Grundaussage in der Rechtfertigungslehre unter sieben Gesichtspunkten: Verständnis der Sünde, der Vergebung, der Rechtfertigung durch Glauben und aus Gnade, das Sündersein des Gerechtfertigten, Gesetz und Evangelium, Heilsgewissheit, die guten Werke. Jeder Teilabschnitt ist so aufgebaut, dass zunächst die Übereinstimmung in den Sachfragen formuliert wird, dann in eigenen Abschnitten römisch-katholische bzw. lutherische Eigenheiten. Ein differenzierter Konsens wird also formuliert, eine Methode ökumenischer Arbeit, die sich mit dem Namen *Harding Meyer*[39] verbindet: Es besteht ein Konsens und zugleich bleiben geschichtlich bedingte, durch die konfessionellen Eigenentwicklungen geprägte Differenzen, die jedoch den Bestand der konsensfähigen Grundaussage nicht gefährden. Sie müssen daher keinen Ausschluss der anderen Konfessionen aus der christlichen Bekenntnisgemeinschaft mehr bewirken. Der 5. und letzte Abschnitt (Nr. 40–44) bestimmt die Bedeutung und die Tragweite des erreichten Konsenses: Die im 16. Jh. ausgesprochenen Verurteilungen der Lehre der jeweils anderen Konfession in Fragen der Rechtfertigung behalten den Status von heilsamen Warnungen. Beide Konfessionen verpflichten sich, dafür zu sorgen, dass Leben und Lehre der Kirchen dem gemeinsam Gesagten entspricht. Schließlich werden die noch offenen Fragen benannt, die noch zur Klärung anstehen: vor allem die Frage nach der Lehrautorität in der Kirche, nach dem Amt, den Sakramenten und nach dem Verhältnis zwischen der Rechtfertigungslehre und sozialethischen Positionen. Ganz am Ende stehen Dank und Bitte: Eine gemeinsame Bezugnahme auf den einen Gott, der der Geber alles Guten ist, geschieht.

In der Rezeption dieses Textes wird weithin anerkannt, dass hier der Versuch gemacht wird, die langjährigen Bemühungen um einen lutherisch-katholischen Konsens in der Rechtfertigungsthematik zu bündeln und ein Zeichen setzen zu wollen, das den Wunsch nach christlicher Verbundenheit in der Mitte des gemeinsamen Glaubens in der Öffentlichkeit zum Ausdruck bringt. Anerkannt wird – auch von vielen Lutheranern – die Bereitschaft der Römisch-Katholischen Kirche, mit dieser GER die herausragende, die einzigartige Bedeutung der Rechtfertigungslehre anzuerkennen und damit das Hauptanliegen der Reformation im 16. Jahrhundert gutzuheißen.

Die Konturen der umstrittenen Positionen lassen sich so bestimmen. Der Tendenz nach rechnet die römisch-katholische Theologie eher mit der Möglichkeit des Menschen, dauerhaft, beständig das Gute wirken zu können und in diesem Geschehen durch die kirchliche Gemeinschaft gestützt zu werden. Dagegen betont die evangelische Theologie stärker die immer bestehende, bleibende Sündigkeit des Menschen, seine Passivität im Erlösungsgeschehen, die Notwendigkeit der je neuen worthaf-

---

[39] Vgl. *Harding Meyer*, Versöhnte Verschiedenheit. Aufsätze zur ökumenischen Theologie, Bd. 1, Frankfurt / Paderborn 1998.

ten Zusage des Evangeliums, die Heilsgewissheit aufgrund der gnädigen Zuwendung Gottes, wirksam im vertrauenden Glauben. In der theologischen Tradition gibt es zwei Akzentsetzungen im Verständnis der Rechtfertigung des Sünders und der Sünderin: Das forensische Modell der Rechtfertigung ist am Leitbild des Freispruchs vor Gericht orientiert; dies ist die eher evangelische Tradition. Die Rede von der effektiv wirksamen Rechtfertigung dagegen sieht den Menschen von innen her verwandelnd durch die Zusage Gottes; dies ist die katholische Tradition. Anthropologische und soteriologische Fragen stehen in der Rechtfertigungslehre zur Debatte. Zugleich zeigt die Rezeption der GER sehr deutlich, welche Bedenken eigentlich vor allem auf evangelischer Seite bestehen: im Blick auf die Frage der Konsequenzen der Rechtfertigungslehre für das Kirchenverständnis, die Ämterlehre und die Sakramente. Zu den zugleich am meisten wertgeschätzten und umstrittensten Partien der GER gehört folgende Passage:

»(17) Gemeinsam sind wir der Überzeugung, dass die Botschaft von der Rechtfertigung uns in besonderer Weise auf die Mitte des neutestamentlichen Zeugnisses von Gottes Heilshandeln in Christus verweist: Sie sagt uns, dass wir Sünder unser neues Leben allein der vergebenden und neu schaffenden Barmherzigkeit Gottes verdanken, die wir uns nur schenken lassen und im Glauben empfangen, aber nie – in welcher Form auch immer – verdienen können.
(18) Darum ist die Lehre von der Rechtfertigung, die diese Botschaft aufnimmt und entfaltet, nicht nur ein Teilstück der christlichen Glaubenslehre. Sie steht in einem wesenhaften Bezug zu allen Glaubenswahrheiten, die miteinander in einem inneren Zusammenhang zu sehen sind. Sie ist ein unverzichtbares Kriterium, dass die gesamte Lehre und Praxis der Kirche unablässig auf Christus hin orientieren will. Wenn Lutheraner die einzigartige Bedeutung dieses Kriteriums betonen, verneinen sie nicht den Zusammenhang und die Bedeutung aller Glaubenswahrheiten. Wenn Katholiken sich von mehreren Kriterien in Pflicht genommen sehen, verneinen sie nicht die besondere Funktion der Rechtfertigungsbotschaft. Lutheraner und Katholiken haben gemeinsam das Ziel, in allem Christus zu bekennen, dem allein über alles zu vertrauen ist als dem einen Mittler (1 Tim 2, 5 f.), durch den Gott im Heiligen Geist sich selbst gibt und seine erneuernden Gaben schenkt.«[40]

Die Notwendigkeit einer soteriologisch-christologischen Zentrierung aller Lehrgestalten ist heute eine gemeinsame ökumenische Grundüberzeugung. Die einzigartige kriteriologische Dimension der Rechtfertigungslehre findet Anerkennung. Zugleich gibt der Wortlaut von Nr. 18

---

[40] Gemeinsame Erklärung zur Rechtfertigungslehre des Lutherischen Weltbundes und der Katholischen Kirche (s. Anm. 22), Nr. 17–18, 424.

Anlass für Spekulationen, von welchen (weiteren) Kriterien sich die Römisch-Katholische Kirche in Pflicht genommen sieht. Studien zur ökumenischen Geschichte der Rede von theologischen Kriterien zur Überprüfung von Traditionsgütern lassen dabei erkennen, dass die römisch-katholische Theologie zwischen materialen Kriterien (letztlich den inhaltlichen Verheißungen des gesamten göttlichen Evangeliums in beiden biblischen Testamenten) und formalen Kriterien (den Weisen der Feststellung dieses Gehalts in der kirchlichen Auslegungsgemeinschaft) unterscheidet. Die angezielte Kürze des Dokuments ließ kaum Raum für hintergründige Erläuterungen. Solche wären jedoch an dieser Stelle dringend erforderlich gewesen. Eine weitere offene Frage nach der GER ist, welche Konsequenzen auf der Handlungsebene der Kirchen nun erst möglich erscheinen. Ist es angesichts der erreichten Übereinstimmungen in der Rechtfertigungslehre wirklich noch berechtigt, nicht einmal gastweise Menschen anderer christlichen Konfessionen zur römisch-katholischen eucharistischen Mahlfeier einzuladen?

c. Verständnis von Sakramentalität

Insbesondere zu den Themenbereichen Taufe, Abendmahl bzw. Eucharistie und Amt liegen zahlreiche Dialogdokumente vor, welche die in der Konvergenzerklärung von Lima 1982 (siehe oben unter II. 2. b.) angesprochenen Fragen vertiefen. Auch zu den anderen Zeichenhandlungen, die der orthodoxen, römisch-katholischen und altkatholischen Tradition nach zu den Sakramenten zu zählen sind (Firmung, Ehe, Buße und Krankensalbung), gibt es ökumenische Dialoge. Alle Einzelsakramente sind vor allem in der Studie »Lehrverurteilungen – kirchentrennend?«[41] eingehend theologisch besprochen worden. Dabei zeigte sich, dass vorab eine grundlegende Verständigung über das Wesen des Sakramentalen im ökumenischen Dialog wichtig ist. Ist es nämlich möglich, den Sakramentenbegriff weiter und enger zu fassen, so entstehen offene Gesprächsräume über die Frage, welche Sprachregelungen biblisch begründet sind oder sich erst in der späteren Tradition bildeten. Auch jene Konfessionsgemeinschaften, die nur zwei Sakramente zählen, kennen in spezifischen lebensgeschichtlichen Situationen gottesdienstliche Feiern, in denen die Taufe bekräftigt wird (Konfirmation), ein Amt übertragen wird (Ordination), Gottes Erbarmen zugesprochen wird (Beichte und Offene Schuld), Menschen sich lebenslang einander zusagen (Ehe) sowie Kranke gesegnet oder auch gesalbt werden. Im ökumenischen Gespräch

---

[41] (s. Anm. 27).

haben auch sozial-anthropologische Überlegungen zur Sinnhaftigkeit von Zeichenhandlungen in religiösen Gemeinschaften die Wege zum wechselseitigen Verstehen geebnet.

In den neutestamentlichen Schriften gibt es keinen Begriff, der die Zeichenhandlungen, die in späterer Zeit in der theologischen Tradition der Kirchen als Sakramente bezeichnet wurden, zusammenfasst. Frühe lateinische Bibelübersetzungen haben das griechische Wort »mysterion« mit »sacramentum« übersetzt. Der Gebrauch des Begriffes »mysterion«, der zumeist mit »Geheimnis« im Deutschen wiedergegeben wird, ist in den biblischen Schriften vielgestaltig. Als Grundbedeutungen der nicht unmissverständlichen Rede vom göttlichen »Geheimnis« gelten: »Erwählung durch Gott«, »unergründlicher Ratschluss Gottes«, »freie, sich schenkende Liebe Gottes«. Mit »Geheimnis« wird somit die allein von Gott selbst zu entscheidende, die Geschöpfe immer als Gabe, als Geschenk erreichende Zuwendung Gottes benannt. Es besteht kein Anspruch auf Gottes »Geheimnis«. Er allein kann es lichten. Gott allein kann sich dazu entschließen, sich als »Geheimnis« mitzuteilen. Das »Geheimnis« Gottes besteht nach den biblischen Schriften im Ja Gottes zu seinen Geschöpfen. Dieses Ja spricht Gott auch den Sünderinnen und Sündern zu. Die Zeugen des Lebens, des Sterbens und der Auferweckung Jesu Christi haben diese Gottesbotschaft als Evangelium, als befreiende Zusage, erkannt und verkündigt.

Der Kolosserbrief verkündigt Jesus Christus als das offenkundig gewordene »Geheimnis Gottes« (Kol 2,2). Jesus Christus ist nach dem neutestamentlichen Sprachgebrauch das einzig(artig)e »Sakrament« Gottes: Im Tod des Gekreuzigten wird die Tiefe der Liebe Gottes erkennbar. Das »Geheimnis der verborgenen Weisheit Gottes« (1 Kor 2,7) ist in einem Menschenleben erfahrbar gewesen, und es wird in jeder Zeit durch Gottes Geist wirksam im Gedächtnis der Glaubenden bewahrt. Der kirchliche Dienst der Verkündigung dient der fortwährenden »Enthüllung« dieses Geheimnisses Gottes (Röm 16,25; Eph 3,8f.). Weder Taufe und Eucharistie, noch andere Zeichenhandlungen der christlichen Gemeinde werden von den neutestamentlichen Schriften als »Mysterien« (»Sakramente«) bezeichnet. Das Wissen darum hat im 16. Jahrhundert in der evangelischen Theologie zu einer Neubesinnung auf den Sakramentenbegriff geführt, bei der das Christusgeschehen im Mittelpunkt des Interesses stand. Auch in der römisch-katholischen Theologie ist seit vielen Jahrzehnten der Gedanke vertraut, dass Jesus Christus das »Ur-Sakrament« Gottes ist: Gottes entschiedenste und deutlichste Selbstaussage. Gottes letztes Wort ist der Grund aller Hoffnung auf heiles, unantastbares Leben.

In der evangelischen Theologie wird die Zählung von zwei Sakramenten – Taufe und Abendmahl – seit langem bevorzugt, auch wenn im 16. Jahrhundert auch andere Zählungen noch als möglich galten. In der römisch-katholischen Theologie werden Gründe genannt, die die mittelalterliche Zählung von sieben Sakramenten berechtigt erscheinen lassen. Offenheit für beide Argumentationen kennzeichnet inzwischen die Atmosphäre der ökumenischen Gespräche über diese Frage. Beide Optionen haben eigene theologiegeschichtliche Wurzeln. Taufe und Abendmahl bzw. Eucharistie gelten auch in der römisch-katholischen Theologie als besondere Sakramente (sacramenta maiora im Unterschied zu den sacramenta minora). Die Bezeichnung (nur) der Taufe und des Abendmahls als »Sakramente« festigte sich im christlichen Altertum unter dem Einfluss des großen Theologen Augustinus (†430). Nach Augustinus müssen zwei Voraussetzungen erfüllt sein, damit eine kirchliche Feier als »Sakrament« bezeichnet werden kann: Sichtbare »Materialien« (ein elementum) müssen in der sakramentalen Handlung verwendet werden, die im Sinne einer ausdrücklichen Weisung in den biblischen Schriften eine worthafte Deutung (verbum) erfahren, durch die sich ihr gewandelter Sinn erschließt. In der Feier der Taufe wird das Hinabsteigen in das Wasser und das Wiederaufsteigen worthaft als Übergang vom Tod in das Leben gedeutet. In der Feier der Eucharistie werden Brot und Wein gewandelt, indem sie durch das Wort der Verkündigung in ihren stiftungsgemäßen Deutezusammenhang gestellt werden. Die im christlichen Altertum gegebene begriffliche Offenheit, auch andere Feiern als Taufe und Eucharistie als »Sakramente« (von minderer Bedeutung) zu bezeichnen, hatte vielfältige Gründe. Die Neigung war zunächst nicht sehr groß, eine ganz präzise Abgrenzung zwischen (aus heutiger Sicht) sakramentalen und nichtsakramentalen Vollzügen vorzunehmen. Die Fußwaschung galt lange Zeit als »Sakrament«, weil nach der Überlieferung des Johannes-Evangeliums Jesus am Abend vor seinem Tod den Auftrag erteilt hat, diese Zeichenhandlung zu seinem Gedächtnis zu erneuern (Joh 13,15). Das nach der Taufe nur einmal im Leben mögliche öffentliche Bußverfahren (Ausschluss aus der Eucharistie feiernden Gemeinde und Wiederaufnahme in sie nach langen und harten Bußübungen) hatte eine anerkannt große theologische Bedeutung. Das hohe Ansehen der Firmung verdankte sich der Tatsache, dass ein Bischof ihrer Feier vorstand. Die Sakramentalität der christlichen Ehe blieb lange Zeit umstritten, weil es sehr schwer fiel, sie mit einem entsprechenden Auftragswort Jesu Christi in Verbindung zu bringen. Unterschiedliche Einflüsse waren also wirksam, bis sich der theologische Gedanke durchsetzte, die Siebenzahl der Sakramente sei auch wegen ihres symbolischen Gehalts in besonderer Weise geeignet, der theologischen Wirklichkeit gerecht zu werden. Die Zahlwörter »drei« (Symbolzahl Gottes) und »vier« (Symbolzahl des Kosmos) verbinden sich in der Zahl »sieben« (Symbolzahl der Fülle) zu einem neuen Gesamt. Diese Symbolsprache stützt den theologischen Gedanken, dass Gott sich in zeitlich-geschichtlichen Zeichenhandlungen in der Gesamtheit des menschlichen Lebens sinnenfällig zur Erscheinung bringt.

Die römisch-katholische Theologie wirbt bis heute für die Legitimität auch ihrer Zählung von sieben Sakramenten, zu der sie sich auf mehreren Konzilien entschieden hat. Zugleich sind sich die Konfessionen darüber einig, dass Taufe und Abendmahl bzw. Eucharistie eine herausragende Bedeutung für das Leben der christlichen Glaubensgemeinschaft haben: In der Taufe wird der Grund der christlichen Hoffnung gefeiert und Menschen, die sich zum vertrauensvollen Glauben an Jesus Christus entschieden haben, werden in die Kirche aufgenommen. Die Feier der Taufe vollzieht eine existentielle Wende im Leben der einzelnen Gläubigen, und sie ist konstitutiv für die Bildung der Gemeinde. In der Feier der Eucharistie wird den Versammelten der Grund ihrer Hoffnung erinnernd neu gegenwärtig. Das eucharistische Gedächtnis ist wirksame Danksagung für Gottes Tat der Erlösung. Sie ist die Feier der Mitte des christlichen Bekenntnisses und unversiegbare Quelle der Kraft zu einem christlichen Leben. In der neueren römisch-katholischen Theologie wächst die Aufmerksamkeit für die sinnträchtige Zeichenhaftigkeit alles Geschaffenen. Die ganze Welt ist Gottes »Sakrament«. Die Schönheit der Blumen in ihrer Farbenpracht, ihrem Formenreichtum und ihrem Duft sprechen von Gottes Freude an seinen Geschöpfen. Die fruchttragende Erde und die Wasserquellen lassen Gottes nährende Sorge um Pflanzen, Tiere und Menschen erleben. In Sturmwind und Feuer begegnen Mächte, die der Mensch allein nicht bändigen kann. Die unerforschte Weite des Sternenalls weckt die Frage, in welchem Raum Gott wohnt und wo die Toten sind. In allem Lebendigen liegt ein tiefes Geheimnis verborgen.

d. Ämterverständnisse

Sowohl auf internationaler wie auf nationaler Ebene gehört die Ämtertheologie zu den Schwerpunkten der ökumenischen Gespräche.[42] Dies

---

[42] Vgl. als Übersicht: *Dorothea Sattler*, Überlieferung des Apostolischen Glaubens in der kirchlichen Gemeinschaft. Zum Stand der ökumenischen Bemühungen um ein gemein-

ist vor allem auch darin begründet, dass mit der Suche nach Wegen zur
ökumenischen Anerkennung der Ämter weitreichende Folgethemen verbunden sind – vor allem die Frage der Möglichkeit einer Eucharistie-
und Abendmahlsgemeinschaft. Zu den in ökumenischen Gesprächen
sehr häufig besprochenen Aussagen in römisch-katholischen Lehrdokumenten gehört jene Passage des Ökumenismusdekrets des 2. Vatikanischen Konzils, in der vom »defectus ordinis« – von der mangelhaften
Präsenz des Weiheamtes in den westlichen christlichen Gemeinschaften
die Rede ist:

»Obgleich bei den von uns getrennten Kirchlichen Gemeinschaften die
aus der Taufe hervorgehende volle Gemeinschaft mit uns fehlt und obgleich sie nach unserem Glauben vor allem wegen des Fehlens des Weihe-
sakramentes die ursprüngliche und vollständige Wirklichkeit des eucharistischen Mysteriums nicht bewahrt haben, bekennen sie doch bei der
Gedächtnisfeier des Todes und der Auferstehung des Herrn im Heiligen
Abendmahl, dass hier die lebendige Gemeinschaft mit Christus bezeichnet werde, und sie erwarten seine glorreiche Wiederkunft. Deshalb sind
die Lehre vom Abendmahl des Herrn, von den übrigen Sakramenten, von
der Liturgie und von den Dienstämtern der Kirche notwendig Gegenstand
des Dialogs«.
                      2. Vatikanisches Konzil, Unitatis Redintegratio, Nr. 22

Die Sinnspitze dieser Textpassage ist ganz eindeutig, die drängenden
Themen des anstehenden ökumenischen Dialogs zu bestimmen. Die Frage des Amtes wird der Frage der Eucharistie untergeordnet, zugeordnet.
Kommentarlos festgehalten wird zudem, dass es konfessionelle Unterschiede gibt in der Einschätzung der Verbindung zwischen der Amts-
frage und der Eucharistiefeier. Eine pauschale, kritische Infragestellung
der Möglichkeit, dass in den evangelischen Abendmahlsfeiern Gedächtnis des Todes und der Auferstehung Jesu Christi und Erwartung seiner
Wiederkehr geschieht, erfolgt nicht. Die Auswirkungen dieser römisch-
katholischen Auffassung über die evangelischen Ämter sind erheblich.
Es gibt keine Ausnahmesituation, in der es einem römisch-katholischen
Christen kirchenrechtlich erlaubt wäre, an einer evangelischen Abend-
mahlsfeier kommunizierend, mahlhaltend teilzunehmen.

Was ist der Grund dafür? Der entscheidende Grund ist die historische Tatsache, dass die meisten reformatorischen Kirchen sich im
16. Jahrhundert entschlossen haben, die Weitergabe der apostolischen
Vollmacht von Amtsträger zu Amtsträger auch dann für möglich und

---

sames Verständnis der Apostolischen Sukzession in Dialogen mit römisch-katholischer
Beteiligung, in: *Theodor Schneider / Gunther Wenz* (Hg.), Das kirchliche Amt in apostolischer Nachfolge, Freiburg / Göttingen 2004, 13–37.

wirklich zu halten, wenn nicht Bischöfe, sondern bereits im Amt stehende Priester den nachfolgenden Priestern die Hände auflegen. Als eine Notordnung galt zunächst Folgendes: Es gab eben in den Regionen Deutschlands kaum Bischöfe, die den neuen Glauben angenommen haben. Da erschien es wichtiger, die Verkündigung des wahren Evangeliums und die ursprungsgetreue, rechte Feier der Sakramente zu gewährleisten, als auf der episkopalen Sukzession zu beharren. Priester haben Priestern die Hände aufgelegt – viele der evangelischen Pfarrerinnen und Pfarrer stehen in dieser presbyteralen – priesterlichen, eben nicht bischöflichen Nachfolge im Amt.

Die ökumenischen Gespräche haben in vielen Bereichen der ökumenischen Ämterlehre Annäherungen erbracht: (1) Auf der Basis einer vielerorts geschehenen Sichtung der biblischen Ämterlehre und der Quellen kirchlicher Tradition ist eine Verständigung auf die theologische Aussage gelungen, das Amt gehe auf eine göttliche Stiftung zurück. (2) Auf der Grundlage einer Übereinkunft über die Analogizität des Sakramentenbegriffs lässt sich auch die Frage der Sakramentalität des Amtes heute in differenzierter Weise gemeinsam beschreiben. »Wer euch hört, hört mich, und wer euch ablehnt, der lehnt mich ab« (Lk 10,16). Auf diese Verheißung Jesu Christi im Erzählzusammenhang der Aussendung der zweiundsiebzig Jünger und auf die weiteren neutestamentlichen Sendungsworte bezieht sich die auch in der lutherischen Tradition gemäß Apologie zur Confessio Augustana 13 mögliche Anerkenntnis der Sakramentalität des Ordo. (3) Im Blick auf die Unterscheidung zwischen dem gemeinsamen Priestertum aller Getauften und dem besonderen sakramentalen Amt haben die ökumenischen Gespräche eine Konvergenz erreicht.

Anstößig im ökumenischen Dialog wirkt zuweilen noch immer eine Formulierung, die sich in der Kirchenkonstitution des 2. Vatikanischen Konzils findet: Das Priestertum des Dienstes unterscheidet sich vom gemeinsamen Priestertum aller Getauften »dem Wesen und nicht bloß dem Grade nach« (Lumen Gentium, Nr. 10). Die weithin konsensfähig in der römisch-katholischen Theologie vertretene Interpretation dieses Satzes ist, dass auf diese Weise die Besonderheit des einigenden, versöhnenden, versammelnden, verbindenden Dienstes der Ordinierten zum Ausdruck gebracht wird. Die ontologische Eigenart des sakramentalen Amtes ist es, Dienst am gemeinsamen Dienst der Verkündigung des Evangeliums zu sein. Die »vornehmliche Aufgabe« der »geweihten Hirten« ist es, »die Gläubigen so als Hirten zu führen und ihre Dienstleistungen und Charismen so zu prüfen, dass alle in ihrer Weise zum gemeinsamen Werk einmütig zusammenarbeiten« (Lumen Gentium,

Nr. 30). Die Ordinierten tragen dafür Sorge, dass die vielfältigen Weisen, in denen die Verkündigung des Evangeliums geschieht, als Realisierung der Gemeinschaft in dem einen Leib Jesu Christi in der Welt erfahrbar bleiben. Das Amt der Leitung, der Sammlung, der Versöhnung, der Weisung und der Mahnung ist ein anderes Amt als das Amt aller Getauften.

Auch im Themenbereich »Apostolische Sukzession« liegen zahlreiche Konvergenzen vor: (1) Zu den Wesensmerkmalen der Kirche gehört ihre Apostolizität. Diese ist als ein präsentisch-eschatologisches Kennzeichen der gesamten christlichen Glaubensgemeinschaft zu verstehen, deren Erfüllung wirksame Gabe des Heiligen Geistes ist und deren Ermangelung das beständige Bemühen um Erneuerung der Kirche am Leitbild des apostolischen Ursprungs erfordert. (2) Die Überlieferung (paradosis) des apostolischen Evangeliums geschieht in der Gemeinschaft (koinonia) der Getauften. Es gilt, den apostolischen Glauben in den wechselvollen Zeiten der Geschichte zu bewahren. Die dabei leitenden Intentionen sind eine missionarische (Gewahrwerden des Evangeliums) und eine mystagogische (Vertrautwerden mit dem Evangelium). (3) Es ist sinnvoll, im Blick auf die Apostolische Sukzession einen materialen Aspekt (Gehalt) und einen formalen Aspekt (Gestalt) zu unterscheiden. Der apostolische Glaube ist seinem wesentlichen Inhalt nach das Bekenntnis zur Heilsbedeutsamkeit der Menschwerdung, des Lebens, der Auferweckung und der Erhöhung des gekreuzigten Jesus Christus. Die Weisen der Sicherung der apostolischen Ursprungstreue sind vielfältig; sie erschöpfen sich nicht in dem apostolisch begründeten Amt, sondern sind im umfassenden Horizont der Liturgie, der Diakonie und des Zeugnisdienstes der gesamten Glaubensgemeinschaft zu betrachten. In vielen Dialogdokumenten ist zu lesen, dass die kirchlichen Wege zur Sicherung der Kontinuität im Glauben der Apostel vielgestaltig sind und die Thematik der Apostolischen Sukzession im Bischofsamt in diesem Gesamtzusammenhang zu behandeln ist. (4) Die grundlegende Bedeutung der göttlichen Berufung in eine menschliche Zeugenschaft im Geschehen der Überlieferung des apostolischen Glaubens findet in ökumenischen Dokumenten Anerkennung. Die in der reformatorischen Tradition gebräuchliche Rede von der »successio verbi« steht nicht in einander wechselseitig ausschließender Konkurrenz zur »successio personae«, wenn dabei das im Kanon der Heiligen Schrift bewahrte apostolische Erbe als kritisches Korrektiv in geregelter Weise bei der Traditionsbildung wirksam werden kann. (5) Eine Unterscheidung zwischen dem Amt der lokal begrenzten Gemeindeleitung und dem überregional tätigen Aufsichtsamt (episcope) kann sich auf die spätneutestamentlichen biblischen Schriften stützen und hat sich in der Geschichte der christlichen Glaubensgemeinschaft vielfach bewährt. Die Episkope ist in unterschiedlicher Weise (personal, kollegial oder kommunial) und in variierender Begrifflichkeit in den christlichen Gemeinschaften bis heute bewahrt worden. In vielen neueren ökumenischen Dokumenten richtet sich die Aufmerksamkeit verstärkt auf eine gemeinsame Bestimmung der Wirkweise der Episkope im Sinne der Wahrung des apostolischen Ursprungs der Kirche. (6) Die mit Gebet und Handauflegung unter Anrufung des Heiligen Geistes geschehende (ordnungsgemäße) Amtsübertragung sichert nicht unangefochten das Verbleiben einzelner ordinierter Menschen in der Treue zum apostolischen Glauben. Traditio und Successio können in Konflikt geraten. Die Handauflegung ist eine Zeichenhandlung für die Bitte um Geistbegabung der Ordinierten, ein äußerlich bleibender Ritus garantiert nicht die Wirksamkeit der mit dieser Zeichenhandlung verbundenen Verheißung.

Großes Gewicht hat in den ökumenischen Gesprächen die Frage, wie sich die Berufung aller Getauften zur besonderen Berufung der Ordinierten verhält. Die Römisch-Katholische Kirche hat sich beim 2. Vatikanischen Konzil eingehend mit dem gemeinsamen Priestertum aller Getauften befasst und diesen Gedanken in vielen Texten ausdrücklich formuliert. In der Kirchenkonstitution steht:

»Der Apostolat der Laien ist Teilnahme an der Heilssendung der Kirche selbst. Zu diesem Apostolat werden alle vom Herrn selbst durch Taufe und Firmung bestimmt«.
2. Vatikanisches Konzil, Lumen Gentium, Nr. 33

Es handelt sich somit um eine »unmittelbare« Berufung der Laien zum Apostolat. Das gemeinsame Priestertum aller Getauften realisiert sich konkret in der Teilhabe an den drei Ämtern Jesu Christi: In der Kraft des Geistes Gottes sind alle Getauften Priester, Propheten und Könige. Der priesterliche Dienst verwirklicht sich im neuen Kult der liebenden Lebenshingabe. Die Theologie des Hebräerbriefs ist hier aufgenommen: Priester wie Jesus Christus ist, wer sein Leben hingibt aus Liebe – zum Zeugnis für Gott. Der prophetische Dienst aller Getauften ereignet sich im Bezeugen der Wahrheit des Wortes Gottes – mitten im Leben, im Alltag der Menschen. Der königliche Dienst besteht in der fachkundig-kompetenten Teilhabe auch an den Leitungsaufgaben in der christlichen Gemeinde – in der Katechese, in der Verwaltung der Güter, in der Planung des Gemeindelebens. Ohne Beeinträchtigung dieser Wertschätzung des gemeinsamen Priestertums aller Getauften hält die römisch-katholische Tradition daran fest, dass das sakramental verstandene Amt nicht von der Gemeinde einem Menschen auf Zeit nur für bestimmte Aufgaben übertragen wird, es sich vielmehr um eine göttliche Berufung in einen lebenslangen Dienst handelt. Die reformatorische Tradition kennt Beauftragungen auf Zeit an einem spezifischen Ort (vocatio pro tempore et pro loco). Im ökumenischen Gespräch wird es in nächster Zukunft sehr wichtig sein, die Frage gemeinsam zu besprechen, ob solche Beauftragungen als Formen des ordinierten Amtes zu verstehen sind. Die Lutherischen Landeskirchen in Deutschland haben diesbezüglich eine Verständigung untereinander gesucht, durch die regionale Sonderwege künftig ausgeschlossen sein sollen.[43] Im internationalen innerevangelischen Gespräch ist dabei zu beachten, dass die nordeuropäischen Lutherischen Kirchen und die Anglikanische Kirchengemeinschaft darauf Wert legen werden, dass die mit den deutschen evangelischen Landeskirchen bereits erreichten Annäherungen im Blick auf das ordinationsgebundene Amt nicht gefährdet sind.

Viele Einzelfragen der Ämtertheologie werden innerhalb der Konfessionsgemeinschaften heute (noch) kontrovers besprochen. Zu diesen Fragen gehört die Thematik, ob es nicht aus sozial-anthropologischer Perspektive begründet erscheint, dass es drei Formen der Ämter gibt: den diakonalen Dienst, den Dienst der Gemeindeleitung vor Ort sowie den Dienst der überregionalen Aufsicht (Episkope). Weitere Fragenkreise beschäftigen sich mit den Zulassungsbedingungen zum ordinierten Amt: Ist es möglich, Frauen zu ordinieren? Wäre die in der Römisch-Katholischen Kirche bestehende Zölibats-Verpflichtung aufzuheben? Ökumenische Dialoge über Fragen des Amtes müssen sich auch mit diesen Einzelthemen befassen, die in den Konfessionsgemeinschaften eine lange Tradition haben. Veränderungen sind in ihrer theologischen Berechtigung sorgfältig zu prüfen. Neben theologischen Argumenten sind in der Ämtertheologie und vor allem auch bei der Ämterpraxis weitere Einflüsse zu bedenken: in Deutschland vor allem der in den evangelischen Landeskirchen wie auch in den Diözesen zurückgehende Personalstand – mit jeweils unterschiedlicher Ursache: aufgrund finanzieller oder lebensgeschichtlicher Hindernisse. Vielfältige Kooperationen werden in der pastoralen, diakonischen und missionarischen Praxis vor Ort erforderlich. Die dabei zu erwartenden Begegnungen können sich segensreich auswirken. An mehreren Orten sind inzwischen auch in Deutschland bereits ökumenische Gemeindepartnerschaften entstanden.[44]

---

[43] »Ordnungsgemäß berufen«. Eine Empfehlung der Bischofskonferenz der VELKD zur Berufung zu Wortverkündigung und Sakramentsverwaltung nach evangelischem Verständnis, in: Texte aus der Vereinigten Evangelisch-Lutherischen Kirche Deutschlands (VELKD) 136 / 2006.
[44] Vgl. *Johanna Rahner*, Zur Nachahmung empfohlen. Erfahrungen mit ökumenischen Gemeindepartnerschaften, in: Herder Korrespondenz 58 (2004) 25–29.

IV. Herausforderungen und neue Wege

»Die Lehre trennt, der Dienst eint« – diese Worte, die dem Förderer der Bewegung für Praktisches Christentum, *Nathan Söderblom* (1866–1931), zugeschrieben werden, reflektieren eine Erfahrung in der Ökumenischen Theologie, die in jeder Zeit wieder neu von Bedeutung ist. Auch heute gibt es gesellschaftliche Herausforderungen, bei denen die Kirchen angesichts ihrer gemeinsamen sozial-ethischen Positionen nicht schweigen dürfen.

1. Ökumenische Worte zu sozialethischen Themen

Die Erträge der ökumenischen Lerngeschichte in sozialethischen Themen sind nicht ohne Bezug zur gesamtökumenischen Gesprächssituation zu beschreiben. Die wachsende Bereitschaft, künftig alle Handlungsweisen als legitimationsbedürftig zu betrachten, die nicht in ökumenischer Verbundenheit geschehen, statt – wie zuvor – ökumenische Bemühungen vor dem Hintergrund der prinzipiell zunächst konfessionsspezifischen Zugänge zu einem Themenbereich eigens argumentativ begründen zu sollen, stellt einen Wechsel in der Grundeinstellung dar, der auf internationaler Ebene in der Mitte des 20. Jahrhunderts auf der Weltkonferenz der Bewegung für Glauben und Kirchenverfassung in Lund 1952 formuliert wurde. Im Bereich des diakonalen Handelns der Kirchen in den Ortsgemeinden sowie auf regionaler und überregionaler Ebene ist dieses sogenannte Lund-Prinzip stärker verwirklicht als in anderen Grunddimensionen des kirchlichen Lebens. Gleichwohl sind auch in diesem Bereich noch weitere ökumenische Annäherungen möglich. Gemeinsame Worte des Rates der Evangelischen Kirche in Deutschland und der Deutschen Bischofskonferenz zu sozialethischen Themen finden größere Aufmerksamkeit als Beiträge aus einer konfessionellen Perspektive. Dies zeigte sich insbesondere im Hinblick auf das am Ende eines langen Konsultationsprozesses 1997 erschienene Dokument »Für eine Zukunft in Solidarität und Gerechtigkeit«[45], das die wirtschaftliche und soziale Lage in Deutschland nach seiner Wiedervereinigung zum

---

[45] *Kirchenamt der EKD / Sekretariat der DBK* (Hg.), Für eine Zukunft in Solidarität und Gerechtigkeit. Wort des Rates der Evangelischen Kirche in Deutschland und der Deutschen Bischofskonferenz zur wirtschaftlichen und sozialen Lage in Deutschland, Bonn 1997 (Gemeinsame Texte 9). Vgl. auch die von *Marianne Heimbach-Steins* und *Andreas Lienkamp* unter Mitarbeit von *Gerhard Kruip* und *Stefan Lunte* eingeleitete und kommentierte Ausgabe: Für eine Zukunft in Solidarität und Gerechtigkeit, München 1997.

Thema hat. Insbesondere der Versuch, in einem ergebnisoffenen Dialog nahezu alle gesellschaftlich relevanten Gruppierungen in Deutschland in einem Beratungsprozess zusammenzuführen, fand in auswertenden Stellungnahmen rückblickend vielfach Anerkennung.[46] Auch wenn die sozialethische Theoriebildung stärker als andere Bereiche der systematischen Theologie bezogen auf die Gegenwartsanforderungen denken muss und somit insbesondere beim Wechsel politischer Verantwortlichkeiten vor immer neuen Herausforderungen steht, gelten die Ausführungen in diesem ökumenischen Dokument zu Fragen der Arbeitslosigkeit, der Familiensituation, der Armut und der Sozialkultur in Deutschland noch immer als wegweisend.

In Deutschland hat die ökumenische Zusammenarbeit der christlichen Kirchen bei der Formung von Soziallehren eine lange und gefestigte Tradition. Das Dokument »Für eine Zukunft in Solidarität und Gerechtigkeit« kann daher als eine Bündelung einzelner vorausgegangener ökumenischer Worte im Bereich der Soziallehre gelten. Zu diesen zählen die allesamt in der Reihe der »Gemeinsamen Texte« von EKD und DBK veröffentlichten Beiträge zu medizinethischen Fragen – beispielsweise im Bereich der Organtransplantation (1990), der Patientenverfügung (1999), der Sterbebegleitung (1996) oder der pränatalen Diagnostik (1997) – ebenso wie zu wirtschaftsethischen Herausforderungen – beispielsweise im Blick auf Eigentumsrechte (1991), die finanzielle Alterssicherung (2000) oder die Wahrung des Kulturerbes (1995). Auch der Themenbereich Migration und Flucht aus politischen oder wirtschaftlichen Gründen fand – vorrangig im Jahr 1998 – in ökumenischen Worten der Kirchenleitungen Beachtung. Die europapolitische Arbeit der Kirchen in Deutschland geschieht heute weitgehend in ökumenischer Verantwortung – so dargelegt in einem gemeinsamen Wort von EKD und DBK aus dem Jahr 1995. Die kirchlichen Soziallehren gelten somit heute als weniger konfessionsspezifisch, als dies in Einzelfragen der Individualethik vor allem in den Themenbereichen Ehe, Familie und Sexualität spürbar ist, zu denen gemeinsame ökumenische Worte weithin fehlen.

---

[46] Vgl. *Karl Gabriel / Werner Krämer* (Hg.), Kirchen im gesellschaftlichen Konflikt. Der Konsultationsprozess und das Sozialwort *Für eine Zukunft in Solidarität und Gerechtigkeit*, Münster 1997; *Friedhelm Hengsbach / Bernhard Emunds / Matthias Möring-Hesse*, Reformen fallen nicht vom Himmel. Was kommt nach dem Sozialwort der Kirchen?, Freiburg 1997.

2. Gerechtigkeit, Frieden und Bewahrung der Schöpfung (Konziliarer Prozess)

Auf internationaler ökumenischer Ebene thematisiert der noch andauernde sogenannte Konziliare Prozess weltweite sozialethische Aufgabenstellungen. Der Konziliare Prozess hin zu einer gemeinsamen Verpflichtung, für Gerechtigkeit, Frieden und die Bewahrung der Schöpfung zu sorgen, wurde 1983 bei der Vollversammlung des Ökumenischen Rates der Kirchen in Vancouver ausgerufen.

Das zunehmend sensibilisierte Bewusstsein für die ökologischen Krisenerscheinungen, die Erkenntnis eines wachsenden kriegerischen Gewaltpotentials sowie die Einsicht in vielfältige Strukturen von Ungerechtigkeit zwischen den Menschen sind vorrangige Herausforderungen, in denen der christliche Glaube sich konkret zu bewähren hat. Der Gedanke, bei der Bewältigung dieser Aufgaben die ökumenische Zusammenarbeit als eine Selbstverpflichtung zu formulieren, prägt seitdem das Miteinander der Kirchen. Die Ökumene hat so an Verbindlichkeit gewonnen. In Europa findet 2007 in Sibiu / Hermannstadt in Rumänien die Dritte Europäische Ökumenische Versammlung statt, die wie die vorausgehenden 1989 in Basel und 1997 in Graz im Kontext des weltweiten Konziliaren Prozesses zu sehen sind. Die Träger dieser Gestalt der Ökumene in Europa sind die Konferenz der Europäischen Kirchen (KEK) und der Rat der Europäischen Bischofskonferenzen (CCEE). Beide zusammengenommen repräsentieren diese Institutionen alle christlichen Kirchen in Europa.

Während die Titel der Ersten Europäischen Ökumenischen Versammlung in Basel (»Frieden in Gerechtigkeit«) sowie der Zweiten Versammlung in Graz (»Versöhnung. Gabe Gottes und Quelle neuen Lebens«) noch näher an den Themen des Konziliaren Prozesses erscheinen, weist das Leitwort der Dritten Versammlung (»Das Licht Christi scheint auf alle. Hoffnung auf Erneuerung und Einheit in Europa«) darauf hin, dass die Ökumenische Bewegung derzeit den Weg der christologisch-soteriologischen Besinnung geht, die im größeren Zusammenhang der Bemühungen um eine geistliche Ökumene zu sehen ist. In einer Zeit, in der die Ökumenische Bewegung vor allem angesichts der unüberwindlich erscheinenden Hindernisse im Verständnis der kirchlichen Institution und in ihr der Ämter erneut in einer Krise zu sein scheint, ist es vorrangig wichtig, über Formen bereits gelebter christlicher Einheit (Gebet und Mission) nachzudenken, zugleich jedoch die drängend anstehende Frage der Versöhnung der Kulturen in Europa sowie die noch immer wichtigen Anliegen des Konziliaren Prozesses nicht aus dem

Blick zu verlieren. Entsprechend sieht das Tagungsprogramm von Sibiu 2007 eine dreifache inhaltliche Ausrichtung vor: zum einen die Themen Einheit der Kirchen, Spiritualität und Zeugnis, zum anderen Europa, Religionen, Migration, zum dritten Gerechtigkeit, Frieden und Bewahrung der Schöpfung.

3. Die Charta Oecumenica

Im europäischen ökumenischen Leben ist die Charta Oecumenica, die am 22. April 2001 in Straßburg von den Repräsentanten der Konferenz Europäischer Kirchen *(Metropolit Jeremie)* und des Rates der Europäischen Bischofskonferenzen *(Kardinal Miloslav Vlk)* unterzeichnet wurde, heute ein sehr wichtiger Bezugspunkt. Am Ende der Zweiten Europäischen Ökumenischen Versammlung 1997 in Graz wurde der Beschluss gefasst, die ökumenische Zusammenarbeit in Zukunft mit möglichst großer Verbindlichkeit zu leben. Ein ökumenisches Grundgesetz, die Charta Oecumenica, sollte dabei als inhaltliche Leitlinie dienen, deren Beachtung oder Missachtung sich auf diese Weise prüfen lässt. In kurzer und intensiver Gremienarbeit wurde ein Dokument erstellt, das zwölf Bereiche des ökumenischen Handelns benennt:

1. Gemeinsam zur Einheit im Glauben berufen; 2. Gemeinsam das Evangelium verkündigen; 3. Aufeinander zugehen; 4. Gemeinsam handeln; 5. Miteinander beten; 6. Dialoge fortsetzen; 7. Europa mitgestalten; 8. Völker und Kulturen versöhnen; 9. Die Schöpfung bewahren; 10. Gemeinschaft mit dem Judentum vertiefen; 11. Beziehungen zum Islam pflegen; 12. Begegnung mit anderen Religionen und Weltanschauungen.

Diesen Themengebieten sind jeweils spezifische Selbstverpflichtungen der Kirchen zugeordnet, in denen die Grundaussagen eine gewisse Konkretisierung erfahren. Da die Zustimmungsbereitschaft aller Konfessionsgemeinschaften in Europa nicht gefährdet werden durfte, haben diese Selbstverpflichtungen jedoch nicht die Gestalt erreichen können, die in einzelnen Regionen bereits vertraut und gut eingeübt sind. Am 30. Mai 2003 unterzeichneten daher in Berlin im Rahmen des Ersten Ökumenischen Kirchentags die leitenden Repräsentanten der Kirchen in Deutschland in einem feierlichen Gottesdienst eine Vereinbarung, in der sie sich in diesem regionalen Raum auf der Basis der Charta Oecumenica zu mehr Verbindlichkeit in ihrem ökumenischen Miteinander verpflichten. Inzwischen liegen von der Arbeitsgemeinschaft Christlicher Kirchen in Deutschland erarbeitete Vorschläge für eine Konkretisierung der Charta Oecumenica[47] vor. Anregungen für ein neues ökumenisches Miteinander sind darin zusammengestellt, wie zum Beispiel: Die vorösterliche und die österliche Zeit in den Gemeinden in ökumenischem Sinn zu feiern; diese Zeit im Kirchenjahr bietet viele Möglichkeiten der Begegnung in der gottesdienstlichen Feier, bei Kreuzwegen oder bei Gesprächsabenden über die gemeinsame christliche Hoffnung auch angesichts des Todes. Die Sorge um die gesamte Schöpfung verbindet Christinnen und Christen. Diakonische Projekte könnten in ökumenischer Trägerschaft vereinbart werden. In der Vorbereitung auf die Sakramente (vor allem bei der Taufe, Erstkommunion, der Firmung oder Konfirmation und der Ehe) wäre es wünschenswert, ökumenische Überlegungen stärker miteinzubeziehen. Die Öffentlichkeitsarbeit auf lokaler Ebene ließe sich besser miteinander abstimmen. Besuche auch bei kleineren christlichen Gemeinschaften könnten auf die Vielfalt der christlichen Zeugnisse ganz in der Nähe zum eigenen Wohnort aufmerksam machen.

4.   Die interreligiöse Ökumene

Eines der Themen der Charta Oecumenica ist der interreligiöse Dialog. Zunehmend wird nicht nur in Europa schmerzlich bewusst, dass bis in die Gegenwart hinein kriegerische Auseinandersetzungen auch durch religiöse oder gar konfessionelle Differenzen motiviert sind. Der interreligiöse Dialog ist daher ein Friedensdienst im Sinne des Evangeliums.

Auf Initiative von Papst Johannes Paul II. fanden sich in den Jahren 1986, 1993 und 2002 in Assisi die Repräsentanten der Religionsgemeinschaften ein, um jeweils in ihren religiösen Traditionen für das gemeinsame Anliegen zu beten: den Frieden unter allen Menschen weltweit. Diese Form des multireligiösen Gebets an einem Ort für das gemeinsame Ziel unter Wahrung der religiösen Eigenarten vermeidet die Schwierigkeiten, die bei Formen des interreligiösen Gebets bestehen.

Die Dialoge über die Gottesbilder der Religionen, über den Schöpfungsgedanken, über die Menschenbilder, über die Erwartung der Geschehnisse nach dem Tod, über das Verständnis der Vorsehung sowie über ethischen Themen bedürfen noch der Vertiefung. Die offenen Fragen

---

[47] Das Faltblatt »Gemeinsamer ökumenischer Weg mit der Charta Oecumenica« ist beziehbar bei der Ökumenischen Centrale der Arbeitsgemeinschaft Christlicher Kirchen, Ludolfusstraße 2–4, 60487 Frankfurt, www.oekumene-ack.de.

des interreligiösen Gesprächs dürfen nicht übergangen werden. Aus christlicher Sicht wird dabei die Beziehung zum Judentum immer eine besondere bleiben. Die unterschiedliche lokale Nähe einzelner Konfessionsgemeinschaften zu Menschen islamischer Glaubenstradition und die dabei entstandenen oft wechselseitigen Verletzungen lassen es nicht zu, einheitliche Vorgehensweisen im Dialog zu favorisieren, ohne diese Besonderheiten zu beachten. Ohne Zweifel haben die interreligiösen Gespräche jedoch für alle Kirchen eine hohe Bedeutung. Sie sind auch ein Weg, die gemeinsame christliche Identität im Gegenüber zu anderen Religionen deutlicher zu erfassen.

5. Ökumene des Lebens

Bei ökumenischen Veranstaltungen im Bildungsbereich lässt sich leicht der Eindruck gewinnen, nur ältere Menschen interessierten sich noch für solche binnenkirchlichen Fragen. Junge Erwachsene werden von ganz anderen Themen als etwa der Kirchen- und Ämterthematik umgetrieben. Sie suchen nach Antworten auf die Frage, warum Gott die Geschöpfe leiden lässt, ob es überhaupt einen personal vorzustellenden Gott gibt, wo die Toten leben und warum Jesus gestorben ist, damit alle das Leben finden. Die Existentialisierung der religiösen Themen aus Sicht junger Menschen ist eine Chance auch für die christliche Ökumene. Inzwischen liegen in mehreren deutschen Bundesländern Konzepte für eine verstärkte ökumenische Kooperation im schulischen Religionsunterricht vor, die diese Situation aufgreifen. Gemeinsam den christlichen Glauben als einen Schatz zu entdecken, ist in diesem Lernfeld eine ökumenische Herausforderung. Dabei bleibt die Schwierigkeit, dass im außerschulischen Bereich auf der Gemeindeebene in der Regel wenig Gelegenheit besteht, die erlernte christlich-ökumenische Verbundenheit in diakonischen, missionarischen oder gottesdienstlichen Gestalten auch zu erleben. Gerade im Jugendbereich braucht es einen neuen ökumenischen Aufbruch. Die Taizébewegung hat diesbezüglich hohe Verdienste. Jugendliche sind auch heute offen für Formen der geistlichen Ökumene des Lebens.

Der Ruf nach einer Ökumene des Lebens ist mit dem Namen des derzeitigen Präsidenten des Päpstlichen Rates für die Förderung der Einheit der Christen, *Kardinal Walter Kasper*, engstens verbunden. Ganz neu ist diese Redeweise gewiss nicht. Was anderes, als das Leben zu fördern, sollten je Christinnen und Christen gewünscht haben? Leitworte haben ihre spezifische Zeit. Nach der Ökumene der Wahrheit kam die Ökumene der Liebe. Nun scheint die Zeit der Ökumene des Lebens zu sein. Wahrheit und Liebe sind dabei nicht aufgegeben, die Akzente sind jedoch anders gesetzt, die geschichtlichen Vorzeichen verändert und dadurch die Überschrift über eine weitere Epoche der Ökumene-Geschichte verwandelt. Ökumene des Lebens steht heute an – was heißt das konkret?

Wir leben offenkundig in einer Zeit, in der ökumenisch-theologische Dialoge allein die Kirchen nicht näher zueinander führen. In vielen Themenbereichen scheinen die theologischen Argumente ausgetauscht zu sein. Grundlegend neue Einsichten sind durch weitere historische Forschungen etwa in der Ämterfrage kaum mehr zu erwarten. Und wenn es sie gäbe, wäre auch nicht ersichtlich, wie aus geschichtlichen Details ein Geltungsanspruch für andere Zeiten erwachsen könnte. Für manche ist das Ende der Konsensökumene gekommen. Der Wahrheit der unterschiedlichen konfessionellen Betrachtung der Geschichte des Christentums haben die Kirchen sich in Liebe und Geduld genähert. Kann dieser Weg noch fortgesetzt werden?

Die Ökumene des Lebens wählt einen anderen, einen neuen Ansatzpunkt ihrer Betrachtung der Wirklichkeit: Sie schaut auf die gelebte Gegenwart in der Ökumene und versucht von daher einen mutigen Blick auf die Zukunft. Die Ökumene des Lebens geht davon aus, dass Gottes Geist heute bereits Menschen dazu bewegt, eine Gestalt der ökumenischen Verbundenheit zu leben, in der sich die Sendung in der Nachfolge Jesu erfüllt: im diakonischen Handeln, im missionarischen Wirken, in den Feiern des Glaubens. Sollten wir nicht mehr Ökumene leben – und sie weniger hinterfragen sowie kritisch bedenken? Was alles ist oder wäre heute schon möglich im Sinne einer Ökumene des Lebens?

Trotz vielfältiger Ernüchterungen bleibt jedoch das weitere Bemühen um theologische Konvergenzen konkurrenzlos zu den Anliegen der Ökumene des Lebens notwendig erforderlich. Beides hat jeweils eine unvertretbare Eigenbedeutung. Es gibt noch Bereiche, in denen zu wenig bekannt ist, warum es zu welchen konfessionellen Sonderwegen gekommen ist. Die Heilung der Erinnerungen an die von Christinnen und Christen einander zugefügten Leiden ist ein noch nicht abgeschlossener Prozess. Zumindest im Gedächtnis soll bleiben, welche Ergebnisse die Dialoge bereits erbracht haben. Nicht jedes ökumenische Gremium sollte von vorne beginnen. Die ökumenische Bildung zu fördern, ist ein vorrangig wichtiges Gebot der Stunde.

Ökumene – wohin?

Einheitsvorstellungen und Modelle der Einigung

Michael Kappes

I. Problemanzeige

Was ist das *Ziel* der ökumenischen Bemühungen? Die Antwort scheint klar. Sie lautet gewöhnlich die *»Einheit der Christen«* oder die *»Einheit der Kirche(n)«*. Fragt man aber genauer nach, was unter dieser angestrebten »Einheit der Kirche« im Einzelnen zu verstehen ist, welche konkrete Gestalt sie haben soll und wie die Schritte auf dieses Ziel hin aussehen, so fallen die Antworten keineswegs mehr so klar und eindeutig aus. Obgleich die Frage nach der ökumenischen Zielvorstellung die weltweite Ökumenische Bewegung seit ihren Anfängen zu Beginn des 20. Jahrhunderts beschäftigt hat, gab es über lange Zeit kein gemeinsames Verständnis kirchlicher Einheit. Dieser Befund mag zunächst überraschen. Die Ökumene – eine ziel-lose Bewegung? Ist das so? Wo lagen und liegen die Schwierigkeiten bei der Frage nach der Einheit der Kirche? Gibt es mittlerweile in der Ökumenischen Bewegung eine gemeinsame Zielvorstellung von der gesuchten Einheit der Kirche und eine Verständigung über die Formen ihrer Verwirklichung?

Nicht selten wird heute noch grundsätzlicher gefragt: Warum soll überhaupt die Einheit der Christen und Kirchen angestrebt werden? Reicht der gegenwärtige Zustand vom feindlichen Gegeneinander zu einem friedlich-schiedlichen Neben- und Miteinander von Christen, Gemeinden und Kirchen unterschiedlicher Konfessionen nicht vollkommen aus? Brauchen wir die Einheit der Kirche? Lebt es sich in der bunten Vielfalt konfessioneller Kirchen und Gemeinschaften nicht viel besser? Leiden wir wirklich an der anhaltenden Spaltung der Christenheit?

Um diese Fragen nach den *Motiven* und den *Zielvorstellungen* der ökumenischen Bemühungen sowie den vorgeschlagenen *Wegen* zu ihrer Verwirklichung wird es im Folgenden vor allem gehen. Dabei soll einleitend gleich auf eine Schwierigkeit terminologischer Art aufmerksam gemacht werden. Der in den ökumenischen Dokumenten und in der Sekundärliteratur begegnende Sprachgebrauch im Zusammenhang mit den ökumenischen Zielvorstellungen ist alles andere als präzise und einheitlich. In einem Fall wird von »Einheitskonzepten« oder »Einheitsvorstellungen« gesprochen und darunter sowohl die konkreten institutionellen Gestaltungsformen kirchlicher Einheit als auch die unterschiedlichen Vorstellungen der Kirchen von ihrem Wesen gefasst, im anderen Fall werden beide Begriffe ausschließlich im Sinne der zuletzt genannten Bedeutung gebraucht. Die Kommission für Glauben und Kirchenverfassung des Ökumenischen Rates der Kirchen (= ÖRK) hat auf ihrer Sitzung in *Löwen 1971* eine terminologische Klärung versucht. Es wird vorgeschlagen, begrifflich zu unterscheiden zwischen »Konzepten« oder »Vorstellungen der Einheit« (concepts of unity) und »Modellen der Einigung« (models of union).

»*Modelle der Einigung*« sind Verwirklichungsformen kirchlicher Einheit, in denen sie konkret Gestalt gewinnt, während sich der Terminus »*Einheitsvorstellungen*« auf das Verständnis vom Wesen kirchlicher Einheit, ihre konstitutiven Wesenselemente bezieht.

Selbst wenn beide Begriffe natürlich inhaltlich eng miteinander zusammenhängen, ist die terminologische Unterscheidung nicht nur um der Klarheit der Darstellung willen sinnvoll, sondern auch von der Sache her gerechtfertigt. Denn eine gemeinsame Einheitsvorstellung kann sich sehr wohl in verschiedenen Einigungsmodellen realisieren, wie umgekehrt konfessionsspezifische Unterschiede im Verständnis der Kirche und ihrer Einheit dazu führen können, dass gemeinsam favorisierte Einigungsmodelle faktisch recht unterschiedlich verstanden und umgesetzt werden.

In diesem Beitrag wird terminologisch streng im oben beschriebenen Sinn zwischen »*Vorstellungen*« oder alternativ »*Verständnissen von der Einheit der Kirche*« und »*Modellen der Einigung*« unterschieden.

II. Gemeinsame Ausgangspunkte im Verständnis der Einheit der Kirche

1. Einheit als Wesensbestimmung der Kirche

Mit dem Glaubensbekenntnis von Nizäa-Konstantinopel (381) bekennen alle Christen gemeinsam »die *eine*, heilige, katholische und apostolische Kirche«. Demnach ist es gemeinsame Grundüberzeugung, dass die Einheit nicht bloß irgendeine äußere Eigenschaft oder Zutat am Wesen der Kirche ist, die auch fehlen könnte, sondern vielmehr zu ihrem Wesen selbst gehört. Damit greift das Glaubensbekenntnis auf, was im Neuen Testament breit bezeugt wird. Die Einheit der Kirche gründet im Willen Jesu selbst, der kurz vor seinem Leiden den Vater bittet: »Alle sollen eins sein: Wie du, Vater, in mir bist und ich in dir bin, sollen auch sie in uns sein, damit die Welt glaubt, dass du mich gesandt hast.« (Joh 17,21) Näherhin ist sie im trinitarischen Heilswirken des einen Gottes grundgelegt, wie es eindrücklich im Epheserbrief beschrieben wird: »*Ein* Leib und *ein* Geist, […] *ein* Herr, *ein* Glaube, *eine* Taufe, *ein* Gott und Vater aller, der über allem und durch alles und in allem ist.« (Eph 4,4–6, vgl. a. 1 Kor 12,4–6). Diese gemeinsame Grundeinsicht trägt die Ökumenische Bewegung von Anfang an und motiviert sie immer wieder neu.

2. Die schon von Gott geschenkte und die sichtbar zu machende Einheit – Einheit als Gabe und Aufgabe

Mit dem Bekenntnis zur wesensmäßigen Einheit der Kirche ist zugleich eine weitere gemeinsame Überzeugung schon mit ausgesagt. Die Einheit der Kirche ist nicht das Resultat menschlicher Anstrengungen und Bemühungen, sondern ist zuerst und vor allem Geschenk und Gabe des einen Gottes, der im Heiligen Geist durch Glaube und Taufe Menschen in die Gemeinschaft mit dem Vater und dem Sohn hineinnimmt. Der eine Gott ist und bleibt das eigentliche Subjekt, der, indem er sich sein Volk zusammenruft, die eine Kirche schafft. Auf diesen *Indikativ* der schon von Gott her geschenkten Einheit antwortet dann die Ökumenische Bewegung mit dem *ökumenischen Imperativ*, dem Aufruf an die Kirchen, alles in ihren Kräften Stehende zu tun, um diese vorgegebene Einheit, die durch die Spaltungen der Kirchen verdunkelt und entstellt ist, auch sichtbar werden zu lassen. Wenngleich diese Zielvorstellung von der anzustrebenden Einheit als »sichtbarer Einheit« innerhalb der Ökumenischen Bewegung keineswegs von Anfang an von allen konfessionellen Traditionen gleichermaßen geteilt wurde, kann sie doch seit der Neuformulierung der *Verfassung des ÖRK in Nairobi 1975* als gemeinsame Auffassung über die angezielte Einheit gelten. Sie ist weitgehend deckungsgleich mit der geltenden Verfassung der Kommission für Glauben und Kirchenverfassung, in der die römisch-katholische Kirche als Vollmitglied mitarbeitet. Als *erste Funktions- und Zielbestimmung der Arbeit des ÖRK* wird in der Verfassung genannt,

 »die Kirchen aufzurufen zu dem Ziel der sichtbaren Einheit im einen Glauben und der einen eucharistischen Gemeinschaft, die ihren Ausdruck im Gottesdienst und im gemeinsamen Leben in Christus findet, und auf diese Einheit zuzugehen, damit die Welt glaube.« Bericht aus Nairobi 1975, 327

3. Die Einheit der Kirche ist ausgerichtet auf die Einheit der Menschheit

Mit der bereits in der Bitte Jesu in Joh 17 gegebenen Begründung für die sichtbare Einheit der Christen (»damit die Welt glaubt«), wird ein weiterer gemeinsamer Ausgangspunkt der Konfessionen im Blick auf die Einheit der Kirche markiert. Die sichtbare Einheit wiederherzustellen, ist kein Selbstzweck und entspringt nicht dem Wunsch nach wohliger Harmonie der christlichen Gemeinde, sondern sie ist vor allem deshalb gefordert, weil die Glaubwürdigkeit der den Christen aufgegebenen Evangeliumsverkündigung vom unbedingten Versöhnungshandeln Gottes, das auf die Einheit der ganzen Menschheit mit Gott abzielt, schweren Schaden nimmt, wenn die Verkünder dieser Botschaft selbst in der Situation anhaltender Spaltung und Unversöhntheit leben.

Das Ringen um die *sichtbare Einheit der Kirche im Glauben* als Ziel lässt sich nicht trennen vom *Auftrag zu gemeinsamem Zeugnis und Dienst*, dem konkreten Eintreten für Frieden, Gerechtigkeit und Bewahrung der Schöpfung; beide Aspekte gehören wesentlich zusammen.

4. Einheit in der Vielfalt

Schließlich ist es eine gemeinsame Grundauffassung in der Ökumenischen Bewegung, dass die anzustrebende Einheit der Kirche nicht Uniformität, Einheitlichkeit, das heißt Reduktion auf eine bestimmte Ausdrucksgestalt sein kann, sondern nur eine »*Einheit in der Vielfalt*« bedeuten kann. Denn nur dieses Verständnis von Einheit wird dem trinitarischen Ursprung der Kirche und dem biblisch bezeugten Reichtum unterschiedlicher Geistesgaben zum Aufbau und Leben des »Leibes Christi« sowie den unterschiedlichen kulturellen Kontexten und Prägungen der Kirchen gerecht. Dies führt natürlich zu der weitergehenden Frage, die uns im Folgenden näher beschäftigen wird, nach den in den einzelnen Kirchen und in der Ökumenischen Bewegung existierenden Vorstellungen über das zur Einheit der Kirche Notwendige und die legitime Vielfalt an Lebens- und Gestaltungsformen.

III. Konfessionsspezifische Vorstellungen von der Einheit der Kirche

Es leuchtet unmittelbar ein, dass jede ökumenische Zielvorstellung von sichtbarer Einheit der Kirche und konkreten Modellen der Einigung abhängig ist vom jeweiligen konfessionellen Verständnis dessen, was Kirche ist, welche institutionellen Elemente und Merkmale für wesenskonstitutiv erachtet werden.

Die für das Wesen der Kirche als notwendig angesehenen Konstitutiva sind zugleich die für die Einheit der Kirche mit Notwendigkeit geforderten Voraussetzungen. Folglich entscheidet die Kompatibilität der jeweiligen Kirchenverständnisse darüber, ob zwischen getrennten Kirchen Einheit möglich ist.

1. Die reformatorischen Kirchen

Ein bedeutsamer Text für das Verständnis von der Einheit der Kirche in den reformatorischen Kirchen lutherischer Tradition ist Artikel 7 der »Confessio Augustana« (= CA), des Augsburger Bekenntnisses von 1530:

 »Es wird auch gelehrt, dass allezeit eine heilige, christliche Kirche sein und bleiben muss, die die Versammlung aller Gläubigen ist, bei denen das Evangelium rein gepredigt und die heiligen Sakramente laut dem Evangelium gereicht werden [...]. Denn das genügt zur wahren Einheit der christlichen Kirche, dass das Evangelium einträchtig im reinen Verständnis gepredigt und die Sakramente dem göttlichen Wort gemäß gereicht werden. Und es ist nicht zur wahren Einheit der christlichen Kirche nötig, dass überall die gleichen, von den Menschen eingesetzten Zeremonien eingehalten werden [...]«.   Augsburger Bekenntnis (1530), Artikel 7[1]

Für die Einheit der Kirche bedarf es nach reformatorischer Auffassung somit der Übereinstimmung in folgenden zwei Dingen:
1. In der reinen Predigt des Evangeliums (von der Rechtfertigung)
2. Im stiftungsgemäßen Vollzug der Sakramente Taufe und Abendmahl

Nach reformatorischem Verständnis kann auf der Grundlage dieser Übereinstimmung Kirchen- und Abendmahlsgemeinschaft mit anderen Kirchen aufgenommen werden. Ist folglich das kirchliche Amt nach Auffassung der Reformatoren für die Kirche und ihre Einheit nicht von Bedeutung? Mehrheitlich wird so argumentiert, dass im Auftrag zur

---

[1] In: Unser Glaube. Die Bekenntnisschriften der evangelisch-lutherischen Kirche, 64. Diese Aussagen haben für die reformierte Tradition eine direkte sachliche Entsprechung in Nr. 17 der »Confessio Helvetica Posterior« (1566).

öffentlichen Verkündigung des Evangeliums und der Verwaltung der Sakramente auch das Amt als Dienst an Wort und Sakrament notwendig mit eingeschlossen sei. Es steht aber nicht auf derselben Stufe wie Wort und Sakrament als die alleinigen Heilsmittel, sondern bleibt ihnen strikt zu- und untergeordnet. In jedem Fall sind zu den für die Einheit der Kirche nicht notwendigen Elementen, die als *»menschliche Zeremonien«* abzulehnen sind, auch eine *bestimmte Gestalt des kirchlichen Amtes*, wie zum Beispiel das historische Bischofsamt oder das dreigliedrige Amt (Bischof, Priester, Diakon), zu zählen.

2. Die Anglikanischen Kirchen

Bedeutsamer als die Bekenntnisaussagen des 16. Jahrhunderts ist für das Einheitsverständnis im Anglikanismus ein Dokument aus jüngerer Zeit, das so genannte *»Chicago-Lambeth-Quadrilateral«*[2] *(1888).* Hier werden *vier konstitutive Elemente* für die *Realisierung voller Kirchengemeinschaft* mit den getrennten Kirchen genannt. Die ersten beiden dort genannten notwendigen Voraussetzungen für die kirchliche Einheit entsprechen den reformatorischen Elementen *(Wort und Sakrament).* Hinzu kommen:

»b) Das Apostolische Glaubensbekenntnis als Taufsymbol und das Nizänische Bekenntnis als ausreichende Erklärung (statement) des Glaubens.
d) Das Historische Bischofsamt, in den Formen seiner Amtsausübung den verschiedenen Erfordernissen der von Gott zur Einheit Seiner Kirche berufenen Nationen und Völker angepasst (locally adapted).«
Chicago-Lambeth-Quadrilateral (1888)[3]

Dabei deutet sich in der erläuternden Erklärung, »in den Formen seiner Amtsausübung den verschiedenen Erfordernissen […] angepasst (locally adapted)«, an, dass es im Anglikanismus ein breites Spektrum im Verständnis des Bischofsamtes und seiner Bedeutung für die Anerkennung des Kircheseins anderer Gemeinschaften sowie die Realisierung von Kirchengemeinschaft gibt. Das Lambeth-Quadrilateral nimmt in diesem Spektrum eine Mittelposition ein. Es erklärt einerseits ganz auf der Linie der reformatorischen Argumentation die zwei Bedingungen rechter Evangeliumsverkündigung und Sakramentsverwaltung als Konstitutiva von Kirche für hinreichend, so dass das Vorhandensein des *historischen*

---

[2] Vom nordamerikanischen Theologen *W. R. Huntington* 1870 erarbeitet, wurde es 1886 von der Protestant Episcopal Church in Chicago angenommen und in leicht veränderter Form vom obersten Beschlussgremium der anglikanischen Kirchengemeinschaft, der »Lambeth-Konferenz«, 1888 beschlossen.
[3] Zitiert nach der dt. Übersetzung von *Harding Meyer*, 1996, 32

Bischofsamtes nicht über die Anerkennung des Kircheseins anderer Kirchen entscheidet. Andererseits bleibt es aber für die *Aufnahme voller Kirchengemeinschaft* mit anderen Kirchen, die auch die Gemeinschaft im Amt und den Ämteraustausch einschließt, *notwendige Voraussetzung.* Vor diesem Hintergrund wird verständlich, dass es anglikanischen Kirchen möglich ist, mit Kirchen aus der reformatorischen Tradition schon Kirchen- und Abendmahlsgemeinschaft aufzunehmen, bevor in der Frage des Bischofsamtes Einigkeit erzielt ist, da dies nur für die volle sichtbare Gemeinschaft der Kirchen gefordert ist.

3. Die Orthodoxe Kirche

Das orthodoxe Kirchen- und Einheitsverständnis findet sich deutlich in der »Erklärung der 3. Vorkonziliaren Panorthodoxen Konferenz« in Chambésy (Schweiz, 1986) ausgesprochen. Nachdem einleitend das Selbstverständnis der orthodoxen Kirche als »Verwahrerin und Zeugin des Glaubens und der Tradition der einen, heiligen, katholischen und apostolischen Kirche« dargelegt und die durch die Kirchenspaltungen entstandenen »wichtigen Abweichungen von der Tradition der ungeteilten Kirche« festgestellt worden sind, wird erklärt:

»2. […] Die Orthodoxe Kirche sieht die Einheit der Kirche begründet in ihrer Stiftung durch unseren Herrn Jesus Christus und in der Gemeinschaft in der Heiligen Trinität und in den Sakramenten. Diese Einheit kommt zum Ausdruck durch die apostolische Sukzession und die patristische Tradition und ist bis auf den heutigen Tag in ihrem Schosse gelebt worden. Die Orthodoxe Kirche hat den Auftrag und die Pflicht, die ganze Wahrheit zu überliefern, die in der heiligen Schrift und der heiligen Tradition enthalten ist und die der Kirche ihren universalen Charakter verleiht. Die Verantwortung der Orthodoxen Kirche und ihr ökumenischer Auftrag […] sind durch die ökumenischen Konzile zum Ausdruck gebracht worden. Diese haben insbesondere das unauflösliche Band betont, das zwischen dem wahren Glauben und der eucharistischen Gemeinschaft besteht. Die Orthodoxe Kirche hat stets danach getrachtet, die verschiedenen Kirchen und Konfessionen mit sich zu nehmen bei dem gemeinsamen Suchen nach der verlorenen Einheit der Christen, damit alle zur Einheit des Glaubens gelangen […].
6. Jedoch weist die Orthodoxe Kirche in Treue zu ihrer Ekklesiologie, zur Identität ihrer inneren Struktur und zur Lehre der ungeteilten Kirche […] den Gedanken einer ›Gleichheit der Konfessionen‹ weit von sich und vermag nicht, die Einheit der Kirche als Ausgleich (rajustement/Angleichung) zwischen den Konfessionen zu verstehen. In diesem Sinne kann die gesuchte Einheit … nicht einfach das Ergebnis theologischer Übereinkünfte

sein. Gott ruft jeden Christen zur Einheit des Glaubens, so wie sie im Mysterium und in der Tradition innerhalb der Orthodoxen Kirche gelebt wird.«

Erklärung der 3. Vorkonziliaren Panorthodoxen Konferenz
in Chambésy (Schweiz, 1986)[4]

Die Einheit der Kirche, die durch die Kirchenspaltungen nicht nur verdunkelt, sondern verloren gegangen ist, kann nur wiedererlangt werden, indem alle Kirchen zur Tradition der alten ungeteilten Kirche zurückkehren, die allein in der orthodoxen Kirche bewahrt und gelebt wird und die als unteilbar Ganzes *drei konstitutive Elemente* umfasst: *den apostolischen Glauben (1), das sakramentale, insbesondere eucharistische Leben (2), das historische Bischofsamt in apostolischer Sukzession (3).* Die ökumenischen Bemühungen, die volle sichtbare Einheit wiederherzustellen, müssen sich nach orthodoxer Auffassung vor allem auf den Konsens im Verständnis und in der Praxis dieser drei Wesenselemente der Einheit richten. Mit der Betonung des historischen Bischofsamtes als Konstitutivum kirchlicher Einheit zeigt sich auf den ersten Blick eine deutliche Nähe zwischen anglikanischer und orthodoxer Tradition. Aber im Unterschied zur anglikanischen Sicht gehören diese drei konstitutiven Elemente innerlich so eng zusammen, dass ohne Übereinstimmung in allen Kennzeichen weder das Kirchesein anderer Kirchen anerkannt noch Formen gestufter Kirchen- oder Abendmahlsgemeinschaft denkbar sind.

4. Die römisch-katholische Kirche

Das Einheitsverständnis der römisch-katholischen Kirche wird im Ökumenismusdekret des II. Vatikanischen Konzils dargelegt:

»Nachdem der Herr Jesus am Kreuze erhöht und verherrlicht war, hat er den verheißenen Geist ausgegossen, durch den er das Volk des Neuen Bundes, das die Kirche ist, zur Einheit des Glaubens, der Hoffnung und der Liebe berufen und versammelt (hat). [...] Der Heilige Geist, der in den Gläubigen wohnt und die ganze Kirche leitet und regiert, schafft diese wunderbare Gemeinschaft der Gläubigen und verbindet sie in Christus so innig, dass er das Prinzip der Einheit der Kirche ist. [...] Um nun diese seine heilige Kirche überall auf Erden bis zum Ende der Zeiten fest zu begründen, hat Christus das Amt der Lehre, der Leitung und der Heiligung dem Kollegium der Zwölf anvertraut. Unter ihnen hat er den Petrus ausgewählt, auf dem er nach dem Bekenntnis des Glaubens seine Kirche zu bauen beschlossen hat; [...] Jesus Christus will, dass sein Volk durch die

---

4 Zitiert nach der dt. Übersetzung von *Harding Meyer*, 1996, 40f.

gläubige Predigt des Evangeliums und die Verwaltung der Sakramente
durch die Apostel und durch ihre Nachfolger, die Bischöfe mit dem
Nachfolger Petri als Haupt, sowie durch ihre Leitung in Liebe unter der
Wirksamkeit des Heiligen Geistes wachse, und er vollendet seine Gemeinschaft in der Einheit: im Bekenntnis des einen Glaubens, in der gemeinsamen Feier des Gottesdienstes und in der brüderlichen Eintracht
der Familie Gottes.«
II. Vatikanisches Konzil, Dekret über den Ökumenismus, Nr. 2

Es sind nach katholischer Auffassung *drei Elemente*, die für das Leben der
Kirche und ihre Einheit konstitutiv sind: (1) Die dem *Glauben entsprechende
Predigt des Evangeliums*, die zum Bekennen des einen Glaubens führt; (2) die
Verwaltung der Sakramente, die sich in der gemeinsamen Feier des Gottesdienstes vollzieht und in der *Eucharistiefeier ihren Höhepunkt* findet und
(3) die *Leitung durch die Bischöfe in Gemeinschaft mit dem Papst* als Nachfolger der Apostel, die vor allem Sorge tragen für die brüderliche Eintracht
in der Kirche Christi.

Was hier im Ökumenismusdekret formuliert wird, ist die klassische römisch-katholische Auffassung von den »drei sichtbaren Banden der Gemeinschaft«. Da diese nach katholischer Lehre voll in der römisch-katholischen Kirche vorhanden sind, ist sie zwar nicht mehr, wie nach
vorkonziliarer Lehre, schlechthin mit der einen wahren Kirche Jesu
Christi identisch (= est), aber sie ist in ihr geschichtlich konkret verwirklicht (subsistit).

 »Diese Kirche, in dieser Welt als Gesellschaft verfasst und geordnet, ist
verwirklicht (subsistit in) in der katholischen Kirche, die vom Nachfolger
Petri und von den Bischöfen in Gemeinschaft mit ihm geleitet wird. Das
schließt nicht aus, dass außerhalb ihres Gefüges Elemente der Heiligung
und der Wahrheit zu finden sind, die als der Kirche Christi eigene Gaben
auf die katholische Einheit hindrängen.«
II. Vatikanisches Konzil, Dogmatische Konstitution über die Kirche, Nr. 8

Mit dieser Unterscheidung zwischen »est« und »subsistit« vollzieht das Kon
zil eine wichtige Neuakzentuierung im Einheitsverständnis, die die
Wahrnehmung ekklesialer Wirklichkeit außerhalb der katholischen Kirche erst möglich macht. Wenn somit die Einheit der Kirche nicht verloren gegangen, sondern in der katholischen Kirche konkret existiert
und sie durch die Spaltungen nur zerbrochen ist, dann heißt das Ziel
der Ökumene für das Konzil zwar nicht mehr wie in früheren Zeiten
»Rückkehr« in die katholische Kirche, wohl aber »Wiederherstellung
der Einheit«. Was bedeutet diese Einheitsauffassung für die Frage nach
konkreten Wegen und Formen der Verwirklichung kirchlicher Einheit,

wenn es dabei nicht doch um »Rückkehr« oder Absorption der anderen Kirchen gehen soll? So liegt in der Tat in der »Differenz zwischen ›subsistit‹ und ›est‹ [...] – mit einem Wort Kardinal Ratzingers gesprochen –, das ganze ökumenische Problem verborgen.« (Hintzen / Thönissen, 2001, 81f.)

5. Zusammenfassende Auswertung

Die Darstellung des Verständnisses von Kirche und ihrer Einheit in den verschiedenen konfessionellen Traditionen zeigt neben *Übereinstimmungen in den beiden konstitutiven Elementen* der (1) Glaubenslehre und Glaubensverkündigung und (2) der stiftungsgmäßen Verwaltung der Sakramente Taufe und Abendmahl erhebliche *Unterschiede* vor allem hinsichtlich der Notwendigkeit einer *bestimmten Gestalt des kirchlichen Amtes*. Es wird deutlich, dass sich als Folge der Kirchenspaltungen nicht nur Unterschiede des Glaubens und Bekenntnisses entwickelt haben, sondern auch *unterschiedliche Kirchentypen*. Die entscheidende Frage für die Entwicklung einer gemeinsamen ökumenischen Zielvorstellung ist nun, ob es durch den ökumenischen Dialog und durch die Bereitschaft aller daran Beteiligter zu Umkehr, Erneuerung und Reform der eigenen konfessionellen Tradition gelingen kann, die unterschiedlichen Ekklesiologien so auf einander zu beziehen, dass eine grundsätzliche Kompatibilität deutlich wird und eine gemeinsame Vorstellung von der anzustrebenden sichtbaren Einheit der Kirche und konkreten Schritten und Modellen zu ihrer Einigung erreicht werden kann.

IV. Das Ringen um eine gemeinsame Vorstellung von der Einheit der Kirche in der Ökumenischen Bewegung

Die Ökumenische Bewegung stand seit ihren Anfängen bei der Entwicklung einer gemeinsamen Zielvorstellung von der Einheit der Kirche vor *folgenden Schwierigkeiten*:

1. Sie speiste sich aus unterschiedlichen Strömungen, die jeweils eigene Motive, Anliegen und Ziele in die ökumenische Arbeit einbrachten (Missionsauftrag; gemeinsame Weltverantwortung; Einheit in Glaube und Kirchenverfassung).
2. Die in ihr mitarbeitenden Kirchen brachten ihr unterschiedliches konfessionsspezifisch geprägtes Verständnis von Kirche und ihrer Einheit mit.

3. Angesichts der bis zum II. Vatikanischen Konzil anhaltenden Ablehnung der Ökumenischen Bewegung durch die römisch-katholische Kirche als einer allein zahlenmäßig bedeutsamen Größe in der gespaltenen Christenheit und ihrem Festhalten an der Vorstellung, allein die Verwirklichung der einzig wahren Kirche Jesu Christi zu *sein*, schien eine Verständigung auf eine gemeinsame Zielvorstellung kirchlicher Einheit von vornherein als utopisches Unterfangen. »Ökumene« konnte dann ja nur »Rückkehr« der von der wahren Kirche schuldhaft Abgefallenen in ihr Vaterhaus bedeuten.

Vor diesem Hintergrund wird verständlich, warum über lange Zeit *bis in die 50er Jahre des 20. Jahrhunderts* hinein *sehr divergente Vorstellungen von der Einheit der Kirche und konkreten Modellen der Einigung* existierten, ohne dass eine Verständigung auf eine ökumenische Zielvorstellung möglich erschien.

So erklärte kurze Zeit nach Gründung des ÖRK der Zentralausschuss 1950 in Toronto: »Wenn eine Kirche Mitglied des Ökumenischen Rates ist, bedeutet das nicht, dass sie damit eine bestimmte Lehre über das Wesen der kirchlichen Einheit annimmt.« (Vischer, 1965, 255)

1. Der Durchbruch – Neu Delhi 1961: »Alle an jedem Ort«

Den entscheidenden Wendepunkt hinsichtlich der Klärung der Einheitsvorstellung im ÖRK markiert die *3. Vollversammlung in Neu Delhi 1961*, auf der erstmals von allen Mitgliedskirchen eine gemeinsame Erklärung zur Einheit der Kirche verabschiedet werden konnte, die die konstituieren Elemente der Einheit benennt. So darf wohl zu Recht die »Einheitsformel« von Neu Delhi »zu den Marksteinen der ökumenischen Bewegung« (Gaßmann/Meyer, 1983, 5) gerechnet werden. Sie lautet:

 »Wir glauben, dass die Einheit, die zugleich Gottes Wille und seine Gabe an seine Kirche ist, sichtbar gemacht wird, indem alle an jedem Ort, die in Jesus Christus getauft sind und ihn als Herrn und Heiland bekennen, durch den Heiligen Geist in eine völlig verpflichtete Gemeinschaft geführt werden, die sich zu dem einen apostolischen Glauben bekennt, das eine Evangelium verkündigt, das eine Brot bricht, sich im gemeinsamen Gebet vereint und ein gemeinsames Leben führt, das sich in Zeugnis und Dienst an alle wendet. Sie sind zugleich vereint mit der gesamten Christenheit an allen Orten und zu allen Zeiten in der Weise, dass Amt und Glieder von allen anerkannt werden und dass alle gemeinsam so handeln und sprechen können, wie es die gegebene Lage im Hinblick auf die Aufgaben erfordert, zu denen Gott sein Volk ruft.«

Als spezifische Kennzeichen dieser Einheitsvorstellung springen zunächst die *Konzentration auf die lokale Dimension* kirchlicher Einheit *»alle an jedem Ort«* und die *Betonung der Sichtbarkeit* dieser Einheit in *Form einer »völlig verpflichteten Gemeinschaft«* ins Auge. Als durch den Hl. Geist zusammengerufene Gemeinschaft sind sie »darum ihm (Christus M. K.) und einander ›völlig verpflichtet‹« (Kommentar, Neu Delhi, Nr. 11, in: Vischer, 1965, 163), so dass die Gemeinschaft mit dem dreieinigen Gott befähigt und verpflichtet zur Verwirklichung vielfältiger Formen gemeinschaftlichen Lebens aller Christen am Ort sowohl untereinander als auch im Dienst für die Welt. Unter Einheit am »Ort« sind sowohl der Wohnort als auch die gemeinsamen Lebens- und Arbeitsbereiche (Gemeinde, Fabrik, Büro) von Christen sowie »auch größere geographische Einheiten wie Staaten, Provinzen oder Nationen« (Kommentar, Neu Delhi Nr. 8, in: Ebd. 162)) zu verstehen. Aus der Erklärung selbst und dem Kommentar ergeben sich folgende *vier konstitutive Elemente kirchlicher Einheit*:

»a) die Gemeinsamkeit im apostolischen Glauben und in der Verkündigung des Evangeliums,
b) die gegenseitige Anerkennung der Taufe und des Abendmahls,
c) die gegenseitige Anerkennung des kirchlichen Amtes und
d) die Gemeinsamkeit in Zeugnis und Dienst, d. h. die Gemeinsamkeit in der weltzugewandten Verkündigung und im gesellschaftlichen Handeln, zu der – das ist mit gemeint – auch der dazu erforderlichen gemeinsamen Strukturen bedarf.«
    Harding Meyer, Art.: Einheit, Einheitsvorstellungen (-modelle)

Die in *Neu Delhi* formulierte *Einheitsvorstellung* mit den genannten konstitutiven Elementen *bleibt für alle späteren Einheitserklärungen* sowohl innerhalb des ÖRK als auch in der gesamten Ökumenischen Bewegung *grundlegend.* Die für unsere Thematik nach Neu Delhi wichtigen *Vollversammlungen des ÖRK in Uppsala (1968), in Nairobi (1975) und in Canberra (1991) bringen* auf der Grundlage der Studienarbeiten der Kommission für Glauben und Kirchenverfassung keine wirklich neuen Elemente, sondern lediglich *wichtige Vertiefungen, Näherbestimmungen oder Fortschreibungen einzelner Aspekte der Einheitsvorstellung von Neu Delhi* ein.

2. Uppsala (1968) und Nairobi (1975): »Alle an allen Orten« – »Konziliare Gemeinschaft« von Ortskirchen

Die 4. *Vollversammlung des ÖRK in Uppsala* führt die Einheitsvorstellung von Neu Delhi mit der Betonung der lokalen Perspektive kirchlicher Einheit weiter in Richtung ihrer *universalen Dimension.*

 « So möchten wir der Betonung von ›allen an jedem Ort‹ hier ein neues Verständnis der Einheit aller Christen an allen Orten hinzufügen. Das fordert die Kirchen an allen Orten zu der Einsicht auf, dass sie zusammengehören und aufgerufen sind, gemeinsam zu handeln.«
Bericht aus Uppsala 1968, 14

Die Erklärung akzentuiert damit deutlich den Zusammenhang zwischen der im Credo bekannten Einheit und der Katholizität der Kirche, die als Fülle und Ganzheit des Lebens in Christus durch die Spaltungen verdunkelt ist und um deren Wiedergewinnung es im Ringen um Einheit gehen muss. Bei einer einseitigen Betonung der lokalen Dimenison sieht man die Gefahr, dass dies zu einer selbstgenügsamen Abschließung kulturell und national geeinter Räume führt, so dass die nationalen Grenzen neue Trennlinien zwischen den Christen errichten und die grenzüberschreitende, weltweite Verbundenheit aller Christen aus dem Blick gerät. Mit der *Hervorhebung der Katholizität in Uppsala* ist zugleich auch die Vorstellung verbunden, dass die gesuchte Einheit der Kirche eine *»Einheit in der Vielfalt«* unterschiedlicher konfessioneller und kultureller Traditionen sein muss. Die folgende 5. *Vollversammlung in Nairobi (1975)* erweitert die Einheitsformel von Delhi vor allem unter der Perspektive der zur *Einheit auf lokaler und universaler Ebene notwendigen gemeinsamen Strukturen.* Sie tut dies unter der Leitvorstellung einer *»konziliaren Gemeinschaft«* von Kirchen. Nairobi bindet diese Einheitsvorstellung, die grundsätzlich unterschiedliche Verwirklichungsformen kirchlicher Einheit zulässt, an ein – später noch genauer vorzustellendes – Einigungsmodell, die so genannte *»organische Union«.* Diese meint eine körperschaftliche Vereinigung von selbständigen Kirchen zu einer Kirche unter Aufgabe der konfessionellen Traditionen.

 »Die eine Kirche ist als konziliare Gemeinschaft von Ortskirchen (local churches) zu verstehen, die ihrerseits tatsächlich vereinigt sind.«
Bericht aus Nairobi 1975, Nr. 3

Auf der Grundlage der seit Neu Delhi geltenden vier konstitutiven Elemente kirchlicher Einheit erkennen sich die einzelnen »Ortskirchen« gegenseitig »als Glieder derselben Kirche Christi« (Nairobi Nr. 3) an. Das *strukturelle Band* dieser Gemeinschaft für ein gemeinsames Leben und

Handeln nach innen wie nach außen bilden *konziliare, repräsentativ zusammengesetzte Zusammenkünfte.*

3. Zielvorstellungen im Widerstreit: Gemeinschaft im Handeln statt Einheit im Glauben

Mit der Einheitsformel von Neu Delhi schien die Phase der Unschlüssigkeit hinsichtlich der Zielbestimmung der Ökumenischen Bewegung endgültig vorbei zu sein. Durch die hier erstmals gelungene Integration der verschiedenen Aspekte und konstitutiven Elemente kirchlicher Einheit, – so dem Bemühen um eine Einheit der Kirche auf der Grundlage eines Grundkonsenses im Glauben, in der Lehre und der Verfassung einerseits und ihrer Sendung zu Zeugnis und Dienst in die Welt andererseits – glaubte man die Kontroversen der Anfangszeit in der Zielbestimmung zwischen den beiden Bewegungen für Glauben und Kirchenverfassung und Praktisches Christentum ein für allemal überwunden zu haben. Es herrschte ein gewisser ökumenischer Optimismus, der durch den Beitritt fast aller orthodoxen Kirchen zum ÖRK und die ökumenische Öffnung der römisch-katholischen Kirche mit dem II. Vatikanischen Konzil genährt wurde. Man glaubte, es könnte auf dem Weg zur Einheit in Gestalt eines um alle Konfessionsfamilien erweiterten ÖRK nun zielstrebig weiter vorangehen.

Als sich diese Hoffnungen nicht erfüllten und zudem durch zahlenmäßigen Anstieg der Kirchen aus der Dritten Welt im ÖRK ihr Einfluss auf seine inhaltliche Ausrichtung zunahm, trat das Bemühen um sichtbare Einheit der Kirche durch theologische Einigungsbemühungen zugunsten des Aspektes der Sendung der Kirche zu gemeinsamem Handeln in und für die Welt seit Ende der 60er Jahre stark zurück.

 « Der Christ ist darum gerufen, ein radikales Nein zu den Machtstrukturen zu sprechen, die den Status quo verlängern und um den Preis der Ungerechtigkeit gegenüber seinen Opfern stärken. Er muss darum auch entsprechend handeln.«
Offizieller Bericht, Weltkonferenz Kirche und Gesellschaft 1966, 253

Es zeigte sich durch diese Neuakzenturierung überdeutlich, dass auch die ökumenischen Zielvorstellungen an Veränderungen des geschichtlichen Kontextes und den Herausforderungen der Zeit partizipieren. Sicherlich ist vor dem konkreten geschichtlichen Hintergrund der massiven Leiderfahrungen von Ausbeutung, Unterdrückung und Rassismus in den jungen christlichen Kirchen in der Dritten Welt diese Schwerpunktverlagerung auf die gemeinsame Weltverantwortung der Christen nur zu verständlich und legitim. *Problematisch* wird diese Entwicklung allerdings dann, wenn es unter der Devise »die Lehre trennt, die Praxis eint« zu einer *anhaltenden Polarisierung* zwischen den Einigungsbemühungen der theologisch arbeitenden sogenannten »*Konsensökumene*« einerseits und der auf gemeinsame Weltverantwortung ausgerichteten so genannten »*Säkularökumene*« oder zutreffender »*Gerechtigkeitsökumene*« andererseits kommt. Auf diese Weise erfährt die ökumenische Zielvorstellung eine Aufspaltung und Minderung ihrer konstitutiven und wesentlich zusammengehörenden Aspekte. Leider kam es in der Arbeit des ÖRK nach Uppsala immer wieder zu Phasen einseitiger Ausrichtung der ökumenischen Zielvorstellung von der Einheit der Kirche weg hin zum Ziel der Versöhnung und Einheit der Menschheit (z.B. im Konziliaren Prozess für Gerechtigkeit, Frieden und Bewahrung der Schöpfung seit Vancouver 1983). Neben aktuellen gesellschaftlichen Herausforderungen sind es meist Enttäuschungen über mangelnde Konsequenzen aus theologischen Konsens- und Konvergenzpapieren, über ausbleibende konkrete Schritte auf eine wachsende Gemeinschaft der Kirchen gewesen, die Auslöser für eine solche Phase der einseitigen Akzentuierung in der ökumenischen Zielvorstellung waren.

4. »Einheit in versöhnter Verschiedenheit« als Zielvorstellung der konfessionellen Weltbünde

Seit Anfang der 70er Jahre des 20. Jahrhunderts bringen sich die konfessionellen Weltbünde verstärkt in die Diskussion um ökumenische Einheitsvorstellungen ein. Als weltumspannende Gemeinschaft bekenntnisgleicher Kirchen sah man die einseitige Bindung der Einheitsvorstellungen seit Neu Delhi an das Einigungsmodell der institutionellen Verschmelzung aller Kirchen zu einer Kirche an allen Orten (»organische Union«) in der Arbeit der Kommission für Glauben und Kirchenverfassung des ÖRK unter dem Motto »Ökumene statt Konfessionen« kritisch. Sollte die universale Einheit konfessioneller Kirchen in den Weltbünden aufgegeben werden zugunsten institutionell vereinigter Kirchen am Ort ohne Bewahrung konfessioneller Traditionen und Identitäten? Unter dem Begriff »Einheit in versöhnter Verschiedenheit« präsentierte und verabschiedete schließlich die *Vollversammlung des Lutherischen Weltbundes 1977 in Daressalam* ihre Einheitsvorstellung.

»Das Konzept christlicher Einheit ›versöhnte Verschiedenheit‹ soll zum Ausdruck bringen, dass die konfessionellen Ausprägungen christlichen Glaubens in ihrer Verschiedenheit einen bleibenden Wert besitzen, diese Verschiedenheiten aber, wenn sie gemeinsam auf die Mitte der Heilsbotschaft und des christlichen Glaubens bezogen sind und diese Mitte nicht in Frage stellen, ihren trennenden Charakter verlieren und miteinander versöhnt werden können zu einer verpflichteten ökumenischen Gemeinschaft, die in sich auch konfessionelle Gliederungen bewahrt.«
Offizieller Bericht aus Daressalam 1977, 205

Diese Einheitsvorstellung von »Versöhnter Verschiedenheit« bedeutet folglich »nicht bloße Koexistenz« (ebd.). Den Vertretern dieses Einheitsverständnisses liegt vielmehr sehr daran, sowohl die Übereinstimmung und Entsprechung zur Einheitsformel von Neu Delhi von der »völlig verpflichteten Gemeinschaft« mit ihren konstitutiven Elementen (Gemeinschaft im Glauben, in Taufe und Abendmahl, im Amt und in Zeugnis und Dienst) zu betonen als auch die Nähe zum Gedanken der »konziliaren Gemeinschaft« von Nairobi.

Diese Einheitsvorstellung beantwortet die Frage nach der konkreten Verwirklichungsform nicht direkt, sondern ist offen für unterschiedliche Gestaltungsformen kirchlicher Einheit (↗V.3). Offen bleibt bei dieser Vorstellung freilich auch, worin im Einzelnen die kirchentrennenden, bislang unversöhnten Differenzen bestehen, die im Dialog auf dem Weg des »differenzierten Konsenses« zu versöhnen sind und wo es sich um legitime Verschiedenheiten handelt, die als bereichernde Vielfalt zu bewahren sind.

5. Einheit in Gegensätzen

In dem Maße, in dem sich z. B. in der Rezeption des Lima-Dokumentes (1982) als Frucht jahrzehntelanger Bemühungen um Konvergenz in den Fragen Taufe, Eucharistie und Amt zeigte, dass auf dem Weg der theologischen Konsensbemühungen eine »Einheit in versöhnter Verschiedenheit« zwischen den Kirchen nicht in greifbare Nähe rückte, sondern gegensätzliche Positionen besonders im Kirchen- und Amtsverständnis bestehen blieben, kam das Wort vom notwendigen »Paradigmenwechsel« in der Ökumene auf. Es mehrten sich die Stimmen, die für eine »Einheit« oder »Gemeinschaft« oder auch »Ökumene in Gegensätzen« als Alternative zur bisherigen Konsensökumene plädierten. Namentlich ist hier an die evangelischen Theologen Erich Geldbach (Ökumene in Gegensätzen, 1987), Konrad Raiser (Ökumene im Übergang, 1989) und aus jüngster Zeit an Ulrich H. J. Körtner (Wohin steuert die Ökumene? Vom Konsens- zum Differenzmodell, 2005) zu denken. Es ist im Rahmen dieses Überblicks nicht möglich, die im Einzelnen recht unterschiedlichen Überlegungen darzustellen.

 Was sie verbindet, ist die Überzeugung, man solle »sich gegenseitig zugestehen, verschieden und gegensätzlich zu sein, und die Einheit im Prozess der Auseinandersetzung selbst suchen. In dieser Denkrichtung wurde als Lösung vorgeschlagen, sich nach dem Motto ›We agree to differ‹ gegenseitig gerade in seiner Unterschiedlichkeit und Widersprüchlichkeit zu akzeptieren, Differenzen nicht zu überwinden, sondern sie anzunehmen und darin die Gemeinschaft zu erkennen. Dabei ging man zumeist davon aus, dass die in den Gegensätzen realisierte Einheit sehr wohl auch eine Anerkennung der Taufe und eine Gemeinschaft im Herrenmahl zu legitimieren vermöge.«

Peter Neuner, Ökumenische Theologie 291

Gemessen an den seit Neu Delhi in der Ökumenischen Bewegung formulierten Voraussetzungen für eine volle Kirchengemeinschaft kann dieses Konzept, das unter Verzicht auf Lehrkonsens sich mit einer *»Gemeinschaft in Gegensätzen« als Zielbestimmung* zufrieden gibt, *kaum überzeugen.* Es fand entsprechend auch keine breite Akzeptanz. Hingegen gab es in der theologischen Studienarbeit der Kommission für Glauben und Kirchenverfassung in den 80er Jahren ein erneutes Bemühen um Integration der konfessionsspezifischen Kirchen- und Einheitsvorstellungen in die ökumenischen Zielvorstellungen kirchlicher Einheit seit Neu Delhi. Dies geschah mit Hilfe der »Koinonia-Vorstellung« (= Gemeinschaft durch Teilhabe) als theologischem Leitbegriff.

6.   Einheit als Koinonia/Communio (Gemeinschaft)

Der biblisch-altkirchliche Begriff der *Koinonia/Communio/Gemeinschaft* schien geeignet, die *seit Neu Delhi* in der Ökumenischen Bewegung *als ergänzende und vertiefende Perspektiven der Einheitsformel entwickelten Aspekte zu integrieren.* Der Sache nach war der Begriff der Koinonia/Gemeinschaft nicht neu in der Ökumenischen Bewegung. Aber zum theologischen Leitbegriff für die Einheitsvorstellung wird er erst viel später, nachdem sich seine Bedeutung sowohl für die orthodoxe Tradition als auch mit der »Communio-Ekklesiologie« des II. Vatikanischen Konzils für die römisch-katholische Theologie gezeigt hatte und er sich in den bilateralen Dialogen (orthodox/katholisch; lutherisch/katholisch) als hilfreicher Ansatz bei den Konsensbemühungen im Kirchenverständnis erwies. Seine Präsentation und Profilierung als ökumenische Zielvorstellung erfährt der Begriff besonders auf der *7. Vollversammlung des ÖRK 1991 in Canberra* und der Weltkonferenz der Kommission für Glauben und Kirchenverfassung *1993 in Santiago de Compostela.* Seitdem gibt es keine weiterführenden Überlegungen zu Vorstellungen kirchlicher Einheit in der Ökumenischen Bewegung. Die *9. Vollversammlung des ÖRK in Porto Alegre 2006* greift mit seiner Erklärung »Berufen, die eine Kirche zu sein« theologisch auf Canberra und Santiago zurück und will ermutigen, die dort bereits gegebene Vision von Einheit im Dialog zu vertiefen und auf weitere Schritte hin zu konkretisieren.

Das spezifische Anliegen und die integrative Leistung der »Koinonia-Vorstellung« werden an der Einheitserklärung von Canberra besonders deutlich:

»Die Einheit der Kirche, zu der wir berufen sind, ist eine Koinonia, die gegeben ist und zum Ausdruck kommt im gemeinsamen Bekenntnis des apostolischen Glaubens, in einem gemeinsamen sakramentalen Leben, in das wir durch die eine Taufe eintreten und das in der einen eucharistischen Gemeinschaft miteinander gefeiert wird, in einem gemeinsamen Leben, in dem Glieder und Ämter gegenseitig anerkannt und versöhnt sind, und in einer gemeinsamen Sendung, in der allen Menschen das Evangelium von Gottes Gnade bezeugt und der ganzen Schöpfung gedient wird. Das Ziel der Suche nach voller Gemeinschaft ist erreicht, wenn alle Kirchen in den anderen die eine, heilige, katholische und apostolische Kirche in ihrer Fülle erkennen können. Diese volle Gemeinschaft wird auf der lokalen wie auf der universalen Ebene in konziliaren Formen des Lebens und Handelns zum Ausdruck kommen. In einer solchen Gemeinschaft sind die Kirchen in allen Bereichen ihres Lebens auf allen Ebenen miteinander verbunden im Bekennen des einen Glaubens und im Zusammenwirken in Gottesdienst und Zeugnis, Beratung und Handeln.«

Bericht aus Canberra 1991,174

Die Aufnahme und Bündelung der seit Neu Delhi genannten konstitutiven Elemente für kirchliche Einheit ist leicht erkennbar (Gemeinschaft im Glauben, in den Sakramenten, im Amt und in Zeugnis und Dienst, in konziliaren Formen des Lebens, lokal und universal).

Aber auch bei dieser Vorstellung kirchlicher Einheit wird die Relevanz für konkrete Schritte der Kirchen aufeinander zu davon abhängen, inwieweit das hier skizzierte Verständnis von Koinonia kompatibel ist mit dem Verständnis in den einzelnen konfessionellen Traditionen. Konkret: Ob, wie es allgemein heißt, ein »gemeinsames Leben, in der Glieder und Ämter anerkannt und versöhnt sind«, möglich wird, indem vorab die bislang kirchentrennenden Differenzen im Kirchen- und Amtsverständnis überwunden werden können.

Werfen wir dazu einen vertiefenden Blick auf den evangelisch-lutherischen / römisch-katholischen Dialog.

7. Einheitsvorstellungen im evangelisch-lutherischen / römisch-katholischen Dialog

Die bisherige Darstellung der Einheitsvorstellungen in der Ökumenischen Bewegung hat sich ausschließlich an der multilateralen Ökumene des ÖRK orientiert. Dies ist sachlich begründet, da sich alle *bilateralen Dialoge* fast nur um die Klärung einzelner Kontroversfragen bemühen und *nicht explizit mit Einheitsvorstellungen* beschäftigt haben. Eine Ausnahme stellen die lutherisch – katholischen Dialoge auf internationaler und nationaler Ebene dar. Ihre Bedeutung liegt nicht in der Erweiterung der im multilateralen Gespräch erarbeiteten Einheitsvorstellung, sondern in dem Aufweis ihrer *Anschlussfähigkeit für das lutherisch-katholische Verhältnis* und der Formulierung *praktischer Schritte* auf dieses Ziel hin. Außerdem sind diese Dialoge ein gutes Beispiel für die *wechselseitige Rezeption* zwischen der multilateralen und bilateralen Ökumene hinsichtlich der Entwicklung einer gemeinsamen ökumenischen Zielvorstellung. In den beiden internationalen Dialogpapieren des evangelisch-lutherischen / römisch-katholischen Gesprächs *»Wege zur Gemeinschaft« (1980)* und *»Einheit vor uns« (1984)* wird ausdrücklich auf die Entsprechung der hierin entwickelten Einheitsvorstellung zu den in der Neu Delhi Erklärung genannten konstitutiven Elementen kirchlicher Einheit verwiesen (vgl. »Einheit vor uns« Nr. 4 mit Verweis auf »Wege zur Gemeinschaft« Nr. 4–52). Umgekehrt haben die bilateralen Dialoge mit ihrer Bündelung der Elemente unter den theologischen Leitbegriff der Koinonia/Kirchengemeinschaft für die Einheitserklärungen im multilateralen Dialog des ÖRK in Canberra und Santiago de Compostela wichtige hermeneutische Impulse gegeben.

Diese zentrale Bedeutung der »Koinonia-Vorstellung« für eine gemeinsame Zielbestimmung der ökumenischen Bemühungen im lutherischen – katholischen Gespräch unterstreichen auch – allein schon durch die Titel – die beiden auf nationaler Ebene im Auftrag der Deutschen Bischofskonferenz und der Kirchenleitung der Vereinigten Evangelisch-Lutherischen Kirche Deutschlands veröffentlichten Dokumente *»Kirchengemeinschaft in Wort und Sakrament« (1984)* und *»Communio Sanctorum« (2000)*.

V. Modelle der Einigung

Seit den Anfängen der Ökumenischen Bewegung wurde auch die Frage nach konkreten Formen der Verwirklichung und Manifestation kirchlicher Einheit gestellt und außerordentlich heftig und kontrovers diskutiert. Die folgende Darstellung kann nicht die im Einzelnen recht komplexe Entwicklung nachzeichnen, sondern beschränkt sich auf drei Grundmodelle, die sich im Laufe der Geschichte als bedeutsam herausgebildet haben und auch bereits praktisch umgesetzt worden sind. Dabei ist auf die Schwierigkeit hinzuweisen, dass sich die Unterscheidung zwischen Einheitsvorstellungen und Modellen der Einigung erst ab den 70er Jahren durchzusetzen beginnt und sowohl in den ökumenischen Dokumenten als auch in der Sekundärliteratur für einzelne Einigungsmodelle unterschiedliche Begriffe gebraucht oder mit denselben Begriffen unterschiedliche Inhalte verbunden werden. Im Folgenden soll eine Klarheit der Begrifflichkeit durch Rückgriff auf die offiziellen ökumenischen Bezugstexte gewährleistet werden, die für die Entwicklung des jeweiligen Einigungsmodells grundlegend und einschlägig sind.

Es lassen sich folgende *drei Grundmodelle* für die Einigung der Kirchen unterscheiden:
1. Das kooperativ-föderative Modell
2. Das Modell wechselseitiger Anerkennung/Kirchengemeinschaft
3. Das Modell der organischen Union

Unter anderen Bezeichnungen begegnen sie bereits auf der 2. Weltkonferenz der Bewegung für Glauben und Kirchenverfassung in Edinburgh 1937. Ob alle drei Einigungsmodelle als Verwirklichung voller Kirchengemeinschaft gelten können, entscheidet sich daran, ob in ihnen die seit Neu Delhi für kirchliche Einheit formulierten vier konstitutiven Grunddimensionen auch vollständig realisiert sind:

1. Gemeinschaft im Bekenntnis des apostolischen Glaubens und in der Verkündigung des Evangeliums
2. Gegenseitige Anerkennung von Taufe und Abendmahl
3. Gegenseitige Anerkennung des Amtes
4. Gemeinsamkeit in Zeugnis und Dienst in der Welt einschließlich der dazu erforderlichen Strukturen.

Werden nur *einzelne dieser Grundelemente* verwirklicht, so kann man nur von einem *Modell partieller Einigung* sprechen.

1. Das kooperativ-föderative Modell

 « Die von uns erstrebte Einheit kann als ein loserer oder engerer Bund (confederation or alliance) von Kirchen zum Zwecke praktischer Zusammenarbeit aufgefaßt werden. Auf allen Gebieten, wo gemeinsame Ziele und Aufgaben vorliegen, ist solche Arbeit schon weithin ohne Verletzung der Gewissen möglich. Die verbreiteste Ausdrucksform solcher Einheit sind Kirchenbünde (federations). Sie sind einer der hoffnungsvollsten Wege zu gegenseitigem Verständnis und brüderlichen Beziehungen.«
Schlußbericht der 2. Weltkonferenz der Bewegung für Glauben und Kirchenverfassung in Edinburgh 1937, Nr. 113f[5]

Für dieses Modell sind zwei Schwerpunkte kennzeichnend:

- »*Kooperativ*«: Es geht zum einen um *gemeinsame praktische Zusammenarbeit* von Christen und Kirchen im Bereich Evangelisation und Mission sowie im sozial-diakonischen Bereich (z. B. Konziliarer Prozess). Eine Verständigung in Fragen des Glaubens, der Sakramente und des Amtes erscheint dafür nicht notwendig.

- »*Föderativ*«: Zum anderen wird keine institutionelle Vereinigung von Kirchen angestrebt, sondern nur ein *lockerer Zusammenschluss von eigenständigen Kirchen* unter Beibehaltung ihrer jeweiligen konfessionellen Prägung und Identität (z. B. ÖRK; Konfessionelle Weltbünde; Evangelische Allianz).

So wichtig diese Betonung des Aspektes der christlichen Weltverantwortung für die Zielperspektive christlicher Einheit auch ist, weil sie einer einseitigen binnenkirchlichen Sicht von Einheit der Christen wehrt und den Sendungsauftrag unterstreicht, so wenig kann dieses Modell bereits als Verwirklichung voller Kirchengemeinschaft gelten. Dies wurde bereits in Edinburgh festgestellt. *Es ist ein Modell partieller Einigung*, das auf wichtige Dimensionen kirchlicher Einheit hinweist und in bestimmten Situationen bedeutsame Zwischenschritte auf dem Weg zur vollen Kirchengemeinschaft markieren kann.

2. Das Modell der organischen Union

Das Modell der »organischen Union« (organic union) oder »korporativen Union« (corporate union) hat seine *Ursprünge im Anglikanismus* und ist, wie die Begrifflichkeit zeigt, in seinem Einheitsverständnis stark vom »Leib Christi«-Gedanken geprägt. Es war das *bis in die 70er Jahre des*

---

[5] Zitiert nach: *Vischer*, 1965, 68

letzten Jahrhunderts *vorherrschende Einigungsmodell* in der Ökumenischen Bewegung, das vor allem von der Kommission für Glauben und Kirchenverfassung bevorzugt wurde. Unter Rückgriff auf Formulierungen von Glauben und Kirchenverfassung aus dem Jahre 1972 und der Vollversammlung des ÖRK in Nairobi 1975 findet sich im Dokument »Einheit vor uns« eine treffende Charakteristik dieses Modells:

 Das »Modell der ›organischen Union‹ (entspricht) einem Denken, das bereits in der Existenz verschiedener Konfessionskirchen ein entscheidendes Hindernis für eine rechte Verwirklichung christlicher Einheit sieht und darum meint, Einheit nur durch Preisgabe traditionell kirchlicher oder konfessioneller Zugehörigkeit und Identität verwirklichen zu können. ›Organische Union‹, zu deren Bildung in der Regel die Erarbeitung einer gemeinsamen Glaubenserklärung, die Übereinstimmung im Blick auf Sakramente und kirchliches Amt und eine einheitliche organisatorische Struktur gehören, entsteht also aus der Vereinigung bisheriger Kirchen und kirchlicher Identitäten zu einer ›neuen Gemeinschaft mit […] eigenem Namen‹ und ›einer eigenen neuen Identität‹. Sie bedeutet ›Opfer‹ und ›Aufgabe […] denominationeller Identität‹ durch Verschmelzung zu ›einer einzigen Körperschaft‹, ›eine Art Tod‹ der bisherigen Konfessionen, der jedoch als ›Weg zu neuem Leben‹ betrachtet wird.«

Einheit vor uns, 1984, Nr. 17, in: DwÜ II, 457

Die entscheidende Motivation für diese institutionelle Einigung ist dabei die Glaubwürdigkeit missionarischen Zeugnisses und Dienstes.

Aus der Beschreibung der Kennzeichen dieses Modells lässt sich leicht ersehen, dass in diesem Einigungsmodell nicht nur, wie im vorausgehenden, einige, sondern alle konstitutiven Elemente kirchlicher Einheit realisiert sind. Es kann also als *Verwirklichungsform voller Kirchengemeinschaft* gelten.

Folgende *vier Merkmale* sind für dieses Einigungsmodell im Unterschied zu den beiden anderen *charakteristisch*:

1. Gemeinsamkeit im Bekenntnis des Glaubens in Form *eines gemeinsam neu formulierten*, auf die aktuelle Verkündigungssituation ausgerichteten *Glaubensbekenntnisses*;

2. *Institutionelle Vereinigung* konfessionell eigenständiger Kirchen zu *einer* Kirche unter Preisgabe konfessioneller Strukturen und Tradtonen. Eine gewisse Vielfalt kirchlichen Lebens in der Liturgie und Spiritualität soll aber bestehen bleiben.

3. Die Schaffung *einer einheitlichen Kirchenleitung*, oft in Form einer Generalsynode, die eine gemeinsame Beschlussfassung in allen Angelegenheiten der vereinigten Kirche und gemeinsames Handeln nach außen sicherstellt.

4. Ein *einziges gemeinsames Amt*, das die Einheit der vereinigten Kirche sichtbar verkörpert und mit Autorität für die *eine* Kirche spricht und handelt,
   womit dieses Modell eindeutig mehr meint als gegenseitige Anerkennung der Ämter. Bei anglikanischer Beteiligung wird auf dem historischen
   Bischofsamt bestanden, in anderen Konstellationen ist die Gestalt grundsätzlich offen.

Kirchen, die sich nach diesem Modell vereinigt haben, werden entsprechend als *Unionskirchen* bezeichnet. Dabei muss man unterscheiden zwischen der Vielzahl von Kirchenunionen innerhalb einer Konfessionsfamilie (z. B. im reformierten Bereich zwischen Kirchen mit unterschiedlichen
Verfassungstypen: »kongregationalistisch« = am Gemeindeprinzip orientiert und »presbyterianisch« = an der Synodalverfassung ausgerichtet)
und den in unserem Kontext allein interessierenden *transkonfessionellen
Unionskirchen*, in denen sich Kirchen unterschiedlicher konfessioneller
Zugehörigkeit zu einer Kirche vereinigen. Betrachtet man die existierenden transkonfessionellen Unionskirchen, so fällt zum einen auf, dass es
sich bei ihnen überwiegend um recht junge, ehemalige Missionskirchen
handelt, deren Verhältnis nicht durch jahrhundertelange konfessionelle
Auseinandersetzungen geprägt ist. Und zum anderen, dass an diesen
Vereinigungen vor allem Kirchen aus dem calvinistisch-reformierten
Spektrum beteiligt sind, für deren Selbstverständnis Fragen der institutionellen Gestalt und Bindung an Bekenntnistraditionen keinen so hohen
Stellenwert haben, wie beispielsweise für Anglikaner (historisches Bischofsamt), Lutheraner (lutherische Bekenntnisschriften) oder die römisch-katholische Kirche (historisches Bischofsamt; Dogmen). Obgleich
aus anglikanischem Denken erwachsen, sind Anglikaner wie Lutheraner
eher selten an solchen Unionen beteiligt.

Beispiele für *transkonfessionelle Unionskirchen* aus dem *kalvinistisch-reformier-
ten Spektrum* sind:
• »Vereinigte Kirche von Kanada« (1925)
• »Kirche Christi in China« (1927)
• »Kirche Christi in Japan« (1941)
Ein Beispiel für eine Unionskirche *unter Beteiligung der Anglikaner* ist:
• »Kirche von Südindien« (1947)
Die *Stärke dieses Einigungsmodells*: Die konsequente Umsetzung der Vision
verbindlicher, auch institutionell sichtbarer Gemeinschaft von Christen in
allen Dimensionen kirchlichen Lebens an allen Orten.
Kritische Anfragen: Ist dieses auf die Gründung *einer* christlichen Kirche aus
verschiedenen kleinen und jungen Kirchen in einem Territorium oder einer
Nation zielende Konzept überhaupt ein *praktikables Modell für die universal-*

kirchliche Einheit der Kirche? Lässt sich die Einheitsvorstellung von Neu Delhi nicht ebenso vollständig und im Hinblick auf eine universalkirchliche Einheit besser und realistischer verwirklichen, wenn nicht die Aufgabe konfessioneller Traditionen, sondern deren Bewahrung in einer Einheit in »versöhnter Verschiedenheit« die Leitvorstellung für das Einigungsmodell wird.

Wie bereits dargestellt, ist vor diesem Fragehorizont und im Kontext der bilateralen Dialoge mit der römisch-katholischen Kirche, für die dieses Modell aufgrund ihres Selbstverständnisses von vornherein indiskutabel war, ein alternatives Einigungsmodells entwickelt worden, ohne damit auf reformatorischer Seite das Modell der organischen Union abzulehnen.

3. Das Modell wechselseitiger Anerkennung/Kirchengemeinschaft

Während das Modell der organischen Union im anglikanischen Kontext entstanden ist, hat sich das Modell Kirchengemeinschaft *im reformatorischen Denkhorizont entwickelt.* Auf der 2. Weltkonferenz der Bewegung für Glauben und Kirchenverfassung 1937 in Edinburgh wird es unter dem Begriff »Abendmahlsgemeinschaft« als »vollste(r) Ausdruck gegenseitiger Anerkennung, die sich zwei oder mehrere Kirchen zuteil werden lassen« und die auch »in der Austauschbarkeit von Mitgliedern und Verrichtungen zum Ausdruck kommt« (Schlußbericht, Nr. 117, in: Vischer, 1965, 69) vorgestellt. Aufgrund dieser Fokussierung auf die »Abendmahlsgemeinschaft« erscheint es dann über längere Zeit im Vergleich zum Modell organischer Union als unzureichende Realisierung kirchlicher Einheit. In den 70er Jahren trat das Modell wechselseitiger Anerkennung dann besonders in Gestalt des Modells praktizierter Kirchengemeinschaft zwischen den reformatorischen Kirchen Europas (Lutheraner, Reformierte und Unierte) in der so genannten »Leuenberger Konkordie« (1973) hervor und gewann darin seine wirkungsgeschichtlich bedeutsame Grundgestalt. An dieser aufgrund einer Übereinstimmung im Glaubensverständnis, einer Lehrkonkordie, geschlossenen Vereinbarung von Kirchengemeinschaft, der sich 1994 auch die Methodisten Europas angeschlossen haben, sollen die typischen Kennzeichen dieses Modells erhoben werden.

 »(29) Kirchengemeinschaft im Sinne dieser Konkordie bedeutet, dass Kirchen verschiedenen Bekenntnisstandes auf Grund der gewonnenen Übereinstimmung im Verständnis des Evangeliums einander Gemeinschaft an Wort und Sakrament gewähren und eine möglichst große Gemeinsamkeit in Zeugnis und Dienst an der Welt erstreben. [...]

(30) Mit der Zustimmung zu der Konkordie erklären die Kirchen in der
Bindung an die sie verpflichtenden Bekenntnisse oder unter Berücksichtigung ihrer Traditionen:
(31) a) Sie stimmen im Verständnis des Evangeliums [...] überein.
(32) b) Die in den Bekenntnisschriften ausgesprochenen Lehrverurteilungen betreffen [...] nicht den gegenwärtigen Stand der Lehre der zustim-
menden Kirchen.
(33) c) Sie gewähren einander Kanzel- und Abendmahlsgemeinschaft. Das
schließt die gegenseitige Anerkennung der Ordination und die Ermöglichung der Interzelebration ein
[...]
(35) Die Kirchengemeinschaft verwirklicht sich im Leben der Kirchen und
Gemeinden. Im Glauben an die einigende Kraft des Heiligen Geistes richten sie ihr Zeugnis und ihren Dienst gemeinsam aus und bemühen sich
um die Stärkung und Vertiefung der gewonnenen Gemeinschaft.«
                        Leuenberger Konkordie, 1973, in: DwÜ III, 729

Auch hier zeigt sich wie beim Modell der organischen Union anhand der
aufgezählten Aspekte kirchlicher Einheit, dass es sich um ein *Einigungsmodell als Realisierung voller Kirchengemeinschaft* handelt.

Notwendige Voraussetzungen sind:
1. Übereinstimmung im Verständnis des Evangeliums und in grundlegenden
   Lehraussagen
2. Die Erklärung, dass die in der Vergangenheit gegenseitig ausgesprochenen Lehrverurteilungen die heutige Lehre des Partners nicht mehr treffen
Charakteristische Merkmale sind:
3. Gegenseitige Anerkennung als Kirchen, in denen sich die eine Kirche Jesu
   Christi manifestiert
4. Gegenseitige Anerkennung der Ämter einschließlich der Austauschbarkeit der Amtsträger (Interzelebration)
5. Gemeinschaft in Wort und Sakrament: Kanzel- und Abendmahlsgemeinschaft
6. Zusammenarbeit der Kirchen in allen Bereichen, insbesondere in Zeugnis
   und Dienst in der Welt.

Geht man diesen sechs Kennzeichen entlang, so lassen sich die *Unterschiede
zum Modell der organischen Union* leicht erkennen:
(1) Keine Neuformulierung eines gemeinsamen Bekenntnistextes, sondern
der *Nachweis eines Grundkonsenses in der Glaubenslehre,* der die alten Lehrverurteilungen hinfällig werden lässt
(2) Keine Bildung einer neuen Identität, sondern *wechselseitige Anerkennung
als Kirchen gerade in der Bewahrung des unterschiedlichen konfessionellen Erbes*
und der konfessionellen Identitäten als geistlicher Reichtum

(3) Verzicht auf eine einheitliche Kirchenleitung oder eines einzigen gemeinsamen Amtes, weil unterschiedliche institutionelle Gestalten legitim sind
und kollegial ausgeübte Formen von Kirchenleitung für die Zusammenarbeit
reichen
(4) Verzicht auf die Entwicklung neuer gemeinsamer Strukturen für Zeugnis und
Dienst zugunsten verstärkter Zusammenarbeit der in den Kirchen schon
bestehenden Einrichtungen und Dienste.

Obwohl sich das Modell der Leuenberger Kirchengemeinschaft bereits
als Verwirklichung voller Kirchengemeinschaft versteht, bleibt ihre Realisierung doch ein ständiger Prozess der Vertiefung der Gemeinschaft
z. b. durch die Verpflichtung zu »kontinuierlichen Lehrgesprächen untereinander« (ebd. Nr. 37).

Im Vergleich zum Modell der organischen Union erscheint als *spezifische
Stärke des Modells Kirchengemeinschaft* die Möglichkeit, die verschiedenen
konfessionellen Traditionen nicht nur als trennende Elemente, sondern auf
dem Weg der Versöhnung als *Reichtum verschiedener Lebensformen des
Christlichen zu bewahren* und so Einheit der Kirchen im Sinne der »Koinonia-
Vorstellung« als Einheit in der Vielfalt sichtbar werden zu lassen.
Kritische Anfragen: Vom Standpunkt der Zielvorstellung voller Kirchengemeinschaft stellt sich die Frage, ob es hier *tendenziell* nicht doch zu sehr
beim alten Nebeneinander eigenständiger Konfessionskirchen bleibt und der Vollzug von gelebter Kirchengemeinschaft allein mit der wechselseitigen Einladung zum Abendmahl und der Möglichkeit zur Austauschbarkeit der Ämter sowie verstärkter Kooperation in Zeugnis und Dienst nicht doch in der
Realisierung zu kurz kommt.

Galt dieses Modell wechselseitiger Anerkennung in Gestalt der »Leuenberger Kirchengemeinschaft« mit der Betonung der Gemeinsamkeit in
der Evangeliumsverkündigung und dem Verständnis der Sakramente
lange Zeit gerade auch aus katholischer Sicht als reines Einigungsmodell
zwischen Kirchen lutherischer und reformierter Prägung, so gewann
dieses Modell in den 90er Jahren des 20. Jahrhunderts eine wachsende
Bedeutung als ökumenisches Einigungsmodell, als es zu Formen der
Kirchengemeinschaft unter Einschluss der anglikanischen Kirchen kam.
Denn damit war die grundsätzliche Offenheit des Modells für eine inhaltliche Erweiterung um das Element des historischen Bischofsamtes
deutlich geworden, das bekanntlich von anglikanischer Seite für die Verwirklichung voller Kirchengemeinschaft notwendig gefordert wird. Die
fehlende Verständigung über diese Frage des historischen Bischofsamtes
hatte noch *1988 in der Meissener Erklärung* zwischen der Kirche von Eng-

land und der Evangelischen Kirche in Deutschland nur *zur begrenzten Kirchengemeinschaft* im Sinne einer Eröffnung von Abendmahlsgemeinschaft, aber noch nicht zur vollen Kirchengemeinschaft mit der Austauschbarkeit der Ämter geführt. In der so genannten *Porvoo-Erklärung von 1992* zwischen den anglikanischen Kirchen der britischen Inseln und den meisten lutherischen Kirchen Skandinaviens und des Baltikums konnte es durch Verständigung hinsichtlich der gemeinsamen Wiederaufnahme des Zeichens der historischen Sukzession im Bischofsamt zur *Erklärung voller Kirchengemeinschaft* kommen. Ihr folgten weitere unter Einschluß der Anglikaner (z. B. »Waterloo-Erklärung« 1997 in Kanada; »Called to Common Mission« 1999 – 2001 in den USA).

Ist dieses Einigungsmodell der Kirchengemeinschaft in modifizierter Form auch für die katholische Kirche ein mögliches Einigungsmodell? *Die römisch-katholische Kirche* hat zwar im II. Vatikanischen Konzil ihr Kirchen- und Einheitsverständnis dargelegt, welches kurz skizziert wurde, aber sah sich aufgrund des dort formulierten Selbstverständnisses (subsistit) offenbar bis heute nicht in der Lage, *ein eigenes Einigungsmodell* vorzulegen. Bestätigt sich auf diese Weise nicht der immer wieder vorgebrachte Vorwurf, die römisch-katholische Kirche spreche zwar nicht mehr direkt von der »Rückkehr« der anderen Kirchen und kirchlichen Gemeinschaften in die katholische Kirche, meine faktisch aber doch Wiederherstellung sichtbarer Einheit durch Absorption bzw. Integration der anderen in die petrinische Gestalt der katholischen Kirche. Oder gibt es im Umfeld der »Koinonia/Communio Ekklesiologie« des Konzils bereits Ansätze eines katholischen Einigungsmodells, die sich auf ein katholisches Modell wechselseitiger Anerkennung von Kirchen in der Form von Kirchengemeinschaft hin weiter entwickeln lassen?

In der Tat finden sich verschiedene Ansätze in der nachkonziliaren katholischen Theologie, die auf der Linie einer Einheitsvorstellung in versöhnter Verschiedenheit liegen und den Gedanken einer Absorption bisheriger konfessioneller Traditionen ablehnen.

• *Modell der »Korporativen Vereinigung«*
Im *anglikanisch-katholischen Dialog* wie auch bei einzelnen Theologen (z. B. dem heutigen Papst J. Ratzinger) begegnet eine solche Vorstellung unter dem Begriff der »korporativen Vereinigung« (corporate unity / organic unity). Ursprünglich wurde diese Bezeichnung synonym für das Modell der organischen Union gebraucht, was bis heute zu Missverständnissen hinsichtlich des mit dem Begriff jeweils Gemeinten führt.

Er will im Unterschied zur organischen Union »gerade keine Einheitsverwirklichung durch Preisgabe der bisherigen kirchlichen Tradition. Vielmehr bilden in der ›korporativen Vereinigung‹ unterschiedliche kirchliche Gemeinschaften – auf der Basis einer *wesentlichen Übereinstimmung in Fragen des Glaubens* und in einer *gemeinsamen altkirchlich-bischöflichen Verfassung* – eine Glaubens- und Lebensgemeinschaft, in der sie als *relativ selbständige Gliedgemeinschaften* einen bleibenden Platz behalten.

Sie haben dabei die Möglichkeit und Pflicht, das zu bewahren und in den Dienst des Ganzen zu stellen, was sie angesichts des apostolischen Zeugnisses in ihrer Theologie und Frömmigkeit als bleibend wertvoll erachten. Eine Verschmelzung oder wechselseitige Absorption der bisherigen kirchlichen Traditionen wird abgelehnt, weil bei ›einer solchen Fusion jede kirchliche Gemeinschaft ihr Profil verlieren würde‹. ›Korporative Vereinigung‹ ist also eine ›Vereinigung in der Unterschiedenheit‹: eine Einheit von Kirchen, ›die Kirchen bleiben und doch eine Kirche werden, wie man formuliert hat.« Einheit vor uns, 1984, Nr. 20 f., in: DwÜ II, 458
(Hervorhebung M. K.)

• *Das Modell der »Schwesterkirchen«*
Insbesondere im *orthodox-katholischen Dialog* taucht im Kontext der Frage nach der Wiedergewinnung voller Kirchengemeinschaft der Begriff der »Schwesterkirchen« auf. Im II. Vatikanischen Konzil wird er *unter Rückgriff auf die altkirchliche Koinonia-Struktur* als Bezeichnung für die Gemeinschaft zwischen einzelnen Ortskirchen gebraucht. Papst Paul VI. hat ihn dann im Zuge der ökumenischen Annäherungen nach dem Konzil auf das Verhältnis zu den Ostkirchen bezogen.

 »Wie Papst Paul VI. wünschte, ist es unser erklärtes Ziel, gemeinsam wieder zur vollen Einheit in der legitimen Verschiedenartigkeit zu finden. […] ›Kraft der apostolischen Sukzession verbinden uns das Priesteramt und die Eucharistie enger; durch die Teilhabe an den Gaben Gottes an seine Kirche sind wir in Gemeinschaft mit dem Vater durch den Sohn im Heiligen Geist […]. In jeder Ortskirche verwirklicht sich dieses Geheimnis der göttlichen Liebe. Ist nicht vielleicht das der Grund für den traditionellen und schönen Ausdruck, mit dem sich die Ortskirchen gern als Schwesterkirchen bezeichneten […]? […] Nach einer langen Periode der Spaltung […] erlaubt uns der Herr, trotz der Hindernisse, die sich in der Vergangenheit zwischen uns gelegt haben, uns als Schwesterkirchen wieder zu entdecken.‹ Wenn wir heute […] nach der Wiederherstellung der vollen Gemeinschaft suchen, müssen wir die Verwirklichung dieser realen Gegebenheit anstreben, auf die wir Bezug nehmen müssen.«
Enzyklika »Ut unum sint« 1995, Nr. 57

Und für die grundsätzliche katholische Anschlussfähigkeit des Modells Kirchengemeinschaft auch mit Blick auf die reformatorischen Kirchen sprechen folgende gemeinsame Aussagen im lutherisch-katholischen Dokument »Einheit vor uns«: »Die gesuchte Einheit wird eine Einheit in der Verschiedenheit sein. Die überkommenen Besonderheiten beider Traditionen werden also nicht miteinander verschmolzen, und ihre Unterschiede brauchen nicht völlig aufgehoben zu werden.« (DwÜ II, Nr. 47, 465f) Vielmehr, so wird im Folgenden betont, sollen die kirchentrennenden Lehrunterschiede so weit überwunden werden, dass ein Grundkonsens im Glauben (1) festgestellt werden kann und verbleibende Unterschiede als legitime Verschiedenheiten unterschiedlicher Denk- und Sprachformen verständlich werden. Als weitere Voraussetzung für die angestrebte volle Kirchengemeinschaft wird die Gemeinschaft im sakramentalen Leben (2) genannt, bevor dann als nach wie vor offener Punkt auf die Notwendigkeit der Klärung der Frage »nach einem gemeinsam ausgeübten kirchenleitenden Amt, wie es im altkirchlichen Bischofsamt vorliegt« (ebd. 466) hingewiesen wird. An dieser Stelle wird deutlich, dass die Communio-Ekklesiologie des II. Vatikanum mit seiner Vorstellung, dass die eine Kirche in und aus Teilkirchen besteht, durchaus im Blick auf ein katholisches Einigungsmodell[6] »die große Möglichkeit des Ökumenismus von morgen« (DwÜ II, Nr. 6, 455) bietet.

»Dank der göttlichen Vorsehung […] sind die verschiedenen Kirchen, die an verschiedenen Orten von den Aposteln und ihren Nachfolgern eingerichtet worden sind, im Lauf der Zeit zu einer Anzahl von organisch verbundenen Gemeinschaften zusammengewachsen. Sie erfreuen sich unbeschadet der Einheit des Glaubens und der einen göttlichen Verfassung der Gesamtkirche ihrer eigenen Disziplin, eines eigenen liturgischen Brauches, eines eigenen theologischen und geistlichen Erbes […] Diese einträchtige Vielfalt der Ortskirchen zeigt in besonders hellem Licht die Katholizität der ungeteilten Kirche«.
II. Vatikanisches Konzil, Dogmatische Konstitution über die Kirche, Nr. 23

Heute, einige Jahrzehnte nach Präsentation dieser katholischen Ansätze zur Verwirklichung voller Kirchengemeinschaft, wird man aber – trotz erfolgter bedeutsamer Annäherungen – angesichts der nach wie vor bestehenden Divergenzen im Kirchen- und Amtsverständnis nüchtern feststellen müssen, dass eine Einigung der Kirchen in absehbarer Zeit nicht realistisch ist. Man ist vor diesem Hintergrund geneigt, dem kritischen Urteil des evangelischen Theologen Reinhard Frieling zuzustimmen, »dass die unterschiedlichen Vorstellungen von der Einheit der Kirchen vielleicht das größte Hindernis für die Einheit der Kirche sind.« (Frieling, 1992, 257)

---

[6] Vgl. dazu vertiefend bes. den Beitrag von W. *Thönissen*, in: G. Hintzen / W. Thönissen, 2001, 73–125

VI. Worauf es zukünftig ankommt – Thesen

1. Die Einheit der Kirche ist primär Gabe Gottes. Wenn das richtig ist, braucht die Suche nach wachsender Gemeinschaft der Christen und Kirchen als *Herz und Mitte einen geistlichen Ökumenismus,* der die ständige Bereitschaft der einzelnen Christen wie Kirchen zu Umkehr, Erneuerung und ständiger Reform weckt und wach hält. Das spürbare Nachlassen ökumenischen Engagements, die weit verbreitete konfessionelle Selbstgenügsamkeit und neue Abgrenzungstendenzen haben wohl auch mit der Vernachlässigung dieser geistlichen Dimension des Ökumenismus zu tun.

2. Die *Fortsetzung des theologischen Dialogs* über die kirchentrennenden Unterschiede besonders im Kirchen- und Amtsverständnis bleibt unverzichtbar im Blick auf die gesuchte Gestalt voller Kirchengemeinschaft, selbst wenn sich seit der Jahrtausendwende in Deutschland mit Schlagworten wie »Einheit in Gegensätzen« oder auch »Ökumene der Profile« deutlich Verhärtungen in den ekklesiologischen Positionen bemerkbar machen.

3. Es gilt, das sich in bestimmten Phasen der Ökumenischen Bewegung einstellende *Gegen- oder Nebeneinander* der beiden innerlich zusammengehörenden Aspekte im Einheitsverständnis, der Gemeinschaft im Glauben und der Gemeinschaft im Handeln, *der Konsens- bzw. Gerechtigkeitsökumene* zu *überwinden.* Wie der theologische Dialog notwendig ist, damit die gesuchte Einheit der Kirchen als Gemeinschaft im Glauben ein tragfähiges Fundament hat, so wenig kann die gesuchte Einheit allein durch Lehrkonsens erreicht werden. Sie bedarf ebenso grundlegend des gemeinsamen Handelns der Christen in allen kirchlichen Lebensbereichen (»Ökumene des Lebens«), besonders in der gemeinsamen Weltverantwortung für Frieden, Gerechtigkeit und Schöpfungsverantwortung. Aber auch umgekehrt gilt: allein auf dem Weg gemeinsamer Weltverantwortung kann die Einheit der Christen als Voraussetzung glaubwürdigen Zeugnisses und Dienstes nicht gewonnen werden.

4. *Uns Christen eint schon jetzt mehr, als uns trennt!* Worauf es besonders in der gelebten Ökumene am Ort für eine wachsende Gemeinschaft der Christen ankommt, ist, die jetzt schon gegebenen vielfältigen Möglichkeiten ökumenischer Zusammenarbeit in den Bereichen des gefeierten Glaubens, des einander Kennen- und Verstehenlernens, des Zeugnisses und sozial-diakonischen Dienstes auch tatsächlich zu ergreifen.

5. Ich möchte schließen mit einer hoffnungsvollen Vision: »Das Gebet

Jesu, ›dass alle eins seien‹, kann nicht ins Leere gehen. Deshalb ist es meine feste Überzeugung: Gottes Geist wird das Werk, das er begonnen hat, auch zu Ende führen. Ähnlich wie beim Fall der Berliner Mauer werden auch wir uns eines Tages die Augen reiben, wenn wir feststellen, dass Gottes Geist die trennenden Mauern zwischen den Kirchen niedergerissen und uns neue Wege zueinander und miteinander eröffnet hat.« (Walter Kardinal Kasper, Festvortrag: »Ein Herr, ein Glaube, eine Taufe – ökumenische Perspektiven der Zukunft«, Berlin am 4. November 2001)

Literaturverzeichnis

Das Augsburger Bekenntnis (1530) in: Unser Glaube. Die Bekenntnisschriften der evangelisch-lutherischen Kirche, i. A. der Kirchenleitung der Vereinigten Evangelisch-Lutherischen Kirche Deutschlands (VELKD), hrsg. vom Lutherischen Kirchenamt, bearb. von Horst Georg Pöhlmann, Gütersloh 1986, 53–119

Bericht aus Uppsala 1968. Offizieller Bericht über die Vierte Vollversammlung des ÖRK, Genf 1968

Bericht aus Nairobi 1975. Offizieller Bericht der Fünften Vollversammlung des ÖRK, Frankfurt a. M. 1976

Bericht aus Canberra 1991. Offizieller Bericht der Siebten Vollversammlung des ÖRK, Frankfurt a. M. 1991.

Daressalam 1977. In Christus – eine neue Gemeinschaft. Offizieller Bericht der Sechsten Vollversammlung des Lutherischen Weltbundes (epd – Dokumentation Bd. 18,) Frankfurt a. M. 1977

Döring, Heinrich, Kirchen unterwegs zur Einheit, München – Paderborn – Wien 1969

Enzyklika »Ut unum sint« von Papst Johannes Paul II. über den Einsatz für die Ökumene (25. Mai 1995) (Verlautbarungen des Apostolischen Stuhls 121), hrsg. vom Sekretariat der Deutschen Bischofskonferenz, Bonn 1995

Frieling, Reinhard, Der Weg des ökumenischen Gedankens. Eine Ökumenekunde, Göttingen 1992

Gaßmann, Günther/Meyer, Harding, Die Einheit der Kirche. Voraussetzungen und Gestalt (LWB-Report 15/1983), Stuttgart 1983

Gaßmann, Günther u. Nørgaard-Højen, Peder (Hg.), Einheit der Kirche. Neue Entwicklungen und Perspektiven, Frankfurt a. M. 1988

Herms, Eilert, Ökumenische Einheitsvorstellungen, in: Ökumene – wohin? Bischöfe und Theologen entwickeln Perspektiven, hg. von Bernd Jochen Hilberath und Jürgen Moltmann (Kontakte 9), Tübingen – Basel 2000, 45–64

Hilberath, Bernd-Jochen, Kirchengemeinschaft – eine (römisch-)katholische Perspektive (I). Zur offiziellen römisch-katholischen Position, (II): Zukunfts-

aussichten aus (römisch)-katholischer Sicht, in: Ökumene – wohin?, a. a. O.,
(I) 33–44, (II) 65–70

Hintzen, Georg / Thönissen, Wolfgang, Kirchengemeinschaft möglich? Einheitsverständnis und Einheitskonzepte in der Diskussion (Thema Ökumene Bd. 1),
Paderborn 2001

Körtner, Ulrich H. J., Wohin steuert die Ökumene? Vom Konsens- zum Differenzmodell, Göttingen 2005

Meyer, Harding u. a. (Hg.), Dokumente wachsender Übereinstimmung (= DwÜ).
Sämtliche Berichte und Konsenstexte interkonfessioneller Gespräche auf
Weltebene: 3 Bde, Paderborn – Frankfurt a. M. 1983- 2003.

Ders., Ökumenische Zielvorstellungen (Bensheimer Hefte 78), Göttingen 1996

Ders., Versöhnte Verschiedenheit. Aufsätze zur ökumenischen Theologie I, Frankfurt a. M. – Paderborn 1998 [darin bes. die Beiträge: Motivation und Ziel
ökumenischen Bemühens,17- 37; »Einheit in versöhnter Verschiedenheit«,
101–119; »Kirchengemeinschaft«, 137–162]

Ders., Versöhnte Verschiedenheit. Aufsätze zur ökumenischen Theologie II: Der
katholisch-lutherische Dialog, Frankfurt a. M. – Paderborn 2000 [darin bes.
die Beiträge: Strukturierte Gemeinschaft ohne gemeinsame Strukturen?,
89–103; Gegenläufigkeiten in der katholischen Vorstellung von der Einheit
der Kirche?, 266–283]

Ders., Art.: Einheit, Einheitsvorstellungen (-modelle), in: Taschenlexikon Ökumene, i. A. der Arbeitsgemeinschaft Christlicher Kirchen in Deutschland
(ACK), hg. von Harald Uhl, Frankfurt a. M. – Paderborn 2003, 71–77

Neuner, Peter, Ökumenische Theologie. Die Suche nach der Einheit der Kirche,
Darmstadt 1997

Ders., Konzepte und Prognosen für die Kircheneinheit: Welche kirchlich-theo-
logische Einheit streben die Kirchen an? Eine römisch-katholische Position,
in: Orthodoxes Forum 19 (2005), 205–216

Päpstlicher Rat zur Förderung der Einheit der Christen, Direktorium zur Ausfüh-
rung der Prinzipien und Normen über den Ökumenismus vom 25. 03. 1993,
(Verlautbarungen des Apostolischen Stuhls 110), hrsg. vom Sekretariat der
Deutschen Bischofskonferenz, Bonn 1993

Raiser, Konrad, Ökumene im Übergang. Paradigmenwechsel in der ökumenischen Bewegung?, München 1989

Vischer, Lukas (Hg.), Die Einheit der Kirche. Material der Ökumenischen Bewegung, München 1965

Wenz, Gunther, Konzepte und Prognosen für die Kircheneinheit: Welche kirch-
lich-theologische Einheit streben die Kirchen an? Eine evangelisch-lutherische Position, in: Orthodoxes Forum 19 (2005), 193–204

Konfessionalität und ökumenische Ausrichtung des Religionsunterrichts

Christhard Lück / Werner Simon

I. Annäherungen

1. Konfessioneller Religionsunterricht in öffentlichen Schulen?

Dass Religionsunterricht in den öffentlichen Schulen in konfessioneller Gestalt erteilt wird, ist nicht selbstverständlich. Dies zeigen beispielhaft ein Blick in die Geschichte, ein Blick über die Grenzen Deutschlands oder ein Blick auf aktuelle Diskussionen in einzelnen Bundesländern der Bundesrepublik Deutschland.

- Bereits *Johann Bernhard Basedow (1724–1790)*, ein Hauptvertreter der Pädagogik der deutschen Aufklärung, forderte für die als staatliche Simultanschule konzipierte öffentliche Schule einen Religionsunterricht, der sich auf die »natürliche Religion« bezieht. Die »geoffenbarte Religion« sollte demgegenüber der kirchlichen Unterweisung vorbehalten bleiben. Ähnlich vertrat im 19. Jahrhundert *Friedrich Adolph Wilhelm Diesterweg (1790–1860)*, Vorkämpfer für eine Professionalisierung des Lehrerstandes, das Konzept eines auf Vernunft und Moral basierenden »Allgemeinen Religionsunterrichts«, der das »Konfessionell-Dogmatische« aus dem schulischen Lehrplan ausscheidet. Die reformpädagogisch inspirierte *Denkschrift der bremischen Lehrerschaft (1905)* trat schließlich dafür ein, den schulischen »Religionsunterricht« zugunsten eines religionsneutralen »Sittenunterrichts« abzuschaffen. Sie begründet diese Forderung mit dem Argument: »Die Schule ist eine Veranstaltung des *Staates;* Religion aber ist *Privatsache.*« (Religionsunterricht 1906: 182)

- In den Ländern Europas findet schulischer Religionsunterricht keine einheitliche Regelung (Schreiner 2000, Hemel 2004). Vor dem Hintergrund unterschiedlicher geschichtlicher Entwicklungen, die sich auch in den Strukturen des jeweiligen Bildungssystems niedergeschlagen haben, begegnen konfessionelle, überkonfessionelle und nicht-konfessionelle Organisationsformen des Unterrichts bzw. eine Ausgliederung des Religionsunterrichts aus dem Curriculum der religionsneutralen staatlichen Schule. Die Verantwortung für den schulischen Religionsunterricht liegt entweder ausschließlich bei den Religionsgemeinschaften oder ausschließlich beim Staat bzw. bei den Schulen oder wird in Kooperation von Religionsgemeinschaften und Staat gemeinsam wahrgenommen.

• Aktuelle Diskussionen in einzelnen Bundesländern der Bundesrepublik Deutschland (vgl. Lück 2004) problematisieren die konfessionelle Organisationsform des schulischen Religionsunterrichts mit
Blick auf die durch die kulturelle und religiöse Pluralisierung des
gesellschaftlichen Zusammenlebens gewachsenen schulpädagogischen Herausforderungen, die auch im Raum der Schule ein ›Lernen
zwischen den Kulturen‹ und ein ›Lernen zwischen den Religionen‹
dringlich machen. Alternative Entwürfe schulischer religiöser Bildung werden entwickelt und erprobt – wie das Konzept einer religionskundlichen Didaktik im Rahmen eines allein staatlich verantworteten und grundsätzlich für alle Schüler verpflichtenden
Unterrichtsfaches (Edelstein u. a. 2001, Schäfer 2005) oder das Konzept einer Didaktik interreligiösen Lernens in einem von den Religionsgemeinschaften verantworteten »Religionsunterricht für alle«
(Doedens/Weiße 1997, Weiße/Doedens 2000).
Konfessioneller Religionsunterricht in den öffentlichen Schulen ist nicht
selbstverständlich. Er ist begründungspflichtig.

2. Konfessionalität des Religionsunterrichts – ein mehrschichtiger Begriff

Was aber ist gemeint, wenn von der ›Konfessionalität‹ des schulischen
Religionsunterrichts gesprochen wird. Der in diesem Zusammenhang
verwendete Begriff der ›Konfessionalität‹ ist mehrschichtig. Er bedarf
der Präzisierung im Hinblick auf seine rechtlichen (a), seine theologischen (b) und seine religionspädagogischen (c) Aspekte.

a. Rechtliche Aspekte

Religionsunterricht ist in den öffentlichen Schulen in den Ländern der
Bundesrepublik Deutschland – mit wenigen Ausnahmen – ein verfassungsrechtlich geschütztes »ordentliches Lehrfach«. Er steht unter staatlicher Schulaufsicht und wird »in Übereinstimmung mit den Grundsätzen der Religionsgemeinschaften« erteilt.

Grundgesetz für die Bundesrepublik Deutschland vom 23. Mai 1949

Artikel 7 Absatz 3:
»Der Religionsunterricht ist in den öffentlichen Schulen mit Ausnahme der bekenntnisfreien Schulen ordentliches Lehrfach. Unbeschadet des staatlichen Aufsichtsrechtes wird der Religionsunterricht in Übereinstimmung mit den Grundsätzen der Religionsgemeinschaften erteilt. Kein Lehrer darf gegen seinen Willen verpflichtet werden, Religionsunterricht zu erteilen.«

Artikel 7 Absatz 2:
»Die Erziehungsberechtigten haben das Recht, über die Teilnahme des Kindes am Religionsunterricht zu bestimmen.«

Artikel 141:
»Artikel 7 Absatz 3 Satz 1 findet keine Anwendung in einem Lande, in dem am 1. Januar 1949 eine andere landesrechtliche Regelung bestand.«
[Dies trifft für die heutigen Bundesländer Bremen und Berlin zu. Die Anwendbarkeit der sog. ›Bremer Klausel‹ auf die sich 1990 zeitgleich mit dem Beitritt zum Geltungsbereich des Grundgesetzes neu konstituierenden ostdeutschen Bundesländer ist verfassungsrechtlich umstritten.]

Der Staat anerkennt mit dieser an die Bestimmungen des Art. 149 der Weimarer Verfassung des Deutschen Reiches (1919) anschließenden Regelung den allgemeinen Bildungswert von Religion und verzichtet zugleich in einer durch seine Pflicht zu weltanschaulicher Neutralität begründeten Selbstbeschränkung darauf, Fragen der Sinnstiftung und der Religion selbst beantworten zu wollen. Er delegiert »die Aufgabe religiöser, weltanschaulicher und explizit wertvermittelnder Erziehung an nichtstaatliche Gruppen der Gesellschaft« (Kliss 1999: 152 f.). Die Grundsätze der Freiwilligkeit der Teilnahme der Schüler am Religionsunterricht und der Freiwilligkeit seiner Erteilung durch die Lehrer sichern das Grundrecht der Religionsfreiheit *sowohl als positives Entfaltungsrecht wie auch als negatives Abwehrrecht.* Religions- und Weltanschauungsgemeinschaften werden in diesem Zusammenhang verfassungsrechtlich gleichgestellt.

Grundgesetz für die Bundesrepublik Deutschland vom 23. Mai 1949

Artikel 4 Absatz 1 und 2:
»(1) Die Freiheit des Glaubens, des Gewissens und die Freiheit des religiösen und weltanschaulichen Bekenntnisses sind unverletzlich.
(2) Die ungestörte Religionsausübung wird gewährleistet.«

Artikel 140 i. V. mit Artikel 137 Absatz 7 der Weimarer Verfassung des Deutschen Reiches:
»Die Bestimmungen der Artikel 136, 137, 138, 139 und 141 der Deutschen Verfassung vom 11. August 1919 sind Bestandteil dieses Grundgesetzes.«

Artikel 137 Absatz 7 der Weimarer Verfassung bestimmt:
»Den Religionsgesellschaften werden Vereinigungen gleichgestellt, die sich die gemeinschaftliche Pflege einer Weltanschauung zur Aufgabe machen.«

Der ›konfessionell‹, d. h. ›in Übereinstimmung mit den Grundsätzen der Religionsgemeinschaften‹ erteilte Religionsunterricht in den öffentlichen Schulen ist insofern »ein demokratisch-freiheitliches Angebot, in dessen rechtlicher Konstruktion sich eine bürger- oder zivilgesellschaftliche Mitverantwortung für Schule realisieren kann.« (Kirchenamt der EKD 2006: 4)

b. Theologische Aspekte

Die ›konfessionelle‹ Ausrichtung des evangelischen und des katholischen Religionsunterrichts verweist zugleich auf die fundamentale Bedeutung, die dem ›Bekenntnis‹ – der *confessio* – im Selbstverständnis des christlichen Glaubens zukommt. Christlicher Glaube hat Antwortcharakter. »Im *Akt des Bekennens* artikuliert sich der Glaube als Zustimmung zu Gott und Jesus Christus und als Überzeugtsein von der Freiheitskraft des zugesagten Heils.« (Neuenzeit 1986: 393) Das persönliche Bekenntnis wird so zum Zeugnis für den Grund des Glaubens. Dieses Zeugnis verbleibt nicht im Raum des Privaten. Es »schafft und begründet seinerseits neue Gemeinschaft, es hält sie am Leben, führt und bringt sie immer wieder neu zusammen als Gemeinschaft der Glaubenden und Bekennenden.« (Fries 1991: 165) Die kirchlichen Symbole als verbindliche Gestalten des gemeinschaftlichen Glaubensbekenntnisses werden so zu »unterscheidenden Erkennungszeichen gemeinsamen Glaubens« (Neuenzeit 1986: 394). In der Reformationszeit gewinnen Bekenntnisschriften eine identitätsstiftende Funktion für die sich herausbildenden Konfessionsgemeinschaften. Das auch in der Zeit der konfessionellen Gegensätze bewahrte Bekenntnis der ›einen Kirche‹ begründet im 20. Jahrhundert die ökumenische Bewegung, die konfessionalistische Engführungen des Verständnisses der Konfessionalität aufbricht. Ökumenische Offenheit und konfessionelle Kooperation werden in diesem Zusammenhang zu im jeweiligen kirchlichen Selbstverständnis begründeten Merkmalen konfessioneller Identität.

»Die Zeit der Ökumene ist an die Stelle des Zeitalters des Konfessionalismus getreten. Das bedeutet nicht, dass die Konfessionen zugunsten
einer unbestimmten Ökumene aufgehoben werden und ihr Proprium sowie ihre eigene Identität und Kontinuität verlieren, sondern dass die Konfessionen, die bislang Träger der gegensätzlichen Verschiedenheit waren,
mehr und mehr zum Ausdruck und zur Gestalt der Ökumene werden, als
Träger einer versöhnten Verschiedenheit, Verwirklichung der Kirche in
Einheit und Vielfalt.«   Heinrich Fries 1991: 170

Welche Bedeutung diesem Verständnis der ›Konfessionalität‹ für die
Entwicklung des Konzepts eines ökumenisch ausgerichteten konfessionellen Religionsunterrichts zukommt, ist im Folgenden näher zu entfalten und zu präzisieren.

c. Religionspädagogische Aspekte

Religion begegnet im schulischen Religionsunterricht in schulisch ver-
mittelter und insofern in schulisch ›gebrochener‹ Gestalt: als »Religion
(in) der Schule« (Porzelt 2005). Auch der ›konfessionelle‹ Religionsunterricht partizipiert an den für schulischen Unterricht konstitutiven
Grenzen: Er verlässt den unmittelbaren alltagsweltlichen Lebenszusam-
menhang und kann insofern nur einen vermittelten Erfahrungsbezug
zur alltagsweltlich gelebten Praxis wahren und stiften.

   Gleichwohl eröffnet der in Übereinstimmung mit den Religionsgemeinschaften ›konfessionell‹ oder ›konfessionell-kooperativ‹ erteilte
Religionsunterricht Schülerinnen und Schülern die Möglichkeit, Religion nicht nur aus der Außenperspektive eines neutralen Beobachters,
sondern auch aus der Binnenperspektive gelebter Religion kennen zu
lernen und in der Begegnung und in der Auseinandersetzung mit authentischen Zeugnissen einer bestimmten Religion ihre eigene religiöse
Überzeugung zu klären, zu entwickeln und zu profilieren. Insofern der
›konfessionelle‹ Religionsunterricht auch dazu verhilft, ein selbstbe-
stimmtes Verhältnis zu den glaubensgeschichtlichen Voraussetzungen
der eigenen Lebensgeschichte zu gewinnen, kann er zur Identitätsfindung der Schüler und Schülerinnen beitragen.

   Anfragen an die konfessionelle Organisationsform des schulischen
Religionsunterrichts erwachsen nicht zuletzt dort, wo es aufgrund der
begrenzten Schülerzahlen nicht gelingt, pädagogisch sinnvolle Lerngruppen zu bilden und den Unterricht in den normalen Stundenplan
der Schule zu integrieren, so dass er nur in Randlagen der Unterrichts-
zeit erteilt werden kann. Herausforderungen für eine zukunftsbezogene
Weiterentwicklung der unterrichtlichen Organisationsform des Faches

erwachsen ferner aus schulpädagogischen Reformansätzen, die Fächergrenzen relativieren und ein fachübergreifendes und fächerverbindendes Lernen fördern sowie zu neuen zeitlichen Rhythmisierungen des Unterrichts führen. Andererseits lassen aber auch die Einrichtung von Ganztagsschulen und die Entwicklung von Schulprogrammen neu nach dem Ort und der Präsenz von Religion und schulisch beheimateter religiöser Praxis im außerunterrichtlichen Schulleben fragen.

»Religionsunterricht, der sich als ein in das schulische Miteinanderlernen und Zusammenleben integriertes Unterrichtsfach versteht, wird darauf achten müssen, dass auch er ein ›Lernen in Zusammenhängen‹ fördert und mitgestaltet,
- indem er sich bewusst einbringt in fachübergreifende Lernbereiche und Aufgabenfelder,
- indem er mitwirkt bei der Gestaltung des Schullebens und beim Aufbau einer humanen Schulkultur,
- indem er aufmerksam macht auf außerunterrichtliche Angebote der Schulseelsorge und der schülerorientierten verbandlichen oder gemeindlichen Kinder- und Jugendarbeit und
- indem er im Kontext einer sich zu ihrer Umwelt öffnenden Schule Brücken schlägt zu außerschulischen Lern- und Erfahrungsräumen, auch zu den Lern- und Erfahrungsräumen gelebten christlichen Glaubens (Einladungen, Exkursionen, Formen eines entdeckend-erkundenden Lernens).

Zukunft hat Religionsunterricht also als ein identitätsbewusstes Unterrichtsfach, das auch in diesen Zusammenhängen schulisch ›beheimatet‹ ist.«
Werner Simon 2002: 368

II. Stellungnahmen der katholischen und der evangelischen Kirche

›Konfessioneller‹ Religionsunterricht wird ›in Übereinstimmung mit den Grundsätzen der Religionsgemeinschaften‹ erteilt. Es stellt sich folglich die Frage, welches Verständnis der ›Konfessionalität‹ des Religionsunterrichts in den offiziellen Stellungnahmen der katholischen (1.) und der evangelischen Kirche (2.) zum Ausdruck gebracht wird und welche Konsequenzen sich daraus für die ökumenische Ausrichtung des katholischen und des evangelischen Religionsunterrichts ergeben.

1. Stellungnahmen der katholischen Kirche

Das für die katholische Kirche in Deutschland maßgebliche Konzept des schulischen Religionsunterrichts wurde grundgelegt im *Beschluss der Ge-*

meinsamen Synode der Bistümer in der Bundesrepublik Deutschland vom 22. 11. 1974, der den programmatischen Titel *»Der Religionsunterricht in der Schule«* trägt (Der Religionsunterricht in der Schule 1976; vgl. auch Volz 1976, Lange 1976, Simon 2005a). Er unterscheidet die katechetische Glaubensunterweisung in der Gemeinde und den im Rahmen des schulischen Bildungsauftrags konzipierten Religionsunterricht in der Schule. Die Begründung des Religionsunterrichts erfolgt konvergenztheoretisch in einer Verschränkung von pädagogischen und theologischen Argumentationssträngen. In diesem Zusammenhang befasst sich auch ein eigener Abschnitt (2.7) mit der »Konfessionalität« des Religionsunterrichts.

Theologisch wird an die konstitutive Bedeutung des ›Bekenntnisses‹ für ›Religion und Glaube‹ erinnert.

»Religion und Glaube haben es der Sache nach unabdingbar mit ›Bekenntnis‹ zu tun. Bekenntnis erfolgt nicht nur im Bereich von Dogma und Credo. Es drängt auf ganzheitlichen Ausdruck. Es wirkt sich aus in liturgischen Formen wie in Lebensäußerungen, in Ethos wie in Diakonie. Solch ein umfassend verstandenes Glaubensbekenntnis – ohne das der Glaube nicht sein kann, was er zu sein beansprucht –, ist aber an die lebendige Glaubensgemeinschaft gebunden. Greifbar wird es immer nur in seiner jeweiligen konkreten, geschichtlich-kulturellen Ausprägung. Das Bekenntnis ist nicht nur Sache eines einzelnen, sondern immer auch einer Gemeinschaft.« (Abschnitt 2.7.2)

Neben theologischen werden auch religionspädagogische Gründe geltend gemacht, die für eine grundsätzlich ›bekenntnisorientierte‹ Gestalt des schulischen Religionsunterrichts sprechen.

»Im Unterschied zu einem nichtkonfessionellen Unterricht geschieht die Auseinandersetzung nicht unter dem Anspruch einer ohnehin fragwürdigen Neutralität, sondern von einem bestimmten Standpunkt aus.« (Abschnitt 2.7.1)

»Der Rahmen ist dadurch gegeben, daß die Kirche in einem solchen Religionsunterricht sich nicht nur als Objekt behandelt sieht, sondern daß sie sich darin authentisch zur Sprache bringen darf durch Menschen, die ihr angehören.« (Abschnitt 2.7.3)

»Für den Religionslehrer sind infolgedessen Religiosität und Glaube nicht nur ein Gegenstand, sondern auch ein Standort. […] Erst in der Begegnung mit einer Person, die sich entschieden und eine Glaubensposition für sich verbindlich gemacht hat, erfährt der Schüler, daß religiöse Fragen den Menschen vor die Entscheidung stellen.« (Abschnitt 2.8.2)

Der Synodenbeschluss geht davon aus, »daß im Religionsunterricht der öffentlichen Schule Lehrer, Lehre und in der Regel auch die Schüler in einer Konfession beheimatet sein sollen« (Abschnitt 2.7.4). Er betont aber gleichzeitig auch: »Katholischer Religionsunterricht muß aus theologischen Gründen von ökumenischer Gesinnung getragen sein.« (Abschnitt 3.4)

»Wenn die Kirchen durch ökumenisches Denken und Handeln immer stärker aufeinander zugehen und darüber hinaus zu Gespräch und Solidarität mit Menschen anderer Religionen und Ideologien bereit sind, ohne deswegen auf ihr eigenes Selbstverständnis und auf profilierte Meinungen und Überzeugungen verzichten zu müssen, so ist auch der konfessionelle Religionsunterricht zur Offenheit verpflichtet; der Gesinnung nach ist er ökumenisch.« (Abschnitt 2.7.1)

Es werden – allerdings sehr zurückhaltend – Möglichkeiten der Kooperation von katholischem und evangelischem Religionsunterricht angesprochen und – darüber hinaus – Bedingungen benannt, unter denen das Konfessionalitätsprinzip in Ausnahmefällen auch modifiziert zur Anwendung gebracht werden kann.

»In der gegenwärtigen kirchlichen und bildungspolitischen Situation ist es weder angebracht noch möglich, starr und absolut am Konfessionalitätsprinzip des Religionsunterrichts festhalten zu wollen. Gelegentlich empfiehlt sich die Kooperation der Konfessionen im Religionsunterricht, zum Beispiel bei gemeinsam interessierenden Themen und Aktionen. Darüber hinaus können Modellversuche, Sonderfälle und Ausnahmesituationen Modifikationen des Konfessionalitätsprinzips erfordern. Im konkreten Fall soll man sich für Lösungen einsetzen, die den berechtigten Interessen der Schüler (bzw. den Wünschen der Erziehungsberechtigten) am besten entsprechen. Aus staatskirchenrechtlichen, bildungspolitischen und kirchlichen Gründen muß zu solchen Regelungen das Einverständnis aller maßgeblich Beteiligten herbeigeführt werden. Das sind insbesondere die Schulbehörden der Länder und die Bistums- und Kirchenleitungen. Eltern, Lehrer und Schüler sollen gehört werden. Bei der Suche nach Lösungen sollen die Verantwortlichen Wert darauf legen, mit anderen christlichen Kirchen und Gruppen so eng wie möglich zusammenzuarbeiten.« (Abschnitt 2.7.5)

Das *Wort der deutschen Bischöfe »Die bildende Kraft des Religionsunterrichts. Zur Konfessionalität des katholischen Religionsunterrichts«* vom 27. 9. 1996 versteht sich als eine Fortschreibung des Synodenbeschlusses. Es will die bildungstheoretische Grundlegung des ›konfessionellen‹ Religionsunterrichts vertiefen und dessen ›Bildungspotential‹ verdeutlichen (Sekretariat der DBK 1996; vgl. auch Winden 1997, Siller 1997, 2005, Lück 2002: 60–68, Schneider 1997). In diesem Zusammenhang wird auch in einem eigenen Kapitel das Verhältnis von Konfessionalität und Ökumenizität des katholischen Religionsunterrichts thematisiert (Kap. 5: »*Konfessionell und ökumenisch*«).

Die bildungstheoretische Grundlegung des Bischofswortes versteht Bildung als ein selbsttätiges und selbstbezügliches Handeln. Der sich bildende junge (und erwachsene) Mensch erschließt sich die bildenden Kräfte der Natur und der Kultur einer Gesellschaft. Erziehung muss in diesem Kontext als ein kommunikatives Handeln verstanden werden, das erzieherisch fruchtbare Situationen gestaltet, die Bildung ermöglichen und anregen.

»Im Widerspruch zu einem Erziehungsverständnis, das den jungen Menschen als ein Objekt des erzieherischen Handelns sieht, betont ›Bildung‹ die *Selbsttätigkeit des Heranwachsenden*. Er bildet sich selber. Bilden ist ein selbstbezügliches Handeln. ›Erziehung‹ muß sich also gemäß diesem Bildungsverständnis eine Einschränkung gefallen lassen. Sie muß sich verstehen als Freiheit gewährendes Handeln. Dieses Zurücktreten im Respekt vor der Würde des jungen Menschen ist damit ein unaufgebbares Moment der Erziehung. Erziehung muß verstanden werden als intersubjektives, kommunikatives Handeln. Der Selbstwerdungsprozeß ist keinem strategischen Kalkül zu unterwerfen.« (Sekretariat der DBK 1996: 26 f.)

Kulturell sprach- und handlungsfähig werden Menschen durch wechselseitige ›Perspektivenübernahme‹. Solche Perspektivenübernahme wird gelernt durch kommunikativen Austausch in einer konkreten kulturellen Gemeinschaft und ist der Kern einer auf kompetente Teilnahme am öffentlichen Leben zielenden Allgemeinbildung.

»Bildung als Allgemeinbildung hat also einen gesellschaftlichen Ort in einer räumlichen, von Überlieferungen geprägten Kulturgemeinschaft. Eine solche kulturelle Gemeinschaft, in der der Mensch seine Allgemeinbildung gewinnt, ist von konkreten Vorstellungen gemeinsamen Lebens bestimmt. Sie ist nicht die universale Weltgemeinschaft. In dieser Kulturgemeinschaft wächst aber die universale Kommunikationsfähigkeit und die Ethik einer universalen Solidarität. Eine ›multikulturelle Identität‹ gibt es nicht. Aber es gibt eine eigene kulturelle Identität, die sich mit anderen kulturellen Identitäten verständigen kann. Diese Fähigkeit ist heute ein wichtiges Element von Bildung. […] Zu dieser Allgemeinbildung gehört in unserer gesellschaftlichen Lage vor allem die Anerkennung der Andersheit des anderen – seiner besonderen kulturellen Bestimmtheit. Verständigung und Anerkennung des anderen ist nur erreichbar in wechselseitiger Perspektivenübernahme. Perspektivenübernahme ist so etwas wie die Tiefenstruktur der Allgemeinbildung geworden.« (28 f.)

Bildungsziel des konfessionell bestimmten Religionsunterrichts ist daher eine »gesprächsfähige Identität« (49). Das Bischofswort expliziert das in diesem Zusammenhang maßgebliche Verständnis der ›Konfessionalität‹ des Unterrichts unter Bezugnahme auf die drei Bestimmungsfaktoren der Konfessionalität der Lehrperson, der Konfessionalität der Schüler und Schülerinnen und der Konfessionalität der Lehre.

»Der Religionslehrer und die Religionslehrerin haben nicht nur über einen Inhalt zu informieren, der außerhalb ihrer eigenen freien Wahl, in objektiver Neutralität ausgesagt werden könnte. Sie sind, wie bei jedem wesentlichen humanen Verhalten ›existentiell verwickelt‹. Sie stehen für das ein, was sie im Unterricht vermitteln. Nur so können sie einen erzieherischen und für die Bildung der jungen Menschen belangvollen Dienst leisten.« (51)

»Schülerinnen und Schüler haben auch ein Recht auf Beantwortung der Frage, warum sie katholisch getauft sind und was Leben aus dem Glauben bedeutet. Wenn die biographische Kontinuität vernachlässigt wird [...] wird eine wesentliche Bildungsaufgabe versäumt: ein freies Verhältnis zu den Voraussetzungen der eigenen Lebensgeschichte.« (52)

Gelebter christlicher Glaube hat eine konfessionelle Gestalt. Religionsunterricht, in dem Schülerinnen und Schüler über ein »vom Bekenntnis geprägtes Leben« (53) ins Gespräch kommen, bleibt verwiesen auf konfessionelle Gestaltwerdungen christlicher Glaubenspraxis und Glaubenslehre.

»Deshalb knüpft der Religionsunterricht [...], wo immer dies möglich ist, an die ausgeübte Glaubenspraxis oder erlebte Anschauung an. Wo dies nicht möglich ist, führt er behutsam zu einer solchen Glaubenspraxis hin. Sonst würde im Unterricht ein theoretisches Konstrukt, eine ›Schulreligion‹ erfunden, die keinen Rückhalt im Alltag der Schülerinnen und Schüler hätte.« (19)

Das Bischofswort spricht sich für einen Religionsunterricht aus, der »konfessionell in ökumenischem Geist« (57) erteilt wird. Konfession und Ökumene werden nicht als Gegensätze verstanden. Vielmehr sind beide aufeinander verwiesen und bedingen einander.

»Wer den Differenzen ausweicht, nivelliert die Unterschiede und kann den anderen in seiner Andersheit weder sehen noch anerkennen. [...] Eine solche Toleranz macht immer nur das eigene Vorverständnis stark und zwingt den anderen in dieses hinein. Eine starke Toleranz muß aus der Kraft der eigenen konfessionellen Besonderheit erfolgen, ohne die Besonderheit des anderen auf ein übergreifend Allgemeines, auf einen Hauptnenner zurückführen zu können. Die Anerkennung des anderen muß bei einer starken Toleranz aus der eigenen Mitte, das heißt aus der Konfession der eigenen Kirche, erfolgen.« (57)

Insofern sind die beiden Fächer Evangelischer und Katholischer Religionsunterricht – sowohl aus Gründen des konfessionellen Selbstverständnisses als auch im Hinblick auf die schulische Aufgabe der Allgemeinbildung – auf Kooperation hin angelegt.

»Allerdings kann eine sinnvolle Zusammenarbeit nicht die Auflösung und Verschmelzung der Fächer bedeuten. Vielmehr muss jedes Fach in die Kooperation seine besondere Sicht einbringen und sie darin anwenden.« (58)

Die im Bischofswort angeführten Bedingungen für eine organisierte konfessionelle Kooperation entsprechen weitgehend denen des Synodenbeschlusses. Die Kooperationsformen erfahren in diesem Zusammenhang weitere Konkretisierungen, die auch in die im *Januar/Februar 1998* getroffene *Vereinbarung der Deutschen Bischofskonferenz und der Evangelischen Kirche in Deutschland (EKD)* »Zur Kooperation von Evangelischem und Katholischem Religionsunterricht« (DBK/EKD 1999) (↗III.1) einfließen.

Das Bischofswort fand nach seiner Veröffentlichung eine weithin kritische Aufnahme (Feifel 1997, Schlüter 1997, Schweitzer 1997a, Der Vorstand des Deutschen Katecheten-Vereins 1997, Nipkow 1998: 327–352; ↗vgl. auch V. 2 und 3). Aus religionspädagogischer Sicht wurden u. a. folgende Anfragen formuliert:

• Es wird zwar in einer bildungstheoretischen Argumentation die Bildungsrelevanz des konfessionellen Religionsunterricht thematisiert. Ausgeklammert bleibt jedoch die didaktische Fragestellung, wie unter unterrichtlichen Lernbedingungen mit Schülern und Schülerinnen, die zum Großteil das kirchliche Verständnis von Konfessionalität nicht teilen, ein »erfahrungsorientierter lebensbegleitender Lernprozeß Konfessionalität« (Feifel 1997: 35) gestaltet und zielorientiert realisiert werden kann. Der im Bischofswort in diesem Zusammenhang akzentuierte Verweis auf die Zeugenschaft des Religionslehrers bleibt im Hinblick auf diese didaktische Aufgabenstellung ungenügend.

• Bildungstheoretische Leitlinie des vorgelegten Entwurfs ist das Konzept der ›Perspektivenübernahme‹: Schülerinnen und Schüler sollen im ›konfessionell und ökumenisch‹ orientierten Religionsunterricht dazu befähigt werden, sowohl mit den Augen der eigenen Konfession als »auch mit den Augen anderer Konfessionen zu sehen« (Sekretariat der DBK 1996: 58), d.h. einen »Perspektivenwechsel« (62 f.) vornehmen zu können. Dies setzt ein ›interkonfessionelles Lernen‹ voraus, das alters- und entwicklungsgemäß und bezogen auf die konkrete Klassensituation gestaltet werden muss. »Die Konsequenz, prinzipiell für ein solches interkonfessionelles Lernen zu votieren, das sich aus dem Begriff ›Perspektivenwechsel‹ lerntheoretisch notwendigerweise ergibt, wird im bischöflichen Dokument nicht gezogen.« (Schlüter 1997: 220)

- Eine offene Frage ist auch das Verhältnis von ›Beheimatung‹ und ›Begegnung‹ im ›konfessionell und ökumenisch‹ orientierten Religionsunterricht. Das Bischofswort versteht dieses Verhältnis in einem konsekutiven Beziehungsmodell: Begegnung mit dem Anderen setzt vorgängige Beheimatung in der eigenen Konfession voraus. Diese Vorannahme ist keineswegs zwingend. »Denn weder ist das Verhältnis zwischen vorgängiger Identifikation mit nur einer Konfession und darauf folgender Begegnung mit einer anderen Konfession oder Religion wissenschaftlich – etwa entwicklungspsychologisch oder sozialisationstheoretisch – so eindeutig zu begründen, wie dies […] das Bischofswort anzunehmen scheint, noch ist erkennbar, was denn für viele Kinder und Jugendliche die ›eigene‹ Konfession sein soll, wenn doch […] davon auszugehen ist, dass Kinder und Jugendliche eine konfessionelle Bindung in den meisten Fällen gerade nicht in den Religionsunterricht schon mitbringen.« (Schweitzer 1997a: 226)

Auch die jüngste *Erklärung der deutschen Bischöfe »Der Religionsunterricht vor neuen Herausforderungen«* vom 16.2.2005 will das Profil des Religionsunterrichts im Fächerkanon der Schule stärken, indem sie die Aufgaben und die Ziele des Fachs neu bedenkt. (Sekretariat der DBK 2005; vgl. auch Englert 2005, Zwergel 2006, Gottfried 2006). Die Bischöfe sind sich dabei bewusst, »dass der Religionsunterricht für eine wachsende Zahl von Kindern und Jugendlichen der wichtigste und oft auch der einzige Ort der Begegnung mit dem Glauben und der Hoffnung der Kirche ist« (Lehmann 2005: 6).

Vor dem Hintergrund der veränderten religiösen Situation der Schüler und Schülerinnen sowie der veränderten Situation von Schule und Unterricht gewinnen drei Aufgaben des Religionsunterrichts besondere Dringlichkeit:

- die Vermittlung von strukturiertem und lebensbedeutsamem Grundwissen über den Glauben der Kirche,

- das Vertrautmachen mit Formen gelebten Glaubens und die Ermöglichung von Erfahrungen mit Glaube und Kirche,
- die Förderung der religiösen Dialog- und Urteilsfähigkeit der Schülerinnen und Schüler.

›Konfessionelle‹ Qualität gewinnt der Religionsunterricht vor allem dort, wo er sich auf die Praxis gelebten Glaubens bezieht.

»Ohne ein zumindest ansatzweises Vertrautmachen mit Vollzugsformen des Glaubens wird die unterrichtliche Einführung in die Wissensformen des Glaubens ohne nachhaltige Wirkung bleiben.« (Sekretariat der DBK 2005: 24)

»Denn ohne die Begegnung mit gelebtem Glauben kann die Lebensbedeutung des gelehrten Glaubens nicht erschlossen werden.« (14)

Wie aber kann diese innere Form des Religionsunterrichts didaktisch verantwortet in einem schulpädagogisch verorteten Lernarrangement zur Geltung kommen?

»Die Erkundung und Erschließung von Glaubenspraxis kann zum einen im Religionsunterricht selbst geschehen. An erster Stelle steht hierbei das Vertrautmachen mit Sprach- und Ausdrucksformen des Glaubens. […] Dabei ist im Einzelfall unter Berücksichtigung der konkreten Lernbedingungen und Lernvoraussetzungen zu prüfen, welche religiösen Praxisformen sinnvoll in den Unterricht integriert werden können. Allerdings wird sich der Religionsunterricht davor hüten müssen, selbst zum religiösen Ort mit eigenen Symbolen und Ritualen zu werden. Es muss deutlich zwischen pädagogischen Ritualen, die die Unterrichtsstunde, den Schultag und das Schuljahr strukturieren, der didaktischen Erschließung religiöser Praxis im Unterricht und authentischen liturgischen Handlungen und Gebeten unterschieden werden. Gebet und Liturgie dürfen nicht zu pädagogischen Zwecken instrumentalisiert werden.« (25 f.)

»Um die Glaubenspraxis der Kirche zu erkunden, wird der Religionsunterricht zum anderen auf dem Wege der Hospitation und der Exkursion Orte gelebten Glaubens aufsuchen« (26)

»Zum Religionsunterricht gehört – wie zu jedem bildenden Unterricht – auch die sachliche Distanz, das Bedenken von Gründen und offenen Fragen, das kontroverse Gespräch. Die kritische Reflexion des Glaubens droht jedoch ohne ein zumindest ansatzweises Vertrautsein mit der Glaubenspraxis für die Schülerinnen und Schüler irrelevant zu werden.« (27)

Die ökumenische Ausrichtung des Religionsunterrichts und die konfessionelle Kooperation von katholischem und evangelischem Religionsunterricht werden in der Erklärung nur am Rande thematisiert und behandelt. Die Erklärung beschränkt sich darauf, die früheren Stellungnahmen und Vereinbarungen in Erinnerung zu rufen (Der Religionsunterricht in der Schule 1976, Sekretariat der DBK 1996, DBK/ EKD 1999). Zudem wird auf neuere Untersuchungsergebnisse Bezug genommen, die periodische Kooperationen mit dem evangelischen Religionsunterricht als mögliche Bereicherung ausweisen.

»Das Konfessionalitätsprinzip, das auch den grundgesetzlichen Vorgaben entspricht, schließt Formen konfessioneller Kooperation im Religionsunterricht keineswegs aus. Neuere Untersuchungen zeigen, dass die phasenweise und didaktisch reflektierte Kooperation mit dem evangelischen Religionsunterricht ein Gewinn für beide Unterrichtsfächer sein kann.« (Sekretariat der DBK 2005: 11)

2. Stellungnahmen der evangelischen Kirche

Auch die Evangelische Kirche in Deutschland (EKD) hat sich mehrfach zum Religionsunterricht geäußert und dabei dessen Profil bestimmt. Von sprichwörtlich wegweisender Bedeutung ist die gutachtliche »*Stellungnahme zu verfassungsrechtlichen Fragen des Religionsunterrichts« vom 7. 7. 1971* (Zu verfassungsrechtlichen Fragen 1987), die ein dogmatisches Verständnis des Terminus »Grundsätze der Religionsgemeinschaften« (Art. 7 Abs. 3 GG) im Sinne der Vermittlung »positiver Lehrsätze und Dogmen« ablehnt. Stattdessen wird eine Neuinterpretation der Konfessionalität des Religionsunterrichts vollzogen, die u.a. Art. 7 Abs. 3 GG von Art. 4 GG (Recht auf positive Religionsfreiheit) her versteht: Religionsunterricht dient »der Sicherung der Grundrechtsausübung durch den einzelnen« und ist deshalb nicht als »Privileg der Kirche« (57) misszuverstehen. Kennzeichnend für die Stellungnahme ist zudem das Anliegen, den Ertrag bisheriger religionsdidaktischer Konzeptionen aufzugreifen und miteinander zu verknüpfen: die prinzipielle Ausrichtung am biblischen Zeugnis von Jesus Christus in der Evangelischen Unterweisung, die Betonung des geschichtlichen Zusammenhangs und der immer neuen Auslegungsbedürftigkeit von Glaubensinhalten im hermeneutischen Religionsunterricht sowie die Berücksichtigung der jeweiligen Gegenwart im thematisch-problemorientierten Konzept. Betont werden ferner der grundlegende Zusammenhang mit dem Zeugnis und Dienst der Kirche und die Bedeutung einer pädagogisch verantworteten Gestaltung des Unterrichts, für die die »Fähigkeit zur Interpretation«

und »Dialog« sowie »Zusammenarbeit« als didaktische Prinzipien fungieren. Die faire Auseinandersetzung mit anderen christlichen Konfessionen und mit nichtchristlichen Religionen und Weltanschauungen wird neben einer Erschließung der eigenen Konfessionsgestalt des Christentums als konstitutiv für evangelischen Religionsunterricht herausgestellt. Schließlich wird die Gewissensfreiheit der Lehrkräfte in Fragen der Auslegung der Glaubensinhalte auf wissenschaftlicher Grundlage hervorgehoben, die zu ihrer biblischen und bekenntnismäßigen Bindung nicht im Gegensatz steht. Die Dialektik von persönlicher Freiheit und sachlicher Verpflichtung ist für das protestantische Selbstverständnis besonders charakteristisch.

»(2) In der heutigen theologischen und kirchlichen Sicht ist das Verständnis des christlichen Glaubens durch folgende Grundsätze gekennzeichnet:
a) Die Vermittlung des christlichen Glaubens ist grundlegend bestimmt durch das biblische Zeugnis von Jesus Christus unter Beachtung seiner Wirkungsgeschichte.
b) Glaubensaussagen und Bekenntnisse sind in ihrem geschichtlichen Zusammenhang zu verstehen und in jeder Gegenwart einer erneuten Auslegung bedürftig.
c) Die Vermittlung des christlichen Glaubens muß den Zusammenhang mit dem Zeugnis und Dienst der Kirche wahren.
(3) Die Bindung an das biblische Zeugnis von Jesus Christus schließt nach evangelischem Verständnis ein, daß der Lehrer die Auslegung und Vermittlung der Glaubensinhalte auf wissenschaftlicher Grundlage und in Freiheit des Gewissens vornimmt.
(4) Die ›Grundsätze der Religionsgemeinschaften‹ schließen in der gegenwärtigen Situation die Forderung ein, sich mit den verschiedenen geschichtlichen Formen des christlichen Glaubens (Kirchen, Denominationen, Bekenntnisse) zu befassen, um den eigenen Standpunkt und die eigene Auffassung zu überprüfen, um Andersdenkende zu verstehen und um zu größerer Gemeinsamkeit zu gelangen. Entsprechendes gilt für die Auseinandersetzung mit nichtchristlichen Religionen und nichtreligiösen Überzeugungen.
(5) Das theologische Verständnis der ›Grundsätze der Religionsgemeinschaften‹ korrespondiert mit einer pädagogischen Gestaltung des Unterrichts, der zugleich die Fähigkeit zur Interpretation vermittelt und den Dialog und die Zusammenarbeit einübt.«   (Zu verfassungsrechtlichen Fragen 1987: 60)

Die *1997* veröffentlichten *Empfehlungen der Gemischten Kommission der EKD zur Reform des Lehramtsstudiums Evangelische Theologie / Religionspädagogik* knüpfen an diese Interpretation unmittelbar an, wenn sie das im Vergleich zu anderen Fächern ermittelte spezifische Profil evangelischen Religionsunterrichts in seiner »existentiell bestimmte[n]« und »kirchenbezogene[n] Positionalität« ausfindig machen. Daneben wird auf seine »sachlich« – »auf das biblische Zeugnis von dem befreienden Gott« – »ausgerichtete« und »dialogisch einladende« Grundstruktur verwiesen.

»*Evangelischer* Religionsunterricht ist der Religionsunterricht *erstens* dann, wenn der ›Dialog über Glauben und Leben‹ in der Sache bezogen ist auf das biblische Zeugnis von dem befreienden Gott, *zweitens*, wenn Form und Stil des Dialogs die Schülerinnen und Schüler nicht einengen, vereinnahmen, beherrschen oder manipulieren, sondern ihnen die Chance einer freien und offenen Auseinandersetzung darüber bieten, was sich im Leben als tragfähig und mutmachend erweist. *Drittens* setzt Religionsunterricht in evangelischer Perspektive die existentielle Beziehung der Lehrenden zu den Erfahrungen des Glaubens voraus, die sie als Dialogpartner der Schülerinnen und Schüler zur Sprache bringen; sie sind als Personen mit ihrer spezifischen Lebensgeschichte und ihrem Handeln in den Dialog verwickelt. *Schließlich* ist der Religionsunterricht angewiesen auf gelebtes Christsein in der Gemeinde, da das Gespräch über Glauben und Leben diesen konkreten Erfahrungskontext voraussetzt. Diese *sachlich ausgerichtete, dialogisch einladende, existentiell bestimmte und kirchenbezogene Positionalität* verleiht dem evangelischen Religionsunterricht im Konzert der anderen Fächer sein spezifisches Profil.« (Kirchenamt der EKD 1997a: 45 f.; Kursivdruck C.L./W.S.)

Beiden Stellungnahmen liegt implizit die Auffassung zu Grunde, dass die Konfessionalität des evangelischen Religionsunterrichts durch die konfessionelle Bindung der Lehrkraft und die Lerninhalte in konfessionsspezifischer Akzentuierung »hinreichend gesichert« ist – so die EKD in einer weiteren *Verlautbarung zum Religionsunterricht vom 19.10.1974* (vgl. Kirchenamt der EKD 1987: 89; *sog. konfessionelle Zweierhomogenität*). Die Öffnung der konfessionellen Trias auf Schülerseite ermöglichte Schülern der Sekundarstufe II demzufolge frühzeitig, »auch an Kursen eines anderen Bekenntnisses als des eigenen teilzunehmen« (ebd.). Umgekehrt steht evangelischer Religionsunterricht allen Schülern und Schülerinnen unabhängig von ihrer Konfessions- oder Religionszugehörigkeit offen. Wird von katholischer Seite – wie im Bischofswort von 1996 – meist an der konfessionellen Dreierhomogenität dezidiert festgehalten, wird auf evangelischer Seite die Bekenntnishomogenität der Schüler bereits seit Anfang der 1970er Jahre nicht mehr als Voraussetzung für die Konfessionsgebundenheit des Unterrichts betrachtet.

In der Schrift »*Identität und Verständigung. Standort und Perspektiven des Religionsunterrichts in der Pluralität*« von 1994 (Kirchenamt der EKD 1994; vgl. auch Nipkow 1995, Schweitzer 1997a, Mette 1995b, Lück 2002: 101–108) wird von der EKD noch grundsätzlicher zur Thematik Stellung genommen. Durch ihre Einstufung als »Denkschrift« mit »dem höchsten Grad an ›Autorität‹ versehen, der einer kirchlichen Äußerung im deutschen Protestantismus zuteil werden kann« (Preul 1996: 125), sieht sich die Stellungnahme in Kontinuität zu den früheren Erklärungen aus den 1970er Jahren, die in Anbetracht tiefgreifender gesellschaftlicher, religionssoziologischer und schulpädagogischer Veränderungsprozesse nachdrücklich fortgeschrieben werden sollen. Ähnlich wie im katholischen Bischofswort wird Religionsunterricht an öffentlichen Schulen bildungstheoretisch begründet. Dies schließt u. a. ein, die Schüler und Schülerinnen als Subjekte ihrer religiösen Lern- und Orientierungsprozesse elementar wahrzunehmen und ernst zu nehmen. Alle Versuche, Religionsunterricht als Instrument kirchlicher Nachsozialisation oder Bestandsicherung in den Dienst zu nehmen, werden zurückgewiesen. Aufgabe evangelischen Religionsunterrichts ist es vielmehr, Heranwachsenden in einer religiös und weltanschaulich pluralisierten Gesellschaft bei ihrer »Selbstfindung und Selbstvergewisserung« (Kirchenamt der EKD 1994: 51) zu unterstützen und gleichzeitig die eigene christlich-konfessionelle Tradition als Sinn- und Orientierungsangebot in den Lernprozess (mit-)einzubringen. Die Denkschrift geht dabei davon aus, dass eine zeitgemäße pädagogische Allgemeinbildung zwei Zielen dienen soll: »der geschichtsbewußten Vertiefung in die weltanschaulich-religiösen und ethischen Fragen gemäß den geschichtlich gewordenen Traditionen *(Prinzip konfessioneller Bestimmtheit)* und der allseitigen Verständigung *(Prinzip dialogischer Kooperation).* Nur dadurch, daß diese beiden Prinzipien ihr je eigenes Gewicht haben und zugleich in Komplementarität zusammengehören, leuchtet der konfessionell getrennte Religionsunterricht bildungstheoretisch und damit pädagogisch ein« (59). Religionsunterricht hat deshalb eine zweiseitige *Bildungsaufgabe:* Einerseits ermöglicht er »identifikatorisches Lernen und hilft so zur Identitätsbildung. [...] Andererseits fördert die gleichzeitige Öffnung des Religionsunterrichts das Verstehen anderer Auffassungen und die Verständigung mit anderen Menschen« (60). Theologisch wird unter Rückbezug auf die reformatorischen Bekenntnisschriften der prinzipielle Vorrang von Gottes Werk gegenüber den – fehlbaren – Werken des Menschen herausgestellt. Nach reformatorischer Lehre kann es »die *eine Kirche Jesu Christi* als die eine, heilige, katholische (allumfassende), apostolische Kirche nicht als ein Erzeugnis aus Menschenhand geben; sie ist ein Gegenstand des Glaubens und von Menschen als geschichtliche Erscheinung nicht organisierbar« (61). Religionsunterricht könne daher nur dann seinen evangelischen Charakter wahren, »wenn sich die Kirche unter Gott beugt und ihm allein in Jesus Christus die Ehre gibt« (63). Nur mit und in einem solchen Verständnis dient die evangelische Kirche »im Vollzug ihrer Evangelizität der Katholizität der Kirche als der einen wahren Kirche des Glaubens. Seinem inneren theologischen Sinne nach ist folglich der evangelische Religionsunterricht auf die eine Kirche Jesu Christi, das heißt, grundsätzlich *ökumenisch* auszurichten, und er kann nicht ökumenisch sein, wenn er nicht in dem genannten Verständnis *evangelisch* ist« (63).

Für die didaktische Gestalt des Religionsunterrichts bedeutet dies, dass er den Schülern ausreichend Zeit zur religiösen Orientierung geben muss – auch darüber, was »im Religionsunterricht als kirchliche Lehre gilt und im Bezug zu kirchlicher Praxis steht. Dies schließt ein, daß in aller Klarheit sowohl die klassischen, noch heute bestehenden konfessionellen Unterschiede dargestellt werden als auch die neuen Annäherungen und Gegensätze, die quer durch die christlichen Konfessionen hindurchgehen. Hierbei muß in einfacher Form für die Schüler sichtbar werden, was eine zwischenkirchliche ökumenische Verständigung erreicht hat und was noch trennt und etwa in konfessionsverschiedenen Ehen oder hinsichtlich des Abendmahlbesuchs belastet« (63 f.).

Könnte ein solcher Bildungsprozess theoretisch auch in einem gemeinsamen Religionsunterricht realisiert werden, hält die Denkschrift aus *theologischen* (bisherige Nicht-Existenz einer ›ökumenischen Kirche‹; 72), *religionspädagogischen* (Recht auf sachlich angemessene und persönlich authentische Selbstinterpretation der betreffenden Religionsgemeinschaften; 64), *lerntheoretischen* (Relevanz identifikatorischen Lernens für die Identitätsfindung der Schüler und Schülerinnen; 60), *verfassungsrechtlichen* (Recht auf Unterrichtung »in einer bestimmten, geschichtlich gewordenen konfessionellen Gestalt des Christentums allein durch Vertreter dieser Konfession« als Ausdruck des verfassungsverbürgten Rechts auf positive Religionsfreiheit; 64) und *hermeneutischen* (Grenzen der Verstehbarkeit anderer Konfessionen und Religionen durch eigenes »konfessionelle[s] Vorverständnis«; 64) Gründen dennoch an der *konfessionellen Bindung und Prägung* des Religionsunterrichts fest. Andererseits schließt das evangelische Verständnis von Konfessionalität eine *große ökumenische Offenheit und Weite* ein, die ein »fruchtbare[s] Wechselspiel von gewachsener Identität und anzustrebender Verständigungsfähigkeit« (65) in Gang setzt. Alle drei Ebenen der herkömmlichen konfessionellen Bestimmungstrias werden hiervon berührt: die Öffnung des Faches für alle Schüler und Schülerinnen, die an ihm teilnehmen wollen (Durchlässigkeit auf *Schülerebene*), die Intensivierung der Zusammenarbeit auf der Ebene der *Lehrkräfte* (z. B. gemeinsame Fachkonferenzen, Team-Teaching) und der *Lerninhalte* (z. B. gemeinsame Erstellung von Lehr- bzw. Stoffverteilungsplänen). Die ökumenische Öffnung des Religionsunterrichts wird also keineswegs auf die Ebene der Schüler und Schülerinnen beschränkt. Unter Berücksichtigung der verschiedenen Schularten und -stufen wird vielmehr für einen *systematischen Wechsel zwischen konfessionell-differenzierenden und kooperativ-gemeinsamen Unterrichtsphasen* plädiert. In Bezug auf die Primarstufe ist dabei andeutungsweise sogar von den ersten beiden Schuljahren als möglicher Integrationsphase die Rede (vgl. 70 f.). Insgesamt tritt die EKD für die Einrichtung einer eigenen *Fächergruppe* mit den selbständigen Fächern Katholische Religionslehre und Evangelische Religionslehre, Ethik- bzw. Philosophieunterricht, ggf. auch islamischer, orthodoxer und jüdischer Religionslehre, ein, die durch einen gemeinsamen Rahmenplan und verbindliche Phasen der Kooperation mehrseitig dialogisch miteinander verbunden werden (vgl. 73 ff.). Eine Fächergruppe meint also nicht die Aufhebung der Fächer zugunsten eines neuen Faches, sondern bezeichnet eine spezielle Form des Dialogs und der Kooperation. Organisatorisch wird von den Kooperationsformen besonders das Team-Teaching sowie ein Unterricht, in dem die Lehrkraft der je anderen Konfession bzw. Religion zumindest zeitweilig zugegen ist, befürwortet, da so »die Möglichkeit zur wechselseitigen Antwort und auch Korrektur eröffnet« (70) wird. Aufs Ganze gesehen werden schematische Regelungen bzw. alle Schulstufen und -formen umfassende Lösungen zurückgewiesen und für die Berücksichtigung regionaler, lokaler und schulstufenspezifischer Gesichtspunkte bei der konkreten Gestaltung konfessioneller Kooperationen geworben. Die Denkschrift empfiehlt Mehrheits- und Minderheitssituationen besonders im Blick zu behalten, da diese ggf. zu fragwürdigen Gestalten der konfessionellen Kooperation in der Schulpraxis und letztlich zur Vereinnahmung von Minderheiten führen können (vgl. 71 f.). Zusammenfassend erkennt die EKD im *konfessionell-kooperativen Religionsunterricht* die »angemessene Gestalt des konfessionellen Religionsunterrichts« der Zukunft, da dieser folgenden Vorzug in sich birgt: »Weder legt er einfach zusammen, was nicht identisch ist, noch läßt er auseinanderfallen, was sich aufeinander verwiesen sehen sollte. *Die evangelische Kirche bejaht die bereits praktizierte evangelisch-katholische Zusammenarbeit, hält es aber für dringend erforderlich, sie inhaltlich und institutionell auszubauen*« (88).

In einer späteren Stellungnahme »*Religiöse Bildung in der Schule*« *vom 25.5.1997* (Kirchenamt der EKD 1997b; vgl. auch Holzmüller 1998) wird die in der Denkschrift grundgelegte evangelische Positionsbestimmung zum Religionsunterricht von der EKD vor dem Hintergrund aktueller Entwicklungen und Herausforderungen weiter ausgebaut. Es wird konstatiert, dass es zwischen dem 1996 veröffentlichten katholischen Bischofswort und der EKD-Denkschrift »deutliche Übereinstimmungen« gibt – »auch wenn bestimmte Differenzen bestehen bleiben« (Kirchenamt der EKD 1997b: 1). Zugleich wird in Anbetracht neuerer schulpolitischer und -praktischer Entwicklungen (speziell die Diskussion um das Unterrichtsfach »Lebensgestaltung – Ethik – Religionskunde [LER]« in Brandenburg) die Notwendigkeit eines verstärkten, institutionalisierten Ausbaus einer evangelisch-katholischen Zusammenarbeit im Religionsunterricht unterstrichen. Insbesondere regionale Vereinbarungen über die Einrichtung konfessionell-kooperativen Religionsunterrichts werden angemahnt. Von ihnen wird eine »Profilierung und Konsolidierung des Faches« (4) erwartet.

Auch in einer speziellen Erklärung zu »*Religion in der Grundschule*« *vom Dezember 2000* werden die Grundlinien der EKD-Denkschrift weiterverfolgt und z.T. neu akzentuiert (Kirchenamt der EKD 2000; vgl. auch Lück 2002: 109 ff.). So wird die Aufgabe, evangelische Kinder in die Glaubens- und Lebensvollzüge der eigenen Konfession einzuführen, sogar noch deutlicher als 1994 hervorgehoben: denn »für viele Kinder ist der konfessionelle Religionsunterricht in der Grundschule die erste Begegnung mit Christentum und Religion überhaupt« (Kirchenamt der EKD 2000: 3). Ein zweiter Begründungsaspekt tritt hinzu: Religionsunterricht ist auch deshalb »als evangelischer Fachunterricht sachgemäß, weil es ein Christentum reformatorisch-protestantischer Prägung eigener Art gibt und schon die Grundschule das Individuelle der christlichen Konfessionen und der Religionen (Judentum, Christentum, Islam) würdigen sollte« (8 f.). Zugleich werden das interkonfessionelle und interreligiöse Lernen als weitere wichtige Aufgabendimensionen bereits in der Primarstufe unterstrichen. Angeregt wird erneut die Einrichtung einer eigenständigen Fächergruppe von unterschiedlichen Religionslehren und Ethik- bzw. Philosophieunterricht sowie die Nutzung der vielfältigen von der Deutschen Bischofskonferenz und der Evangelischen Kirche in Deutschland (EKD) 1998 beschriebenen Formen der konfessionellen Kooperation (↗ III.1.) – angefangen bei »thematischen Absprachen über ein Zusammenwirken der Fachkonferenzen und gemeinsame Unterrichtsprojekte bis hin zu Formen des gemeinsamen Unterrichts von evangelischen und katholischen Religionslehrkräften« (10). Darüber hinaus wird der Blick über den Fachunterricht hinaus auf das vielfältige Vorkommen von Religion im rhythmisierten Schulalltag, im Schulleben, an außerschulischen Lernorten etc. geweitet. Auch dem besonderen Profil der Grundschule wird didaktisch Rechnung getragen. Konzentrierte sich die Denkschrift von 1994 vor allem auf die – eher abstrakte – Gottesfrage, wird jetzt u. a. die Bedeutung konkreter evangelischer bzw. christlicher Glaubenspraxis »wie Singen, Beten, Lesen, Danken, Klagen und Bitten, die Religion und Religiosität von innen spürbar werden lassen« (9), für den Religionsunterricht hervorgehoben. Hierin ist eine Wiederentdeckung liturgischer Praxisformen für religionsdidaktische Lehr-Lern-Prozesse in evangelisch-kirchenamtlichen Äußerungen zum Fach Religion zu sehen.

Aktuelle *Thesen des Rates der EKD zum Religionsunterricht vom August 2006* (Kirchenamt der EKD 2006) stehen im Traditionsstrom der bisherigen kirchenamtlichen Verlautbarungen. Sie unterstreichen die Bedeutung eines kirchlich mitverantworteten Religionsunterrichts an öffentlichen Schulen, der durch andere auf Religion und Werte bezogene Fächer zwar ergänzt, aber nicht substituiert werden kann. Erneut wird ein seiner konfessionellen Bindung treu bleibender, ökumenisch offener Religionsunterricht als adäquate Form schulisch-religiöser Bildung herausgestellt:

»Am evangelischen Religionsunterricht dürfen auch Schülerinnen und Schüler teilnehmen, die nicht zur evangelischen Kirche gehören. Faktisch besuchen viele Kinder ohne Religionszugehörigkeit den evangelischen Religionsunterricht, weil sie sich selbst für den christlichen Glauben interessieren oder die Eltern sich eine religiöse Bildung und christliche Werteerziehung für ihre Kinder wünschen, nicht zuletzt im Namen einer auf diese Weise zu gewinnenden Entscheidungsfähigkeit. Solange die Lehrerinnen und Lehrer sowie die Inhalte des Unterrichts evangelisch sind, bleibt der Religionsunterricht nach evangelischer Auffassung konfessionell im Sinne von Art. 7 Abs. 3 GG. Eine besondere Form der Öffnung des konfessionellen Religionsunterrichts stellt der von der EKD schon 1994 in der Denkschrift ›Identität und Verständigung‹ empfohlene konfessionell-kooperative Religionsunterricht dar. In dieser Form kooperieren der evangelische und der römisch-katholische Religionsunterricht, ohne dass der Unterricht dabei seine konfessionelle Ausrichtung verliert. Vielmehr kommen Gemeinsamkeiten zwischen den Konfessionen hier genauso in den Blick wie die Unterschiede und konfessionellen Identitäten.« (Kirchenamt der EKD 2006: 5)

III. Vereinbarungen zur konfessionellen Kooperation von evangelischem und katholischem Religionsunterricht

1. Vereinbarung der Deutschen Bischofskonferenz und der Evangelischen Kirche in Deutschland »Zur Kooperation von Evangelischem und Katholischem Religionsunterricht« (1998)

Auf der Grundlage der in der Denkschrift *»Identität und Verständigung«* *(1994)* und der Erklärung *»Die bildende Kraft des Religionsunterrichts«* *(1996)* vorgenommenen Positionsbestimmungen trafen die *Deutsche Bischofskonferenz* und die *Evangelische Kirche in Deutschland* im Januar/Februar 1998 eine Vereinbarung »Zur Kooperation von Evangelischem und Katholischem Religionsunterricht«. In dieser werden gemeinsam und in verbindlicher Form Möglichkeiten der konfessionellen Kooperation auf unterschiedlichen Ebenen konkretisiert und beschrieben.

»II. Formen der konfessionellen Kooperation
Im Sinne der gemeinsamen Grundlagen können folgende Formen der konfessionellen Kooperation genutzt werden:

1. In der schulischen Praxis:
– gemeinsame Elternabende zum Religionsunterricht,
– wechselseitiger Gebrauch von Unterrichtsmaterialien und Schulbüchern zu bestimmten Themen,
– Zusammenarbeit bei Stoffverteilungsplänen,
– Zusammenwirken der Fachkonferenzen,
– Einladung der Religionslehrerin bzw. des Religionslehrers der je anderen Konfession in den eigenen Religionsunterricht zu bestimmten Themen und Fragestellungen,
– zeitweiliges team-teaching von bestimmten Themen oder Unterrichtsreihen,
– gemeinsame Unterrichtsprojekte und Projekttage,
– Einladung der Pfarrerin bzw. des Pfarrers oder anderer Vertreter der je anderen Konfession in den Religionsunterricht,
– Zusammenarbeit auf dem Gebiet der Schulpastoral/Schulseelsorge,
– gemeinsame Gestaltung von schulischen und kirchlichen Feiertagen, von Schulgottesdiensten, Andachten, Schulfeiern u. a.,
– konfessionell-kooperative Arbeitsgemeinschaften auf freiwilliger Basis als zusätzliches Angebot.

2. Auf der Ebene der Schulverwaltungen:
– Abstimmung und Zusammenarbeit bei der Erarbeitung von Lehrplänen,

- Entwicklung gemeinsamer Unterrichtsmaterialien durch Fachleute beider Konfessionen.

3. In der Lehrerbildung
3.1 Im Vorbereitungsdienst (Referendariat).

- gemeinsame Arbeitssitzungen der Verantwortlichen für den Vorbereitungsdienst,
- gelegentliche gemeinsame Seminartreffen und Veranstaltungen,
- Entwicklung und Reflexion kooperativer Modelle,
- Planung und Durchführung konfessionell-kooperativer Unterrichtselemente.

3.2 In der Fortbildung:
- Teilnahme an Fortbildungsveranstaltungen der je anderen Konfession,
- Planung und Durchführung von Fortbildungen unter Mitwirkung von Referentinnen und Referenten der anderen Konfession,
- Planung und Durchführung gemeinsamer Fortbildung zum Themenbereich konfessionelle Kooperation.

Die Einführung solcher Kooperationsformen setzt voraus, daß sowohl evangelische als auch katholische Kooperationspartner vorhanden sind. Neben der Zustimmung der unmittelbar Beteiligten muß die Zustimmung der zuständigen kirchlichen Stellen gewährleistet sein.« (DBK/EKD 1999: 124 f.)

»III. Weitere Möglichkeiten des konfessionellen Religionsunterrichts
1. Regionale Gegebenheiten, schulformspezifische Besonderheiten und schulreformerische Herausforderungen legen Kooperationsformen nahe, die über die oben genannten hinausgehen, z. B. in den östlichen Bundesländern, in Diasporagebieten oder bei Sonder- und Berufsschulen.
2. Für einen Religionsunterricht in ökumenischem Geist stellt sich daher auch die Frage der Teilnahme von Schülern und Schülerinnen am Religionsunterricht der jeweils anderen Konfession. Evangelischer Religionsunterricht macht die Zugehörigkeit der Schülerinnen und Schüler zur evangelischen Kirche nicht zur Teilnahmebedingung. Dies versteht sich allerdings unter der Voraussetzung, daß für evangelische und katholische Kinder, Jugendliche und junge Erwachsene dem Grundgesetz gemäß Religionsunterricht in ihrer Konfession angeboten wird und sie in der Regel an diesem teilnehmen. Für den Katholischen Religionsunterricht gilt, daß über die Konfessionszugehörigkeit der Lehrenden und die Bindung der Inhalte des Religionsunterrichts an die Grundsätze der Kirche hinaus auch die Schülerinnen und Schüler der katholischen Kirche angehören. Am Katholischen Religionsunterricht können jedoch in Ausnahmefällen Schüler und Schülerinnen einer anderen Konfession teilnehmen insbesondere dann, wenn der Religionsunterricht dieser Konfession nicht angeboten

werden kann. Für beide Kirchen ist die Teilnahme konfessionsloser Schülerinnen und Schüler am Religionsunterricht möglich.

3. Diesbezügliche Regelungen in den Bundesländern bedürfen einer Vereinbarung zwischen den betroffenen Diözesen, Landeskirchen und Landesregierungen. Sie dürfen nicht aus schulorganisatorischen Gründen angeordnet werden; das gilt gerade auch dann, wenn Schülerinnen und Schüler einer Konfession eine Minderheit an der Schule bilden. Die Verfahrensweisen sind genau zu bestimmen. Eltern bzw. die Schülerinnen und Schüler, die Lehrkräfte und die Schulleitung sind in geeigneter Form zu beteiligen. Das Profil des jeweiligen konfessionellen Religionsunterrichts muß gewahrt bleiben. Zeitlich befristete Erprobungen – eventuell mit wissenschaftlicher Begleitung und Auswertung – können sinnvoll sein. Ihre Ergebnisse sollen den kirchlichen Schulverwaltungen rückgemeldet werden.« (126 f.)

2. Vereinbarungen in einzelnen Bundesländern

Die gemeinsame Stellungnahme der beiden Kirchen von 1998 eröffnet in Bezug auf »regionale Gegebenheiten, schulformspezifische Besonderheiten und schulreformerische Herausforderungen« (DBK/EKD 1999: 126) weiter gehende Spielräume für konfessionelle Kooperationen. Diese wurden von den Bistümern und Landeskirchen, die auf Länderebene für die inhaltliche Ausgestaltung des Religionsunterrichts verantwortlich sind, in den letzten Jahren in unterschiedlicher Weise genutzt.

So ermöglicht in *Niedersachsen* der *Erlass »Organisatorische Regelungen für den Religionsunterricht und den Unterricht Werte und Normen«* vom *13. 1. 1998* die Beantragung eines zeitlich begrenzten gemeinsamen Religionsunterrichts für evangelische und katholische Schüler und Schülerinnen, wenn »besondere curriculare, pädagogische und damit zusammenhängende schulorganisatorische Bedingungen vorliegen« (Nr. 4.5. des Erlasses; zit. nach Frieling/Scheilke 1999: 139 – vgl. auch: Religionsunterricht in Niedersachsen 1998). Ein solcher Religionsunterricht bleibt schulrechtlich Religionsunterricht der Glaubensgemeinschaft, der die den Unterricht erteilende Lehrkraft angehört. Für eine Genehmigung des Antrags auf gemeinsamen Religionsunterricht in besonderen Ausnahmefällen ist eine Darlegung der entsprechenden pädagogischen oder curricularen Gründe notwendig. Ferner ist die »Zustimmung der beteiligten Klassenelternschaften und die Zustimmung der in der Klasse, der Lerngruppe oder in dem Schuljahrgang unterrichtenden Religionslehrkräfte nach Beratung in der zuständigen Fachkonferenz«

(ebd.) erforderlich. Schulorganisatorische Gegebenheiten allein stellen keine hinreichende Begründungsbasis dar. Die bisherigen Auswertungen der praktischen Umsetzung des Erlasses zeigen, dass aus pädagogisch-integrativen oder curricularen Gründen ein besonderes Interesse an der Einrichtung eines solchen Religionsunterrichts in den ersten Klassen der Grundschule bestand. Die einzelnen Schulen gingen in der Mehrzahl verantwortlich mit den neuen Möglichkeiten um. Entgegen vorherigen Befürchtungen kam es nicht zu einem Verlust des konfessionellen Profils des Faches. Vielmehr war vielerorts eine erfreuliche Aufmerksamkeit für die jeweils andere Konfession zu beobachten, wozu in konfessioneller Kooperation erarbeitete, curriculumähnliche Inhaltspläne für einen in konfessionell gemischten Lerngruppen durchgeführten Unterricht (Kuhl/Lögering 2001a, 2001b; ↗ VI.1) sicherlich nicht unwesentlich beitrugen.

Konzeptionell und inhaltlich noch weiter gehend ist die *Vereinbarung »Konfessionelle Kooperation im Religionsunterricht an allgemein bildenden Schulen«*, auf die sich die evangelischen Landeskirchen und katholischen Diözesen in *Baden-Württemberg* am *1.3.2005* geeinigt haben (vgl. Evangelische Landeskirche in Baden u. a. 2005). Hatten bisherige Erlasse für konfessionelle Zusammenarbeit vor allem Diaspora- und Mangelsituationen (geringe Anzahl von Schülern der einen oder anderen Konfession, [Fach-]Lehrermangel o. ä.) im Blick, versteht sich das baden-württembergische Abkommen als ein *»Plus-Modell«*, das zu einer besonders intensiven Form der Kooperation zwischen evangelischem und katholischem Religionsunterricht anstiften möchte. Zielsetzungen dieses bundesweit einmaligen Modells sind demzufolge, »ein vertieftes Bewusstsein der eigenen Konfession zu schaffen, die ökumenische Offenheit der Kirchen erfahrbar zu machen und den Schülerinnen und Schülern beider Konfessionen die authentische Begegnung mit der anderen Konfession zu ermöglichen« (Kalmbach 2006: 10). Organisatorisch geht die zunächst für drei Schuljahre gültige Vereinbarung vom konfessionell getrennten Religionsunterricht als Regelform aus. Daneben können aber auf Antrag der Schulleitung – befristet und nur für bestimmte Jahrgangsstufen (Grundschule: Klassen 1 und 2; Hauptschule: Klassen 5/6 oder 7–9 oder 10; Realschulen und Gymnasien: Klassen 5/6 oder 7/8 oder 9/10) – gemischt-konfessionelle Lerngruppen gebildet werden, die im Wechsel von einer evangelischen oder katholischen Religionslehrkraft unterrichtet werden. Wie der Rhythmus dieses obligatorischen Lehrerwechsels (halbjährig, ganzjährig, nach einem Unterrichtsthema o. ä.) ausgestaltet wird, wird im Kooperationsvertrag nicht en détail festgeschrieben, sondern den einzelnen Schulen bzw. Lehrkräften bewusst überlassen. Diese bereiten den Unterricht zuvor »im Tandem« auf der Grundlage eines abgestimmten Unterrichtsplans, der beide Religionslehrpläne berücksichtigt, gemeinschaftlich vor. Dabei wird neben Gemeinsamkeiten ein besonderes Augenmerk auf konfessionelle Prägungen, Traditionen, Riten und Bräuche gerichtet. Unterschiede sollen nicht ausgeklammert, sondern als wechselseitige Bereicherung erfahren werden. Die konfessionellen Profile beider Kirchen werden – auch durch die Ansprechbarkeit der Lehrkräfte als Experten ihrer Konfession – in den Lernprozess eingebracht. Ein solches Modell einer gesteigerten Kooperation setzt die verpflichtende Teilnahme der Unterrichtenden an Fortbildungsveranstaltungen (↗VII.) voraus, die zu einer theologisch-konfessionellen Profilierung und Gesprächskompetenz animieren möchten. Insgesamt will es die Voraussetzungen dafür schaffen, »die inhaltliche und konzeptionelle Verantwortung der Kirchen für den Religionsunterricht zu stärken, der sich immer mehr entwickelnden ›Grauzone‹ zu wehren, in der eine nicht-konfessionelle Gestaltung des Religionsunterrichts in das Belieben von Schulleitungen und Lehrkräften gestellt wird, [und] einer schleichenden Entkonfessionalisierung (nicht Ökumenisierung!) – und d. h. Verflachung – des christlichen Glaubens entgegenzuwirken« (Bosold/Böhm 2005: 19). *Bemerkenswert ist, dass hier erstmals von den Kirchen ein Religionsunterricht, der durch Lehrende der anderen Konfession – zeitweise – erteilt wird, als im Sinne der eigenen Konfession für gültig deklariert und legitimiert wird.* Insofern könnte das baden-württembergische Modell tatsächlich als Vorreiter bzw. Meilenstein für Formen eines religionsdidaktisch reflektierten, curricular abgestimmten und unterrichtspraktisch erprobten konfessionell-kooperativen (katholisch-evangelischen) Religionsunterrichts fungieren, die in anderen Teilen Deutschlands eingerichtet werden.

Die weitreichenden Vereinbarungen in Baden-Württemberg und Niedersachsen dürfen nicht den Blick dafür trüben, dass in anderen Bundesländern Abweichungen von einem konfessionell getrennt erteilten Religionsunterricht kirchlicherseits bisher nur in streng reglementierten Ausnahmefällen zugelassen werden. So sieht das *Gemeinsame Votum der evangelischen Landeskirchen und der katholischen (Erz-)Bistümer in Nordrhein-Westfalen zur Konfessionalität des Religionsunterrichtes von 1998* für die Grundschule z. B. lediglich vor, dass an Schulen, an denen aus pädagogischen und didaktischen Gründen »die Unterrichtung der einzelnen Fächer im Anfangsunterricht […] nicht immer im üblichen Stundenschema« erfolgt, in der Phase »bis zum Beginn des Fachunterrichtes (längstens 10 Wochen) auf die Teilung in konfessionell homogene Gruppen verzichtet werden [kann], wenn beim Kind die Beheimatung im konkreten Glauben einer erfahrbaren Gemeinschaft nicht preisgegeben wird« (zit. nach Frieling/Scheilke 1999: 149). Ein Abweichen von der monokonfessionell geschlossenen Grundstruktur wird zudem nur noch zugestanden, wenn aufgrund geringer Schülerzahlen eines Bekenntnisses keine konfessionellen Lerngruppen gebildet werden können und der Religionsunterricht somit für diese entfallen müsste. Auch für den Bereich der Sekundarstufe I und II wird festgestellt, dass ein Religionsunterricht in konfessionell gemischten Lerngruppen »die Ausnahme« bleiben soll. Zwar ist einzelnen fremdkonfessionellen Schülern insbesondere in der gymnasialen Oberstufe auf Antrag eine Teilnahme am Religionsunterricht der jeweils anderen Konfession zu ermöglichen. Insgesamt sei aber gerade in der Sekundarstufe I, »um den Charakter der konfessionellen Unterrichtsveranstaltung nicht zu gefährden«, auf eine »möglichst weitgehende Homogenität [!] der Lerngruppe zu achten« (ebd., 150). Aufmerken lassen vor diesem Hintergrund Vereinbarungen zur konfessionellen Kooperation in der Lehrerfortbildung und im Religionsunterricht der Grundschulen im *Kreis Lippe*, auf die sich das Erzbistum Paderborn und die Lippische Landeskirche nach Schulversuchen mit anschließender Auswertung im *April 2005* geeinigt haben (Erzbistum Paderborn/Lippische Landeskirche 2005). Hiernach kann in begründeten Fällen über die bisherigen Regelungen hinaus konfessioneller Religionsunterricht im Primarbereich in gemischt konfessionellen Lerngruppen erteilt werden. Dieses Modell hat in Lippe großen Anklang gefunden. Im Schuljahr 2005/06 wurde für 37 von 69 in Frage kommenden Grundschulen eine Genehmigung für konfessionell-kooperativen Religionsunterricht, vor allem in den Klassen 1 und 2, erteilt. Es wird erwogen, diese praktikable Regelung zur konfessionellen Kooperation langfristig auch auf andere Schulformen auszuweiten. Die Entwicklung im lippischen Landesteil Nordrhein-Westfalens verdeutlicht, dass in ein und demselben Bundesland neben grundsätzlichen Vereinbarungen durchaus unterschiedliche Regelungen bezüglich der konkreten konfessionellen Zusammenarbeit im Religionsunterricht getroffen werden können.

3.   Konfessionelle Kooperation in den ostdeutschen Bundesländern

Evangelische und katholische Christen teilen in den ostdeutschen Bundesländern eine gemeinsame Diasporasituation. Sie leben als Minderheiten in einer mehrheitlich durch ›Konfessionslosigkeit‹ (Domsgen 2005) geprägten Kultur und Gesellschaft. Katholische Christen leben darüber

hinaus auch in einer konfessionellen Diasporasituation (Simon 2005b).
Bildungsmitverantwortung der Kirchen für den schulischen Religionsunterricht stellt sich in diesem Zusammenhang als eine ökumenische
Herausforderung. So haben sich vielfältige Formen der konfessionellen
Kooperation und wechselseitiger Absprachen entwickelt (Hahn/Hart-
mann/Kahl/Plaga 2000, Ziller 2004). Bereits 1995 formulierte der
Dresdner Religionspädagoge Joachim Maier mit Blick auf die Situation
im Bundesland Sachsen: »Die ökumenische Offenheit […] muß sich in
den neuen Bundesländern primär nicht in der konfessionellen Kooperation an einzelnen Schulen erweisen, sondern in einer gegenseitigen
Abstimmung der Konfessionen. Das heißt: Es ist besser, wenn überhaupt
Religionsunterricht angeboten werden kann, als daß an einer Schule
beide Konfessionen vertreten sind und an anderen Schulen keine von
beiden« (Maier 1995: 597). Die Dresdner Religionspädagogin Monika
Scheidler verweist darauf, dass eine geregelte wechselseitige Verantwor-
tungsübernahme für den schulischen Religionsunterricht vielfach Mög-
lichkeitsbedingung dafür ist, dass auch das Fach Katholische Religion in
der doppelten Minderheitssituation in schulisch verorteten und pädagogisch sinnvollen Lerngruppen eingerichtet werden kann (Scheidler
2006). Eine Vereinbarung zwischen der Evangelisch-Lutherischen Landeskirche Sachsens und dem Bistum Dresden-Meißen eröffnet weitere
theologische Perspektiven:

»Die gemeinsamen Aufgaben der Christen in unserer Gesellschaft erfordern
die Zusammenarbeit der Kirchen. Nach der Wende sind neue Herausforderungen, aber auch neue Möglichkeiten dazugekommen, wie den Kindern
und Heranwachsenden unser Glaube nahegebracht werden kann und wie
Konfessionslose sich mit Religion und Glauben auseinandersetzen können.
Diese Möglichkeiten religiöser Bildung wollen die Kirchen ausschöpfen, auch
angesichts der zunehmenden Entchristlichung der Gesellschaft.«
                    (Vereinbarung zur konfessionellen Kooperation 2001: 74)

»[Die] konfessionelle Prägung des Religionsunterrichts beinhaltet […] eine
ökumenische Verpflichtung, die nicht dem Belieben anheim gestellt ist. Daher sehen die Evangelisch-Lutherische Landeskirche Sachsens und das Bistum Dresden-Meißen die konfessionelle Kooperation im Religionsunterricht
als notwendig an. Die Schülerinnen und Schüler sollen im evangelischen
bzw. katholischen Religionsunterricht nicht nur über Ökumene informiert
werden. Sie sollen im konfessionell-kooperativen Unterricht Ökumene auch
selbst erleben und reflektieren.« (Ebd.: 75)

IV. Empirische Einsichten

In den letzten Jahren wurden zahlreiche empirische Studien durchgeführt, die im Blick auf das Thema »Konfessionalität und ökumenische Ausrichtung des Religionsunterrichts« aufschlussreich sind. Unterschieden werden können Einstellungsbefragungen von Religionslehrern und -lehrerinnen (1.) sowie von Schülern und Schülerinnen (2.), empirische Untersuchungen zu den faktischen Realisierungsformen von Religionsunterricht an den Schulen (3.), ferner mehrperspektivisch ausgerichtete Studien, die eine empirisch-explorative Überprüfung von Möglichkeiten konfessionell-kooperativen Unterrichtens zum Ziel haben (4.).

1. Lehrerbefragungen

Für die konkrete Gestaltung eines Schulfaches kommt den Einstellungen und Handlungsoptionen von Unterrichtenden eine kaum zu überschätzende Bedeutung zu. Eine Erforschung der Präferenzen von Religionslehrkräften bezüglich der Konfessionalität des Religionsunterrichts und konfessioneller Kooperationen ist deshalb – neben der Bestimmung ihres Verhältnisses zur Kirche – wichtig. In jüngster Zeit wurden zu diesen und anderen Fragen in mehreren Bundesländern Repräsentativbefragungen durchgeführt. Diese bezogen sich auf katholische (Englert/ Güth 1999; n = 418) oder evangelische (Lück 2003; n = 749) Religionslehrende an Grundschulen in Nordrhein-Westfalen bzw. auf evangelische Religionslehrende aller Schulformen in Niedersachsen (Feige/ Dressler/Lukatis/Schöll 2001; n = 2.109). Zudem wurden schulformübergreifend knapp 4.200 evangelische und katholische Religionslehrkräfte in Baden-Württemberg befragt (Feige/Tzscheetzsch 2005, Feige/ Dressler/Tzscheetzsch 2006). Hingewiesen sei auch auf zwei umfangreiche Befragungen katholischer und evangelischer Religionslehrkräfte in Österreich (Bucher/Miklas 2005).

Nach der *niedersächsischen Umfrage* ist die Meinung der Lehrkräfte zu den genannten Fragebereichen keineswegs einheitlich. Dennoch liegen die Befragten in ihren Voten oftmals dicht beieinander, auch über Alters- und Geschlechterdifferenzen hinweg. Die überwiegende Mehrzahl setzt sich dabei entschieden und zugleich sehr differenziert für eine Öffnung des konfessionellen Religionsunterrichts ein, »*ohne* damit zugleich den Religionsunterricht von allen seinen kirchlichen (und damit konfessionellen) Bindungen abschneiden zu wollen« (Feige/Dressler/Lukatis/Schöll 2001: 461). 94% stehen einer weiter gehenden Kooperation

mit Lehrenden der anderen Konfession positiv gegenüber. Über 80 %
erklären, dass es an ihrer Schule einen (potentiellen) Kooperationspartner der anderen Konfession gebe, der ihnen auch persönlich akzeptabel
erscheint. Die große Mehrheit der Befragten bejaht also eine konfessionell-kooperative Zusammenarbeit, wobei Lehrende aus Gegenden mit
starker katholischer Dominanz angesichts der hier nur wenigen evangelischen Kinder für eher gemäßigte Kooperationsformen eintreten. Aufs
Ganze gesehen ergibt die Auswertung, dass die Option eines beträcht-
lichen Teils der Lehrenden für einen »Religionsunterricht im Klassenverband« *nicht* im Sinne etwa des von Gert Otto propagierten *konfessions-
neutralen* ›Religionsunterricht für alle«‹ (ebd.) zu interpretieren ist.
Anzeichen einer im Blick auf den (evangelischen) Religionsunterricht
nicht selten unterrichtspraktisch unterstellten ›Selbst-LERisierung‹ des
Faches wurden nicht gefunden.

Zu ähnlichen Ergebnissen gelangt die *baden-württembergische Umfrage*, die sowohl bei katholischen als auch bei evangelischen Lehrkräften
eine Tendenz zur Befürwortung ökumenisch-konfessioneller Kooperationen auf der Basis der eigenen konfessionell-biografischen Herkunft
ausfindig macht. Vor die Wahl gestellt, religionsunterrichtliche Ge-
staltungsalternativen zu bewerten, sprechen sich diese mehrheitlich für
die Varianten eines von einer »kompetent-konfessionellen Lehrkraft«
erteilten Religionsunterrichts für alle im Klassenverband, eines zeitweilig oder dauerhaft im Team-Teaching von einer evangelischen und katholischen Lehrkraft durchgeführten kooperativen Unterrichts und
eines »gemeinsamen Religionsunterrichts mit abwechselnden konfessionellen Kräften« (Feige/Tzscheetzsch 2005: 57) aus. *Gemeinsam ist diesen
Formen, dass sie die Möglichkeit zur Bewahrung konfessioneller Identität
verheißen, zugleich aber einen gemeinsamen Unterricht von evangelischen
und katholischen Schülern und Schülerinnen voraussetzen.* Für die Lehrkräfte, die einen Unterricht in gemischt-konfessionellen Lerngruppen prak-
tizieren, ist ein Motivbündel aus theologischen, religionspädagogischen
und schulorganisatorischen Gründen leitend: Am stärksten schlägt das
Motiv zu Buche, den interkonfessionellen Dialog im Klassenverband zu
fördern. Die geringste Zustimmung bekommt das Argument, das von
einer nur noch schwach ausgeprägten konfessionellen Bindung der
Schüler und Schülerinnen ausgeht (vgl. 64). Die Studie belegt ferner,
dass katholische Lehrkräfte (mit Zustimmungsquoten von rund 60 %)
etwas zurückhaltender mit konfessionellen Akzentsetzungen im Unterricht operieren als evangelische (75 %). Katholische Lehrpersonen sehen
ihren Unterricht hierbei vor allem durch folgende Akzente geprägt:

- »dass das ›Christsein durch ein persönliches Verhältnis zu Jesus‹ bestimmt sein sollte,
- dass es ›für Christen ein allgemeines Priestertum aller Gläubigen‹ gibt, durch das sich die ›Gleichheit aller Christen verwirklichen‹ lässt,
- dass ›Gemeinde und Kirche (zwar) für den persönlichen Glauben unbedingt wichtig, aber nicht heilsnotwendig‹ sind,
- dass ›Christen in ihrem Verhältnis zu Gott durch nichts und niemanden vertretbar sind‹ und dass ›kirchliche Feste, Bräuche und Frömmigkeitsformen (z.B. Fronleichnamsprozessionen, Patronats- oder Marienfeste […]) selbstverständlich zum Vollzug des Glaubens‹ gehören« (17).

Evangelischen Lehrkräften ist hingegen die Einsicht, dass »Christen im Verhältnis zu Gott durch nichts und niemanden vertretbar sind«, besonders wichtig. Mit Abstand folgen weitere protestantische Essentials: die Vorstellungen vom »allgemeinen Priestertum aller Gläubigen«, von der »Bibel als alleinigem Maßstab«, »von der unbedingten Wichtigkeit von Kirche und Gemeinde bei gleichzeitiger Nicht-Heilsnotwendigkeit der Institution Kirche« und von »einem persönlichen Verhältnis zu Jesus« (ebd.). Gehen katholische und evangelische Lehrkräfte in ihren grundlegenden Zielorientierungen damit weitgehend konform, konnte in den Auswertungen gleichwohl ein spezifisches »›katholisches‹ Profil« in der kirchlich-konfessionellen Verwurzelung ermittelt werden. So werden Bildungsprozesse bei katholischen Lehrkräften deutlicher als bei evangelischen durch einen Ansatz strukturiert, in dem »Individualität und Institutionalität nicht nur nicht apart gesetzt, sondern in ihrem – sicherlich auch dialektisch-spannungsvollen – engen Bezug begriffen werden. Es gibt eine *Trias* von Individualität, Transzendentalität *und* Institutionalität im Wahrnehmungsmuster« (18). Gleichwohl ermittelte die Studie bei der großen Mehrzahl katholischer Lehrkräfte (85 %) eine kritische Einstellung zu kirchenleitenden Versuchen, die gegenwärtige »konfessionelle Trennungssituation als die ›einzig mögliche Form des Christseins‹ darzustellen. Das verbietet es dieser Mehrheit, ihren Unterricht mit einer solchen *Akzent*-Setzung zu versehen. Freilich: Zum kritischen Abstand zu dieser Position des katholisch-*institutionellen* Anspruchs gehört *zugleich* […] die lebensweltliche Verankerung der ReligionslehrerInnenschaft im Bereich ihrer Kirche. Sie macht nachvollziehbar, dass es den katholischen Religionslehrkräften auf eine solche konfessionspolitische *Akzentuierung* nicht ankommen muss. Vielmehr können sie sich eine Aufgeschlossenheit gegenüber einer konfessionell-ökumenischen Öffnung ›leisten‹. Und sie *müssen* sie sich ihrer Auffassung nach leisten können, denn wesentlicher als alles andere ist für sie die Wahrnehmung der Chance, unter den heutigen Bedingungen im öffentlichen Schulwesen eines religionsneutralen Staates *überhaupt* christlichen Religionsunterricht erteilen zu können« (18 f.). Ist bei etlichen katholischen Lehrkräften daher ein mitunter belastendes Spannungsverhältnis zwischen dem eigenen persönlichen Glauben und dem ›offiziellen Glauben‹ der Kirche (vgl. die in Lück 2003: 319 aufgeführten empirischen Studien) zu beobachten, gestaltet sich das Verhältnis der evangelischen Lehrkräfte zur Institution Kirche mehrheitlich entspannter. Diese wird vor allem als wichtige Partnerin und Anwältin zum Schutz der öffentlichen Belange des Religionsunterrichts sowie als Garant von qualifizierten Fortbildungsveranstaltungen gesehen. Die lebensweltliche Verankerung in einer Ortsgemeinde ist bei evangelischen Lehrenden dagegen häufig weit weniger stark ausgeprägt.

   Auch *die in Nordrhein-Westfalen durchgeführten Umfragen* zeigen, dass die allermeisten Lehrenden einen Religionsunterricht jenseits der Skylla konfessionalistischer Enge und der Charybdis eines Religionskundeunterrichts für alle in staatlicher Alleinregie wünschen (Englert/Güth 1999: 94 ff.; Lück 2003: 70 ff.). Der evangelischen Enquete zufolge stehen die meisten Befragten mit ihren katholischen Fachkollegen in einem starken Beziehungsaustausch und Kommunikationsgeflecht. Besonders häufig anzutreffende Kooperationsformen sind die »wechselseitige Verwendung von Arbeitsmaterialien und Schulbüchern«, »thematische Absprachen«, der »Austausch von Unterrichtsideen« sowie die Vorbereitung von »ökumenischen Schulgottesdiensten«. Hinzu kommt die gelegentliche »Durchführung gemeinsamer Projekte« und »zeitlich begrenzter Unterrichtsphasen« (Lück 2003: 61). Hinsichtlich der Gewichtung der beiden religionsdidaktischen Grundaufgaben »Beheimatung« und »Verständigung« bevorzugen die meisten Befragten eine in etwa gleich starke Beachtung beider Dimensionen (41,8 %); 33,4 % betonen die Beheimatungsaufgabe stärker, 24,8 % die Verständigungsaufgabe (vgl. 220 f.). Es überrascht daher nicht, dass die große Mehrheit für einen konfessionell-kooperativen oder ökumenisch-christlichen Religionsunterricht eintritt. Immerhin 91,3 % zählen interreligiöses Lernen, z. B. in Form von Begegnungsprojekten mit Kindern anderer Religionen, zu den wichtigsten Aufgaben heutigen Religionsunterrichts. Sogar 97,4 % sprechen sich (davon über 50 % in der höchsten Zustimmungskategorie!) für eine enge Zusammenarbeit von evangelischen und katholischen Lehrkräften aus. Aufs Ganze gesehen wünschen sich die Religionslehrenden von den Kirchen die Freiheit, in religionspädagogischer Eigenverantwortung vor Ort selbst entscheiden zu können, welche Form von Religionsunterricht an

ihrer Schule die geeignetste ist. Dass sie bei diesem Entscheidungspro-
zess ›nicht das Kind mit dem Bade ausschütten‹ (wollen), sondern mehrheitlich hinter dem kirchlich mitverantworteten Religionsunterricht des
Grundgesetzes stehen, kommt in der Studie (vgl. 393 f.) nachdrücklich
zum Ausdruck.

2. Schülerbefragungen

Befragungen von Schülern und Schülerinnen zur Thematik gibt es bislang nur wenige. Die vorliegenden Studien zeigen aber deutlich, dass
bereits Schulkinder zu erstaunlich »differenzierenden und argumentativ
begründeten Einschätzungen unterschiedlicher Formen von Religionsunterricht« (Schweitzer/Biesinger 2002: 46) fähig sind. Die Tübinger
Religionspädagogen Friedrich Schweitzer und Albert Biesinger werten
die Perspektive der Kinder und Jugendlichen daher zu Recht als *eigenständige bedeutungsvolle Dimension*, die in der Forschung bislang sträflich
vernachlässigt wurde. Die Studie konnte u. a. zeigen, dass bei Heranwachsenden (wie auch bei den Lehrkräften!) beträchtliche, z. T. nicht
oder kaum bewusste konfessionelle Prägungen vorhanden sind. Gleichwohl ist ungefähr die Hälfte der Grundschulkinder zu Beginn der Schul-
zeit nicht in der Lage, die eigene Konfessionszugehörigkeit korrekt an-
zugeben und/oder die Begriffe ›evangelisch‹ und ›katholisch‹ richtig zu
erläutern. Dabei sind freilich erhebliche Unterschiede zwischen den verschiedenen Religionsgruppen festzustellen: Manchmal weiß kaum ein
Kind, ob es evangelisch oder katholisch ist, manchmal wissen es alle
(29 f.). Entgegen der oftmals, gerade von Lehrkräften zu hörenden Einschätzung, Schulanfänger seien ›konfessionell unbeschriebene Blätter‹,
unterscheiden die Forscher zu Recht zwischen einem – sich erst im Laufe
der (Grund-)Schulzeit entwickelnden – konfessionellen Selbstbewusst-
sein und konfessionsspezifischen Erfahrungen: »Auch Kinder, die nicht
wissen, welcher Konfession sie selber angehören, und die nicht erläutern
können, was die Begriffe evangelisch und katholisch bedeuten, verfügen
zumindest teilweise über Erfahrungen, die aus einem konfessionellen
oder kirchlichen Zusammenhang erwachsen« (73). Bei den befragten
Grundschülern ist im Ganzen *keine eindeutige Trendaussage* zugunsten
einer bestimmten Form von Religionsunterricht zu erkennen. An dem
Tatbestand, dass von ihnen allein vier verschiedene Alternativen (konfessionell getrennter oder zeitweise gemeinsamer Religionsunterricht,
Religionsunterricht im Klassenverband oder getrennter Unterricht mit
konfessionellen Lehrerwechseln) diskutiert werden, ist ablesbar, wie

vielgestaltig diese den Religionsunterricht wahrnehmen und beurteilen. Die Umfragen zeigen, dass die einzelnen Gestaltungsformen von den Kindern vor allem pragmatisch bewertet werden (z. B. Größe der Lerngruppen, angenehmere Klassenräume, interessanterer Unterricht). Daneben sind aber auch »bemerkenswerte inhaltliche Argumente« (48) vorzufinden, die u. a. theologische oder (religions-)didaktische Gesichtspunkte aufgreifen (vgl. im Einzelnen 48 ff.). Lehrerwechsel sind bei den Kindern mehrheitlich beliebt. Pragmatische Motive treten dann bei Jugendlichen, die ebenfalls zu unterschiedlichen Beurteilungen in dieser Frage gelangen, zugunsten konzeptionell-inhaltlicher Begründungen zurück, verschwinden aber nicht völlig. Aus religionsdidaktischer Sicht »erfreulich ist der mehrfach geäußerte Wunsch, in einem gemeinsamen oder kooperativen Religionsunterricht etwas darüber zu erfahren, was andere glauben oder, bezogen auf den Religionsunterricht, lernen« (Schweitzer/Biesinger/Conrad/Gronover 2006: 57). Insgesamt liegt die Zustimmung zu dieser Unterrichtsform bei Jugendlichen der Sekundarstufe I, die einen kooperativ-gemeinsamen Religionsunterricht selbst erfahren haben, jetzt bei über 80 % (ebd.: 40). Zu einem anderen Ergebnis gelangt eine quantitative Umfrage unter mehrheitlich katholischen Schülern in Deutschland durch *Anton Bucher*. Danach plädiert jeweils nur ein Drittel der Jugendlichen in der Sekundarstufe I und II entschieden für einen gemeinsamen (ökumenischen) Religionsunterricht. Knapp 40 % der Befragten lehnen hingegen einen solchen ab – z. T. unter Bezug auf längst überholt geglaubte konfessionelle Stereotype (Bucher 2000: 93 ff.).

3. Realisierungsformen von Religionsunterricht in der Schulpraxis

Die Befragungen von Religionslehrern und -lehrerinnen sowie z. T. auch von Schülern und Schülerinnen dokumentieren ein hohes Interesse an ökumenischen Kooperationen. Dabei handelt es sich keinesfalls nur um die Wünsche der maßgeblich am Religionsunterricht beteiligten Akteure. Vielmehr zeigen nähere Analysen, dass z. B. in Niedersachsen zahlreiche Lehrkräfte aus organisatorischen (54 %; Baden-Württemberg: 31 %) oder inhaltlichen (47 %; Baden-Württemberg: 26 %) Gründen längst Schüler und Schülerinnen beider Konfessionen gemeinsam unterrichten (Feige/Dressler/Lukatis/Schöll 2001: 322 f.; Feige/Tzscheetzsch 2005: 62). Auch Umfragen in Nordrhein-Westfalen (Lück 2002: 253 ff., Lück 2003: 41 ff.) ergeben, dass *eine konfessionell-kooperative bzw. ökumenische Ausrichtung des Religionsunterrichts von den Lehrenden nicht nur ge-*

wünscht, sondern in sog. Grauzonen längst praktiziert wird. So gibt es an westfälischen Grundschulen eine stark verbreitete Praxis eines Religions-unterrichts im Klassenverband bzw. als ›ökumenisch‹ titulierten Unter-richts, die nach den gültigen administrativen Erlassen und zwischen-kirchlichen Vereinbarungen eigentlich nicht erlaubt ist. Besonders in den ersten beiden Klassen stellt die konfessionelle Trennung der Lern-gruppen nicht mehr den Regelfall dar. Dass diese alternative Praxis eines im Klassenverband oder ›ökumenisch‹ erteilten Religionsunterrichts in Nordrhein-Westfalen auch für andere Schulformen vorauszusetzen ist, belegt die qualitativ-empirische Studie von Saskia Hütte und Norbert Mette nachdrücklich (Hütte/Mette 2003). Offenkundig hat sich an vie-len Schulen demnach in einzelnen Jahrgangsstufen ein schleichender Wandel in der Organisationsgestalt des Religionsunterrichts vollzogen, der als Reflex auf die divergierenden pädagogischen, schulorganisatori-schen und personalen Herausforderungen und Möglichkeitsbedingun-gen ›vor Ort‹ interpretiert werden kann. Die Schulpraxis hat den »Bum-melzug kirchenamtlicher Absprachen« (Günter Böhm) de facto längst überholt. Dabei muss freilich offen bleiben, ob es sich bei diesen Formen eines gemeinsamen Religionsunterrichts jeweils um einen bewusst kon-fessionell-kooperativen Unterricht, ggf. mit abgestimmtem Konzept und Curriculum, oder um einen vornehmlich schulorganisatorisch-pragma-tisch bzw. pädagogisch motivierten integrativen Unterricht handelt. Das Wesen von ›Grauzonen‹ – manche Interpreten sprechen aufgrund ihres innovativen Charakters auch von ›Grünzonen‹ – besteht ja gerade darin, dass man nicht so genau weiß, was sich hinter den Etiketten ›ökume-nisch‹, ›RU im Klassenverband‹ o. ä. jeweils verbirgt. Die vielfach erhobe-ne Forderung, die ›alternative‹ Unterrichtspraxis in Nordrhein-Westfalen aus ihrem quasi illegalen bzw. zumindest rechtlich unsicheren – wenn auch staatlicher- und kirchlicherseits oftmals geduldeten – Schatten-dasein herauszuführen und sie religionspädagogisch zugleich in kon-struktiver Weise zu begleiten und offen und sorgfältig auszuwerten, ohne sie dabei ihrerseits unkritisch zur Norm zu erheben, ist daher zu unterstützen.

4. Empirisch-explorative Überprüfung von Möglichkeiten eines konfessionell-kooperativen (katholischen und evangelischen) Religionsunterrichts

Vor diesem Hintergrund sind die Ergebnisse des in evangelisch-katho-lischer Kooperation an der Universität Tübingen durchgeführten Forschungsprojekts von großem Interesse. In diesem unter dem Motto »*Gemeinsamkeiten stärken – Unterschieden gerecht werden*« gebündelten zweiteiligen Projekt wurden Möglichkeiten konfessionell-kooperativen Unterrichtens an sechs Grundschulen, vier Hauptschulen und vier Gymnasien im Umkreis von Tübingen erprobt und in einem multiperspektivischen Verfahren – mit Befragungen von Religionslehrern und -lehrerinnen, Schülern und Schülerinnen, Klassenlehrern und -lehrerinnen, Schulleitungen und Eltern, Analysen beobachteter Unterrichtsstunden etc. – ausgewertet (Schweitzer/Biesinger 2002; Schweitzer/Biesinger/Conrad/Gronover 2006). *Die dabei erzielten Befunde eröffnen eine aus dem Praxisfeld gewonnene und zugleich theoriebewusst reflektierte Problemsicht über die Chancen eines konfessionell-kooperativen Religionsunterrichts.* In der Schulpraxis sind vor allem vier Grundformen kooperativen Lernens vorzufinden: »Lehrerkooperation bei konfessionell getrennten Gruppen« (differenzierter Typ), »Wechsel zwischen konfessionell getrennten und gemischten Gruppen« (Wechseltyp), »evangelisch-katholische Lerngruppen mit oder ohne Lehrertausch« (gemischter Typ) sowie »Team-Teaching bei konfessionell gemischter Lerngruppe«. Unter diesen Formen, die erhebliche Konsequenzen für die didaktische Qualität konfessioneller Zusammenarbeit haben, ragen nach Schweitzer/Biesinger ein von zwei Lehrkräften unterschiedlicher Konfession gemeinsam erteilter Unterricht (Team-Teaching) sowie bewusst geplante phasenweise Formen der Kooperation heraus. Denn sie »erlauben einen Dialog, wie er bei kooperativem Unterricht anzustreben ist« (Schweitzer/Biesinger/Conrad/Gronover 2006: 204) und erweisen sich daher im Blick auf religiöses Lernen im Horizont von »Identität« und »Verständigung« als besonders effektvoll. Ein im Klassenverband von nur einer Lehrkraft erteilter Unterricht fällt demgegenüber nicht unerheblich ab. Diese Beurteilung steht in einem gewissen Widerspruch zu dem baden-württembergischen Kooperationsabkommen (↗III.2.), das einen im Tandem vorbereiteten Religionsunterricht vorsieht, der wechselweise nur von einer Lehrkraft erteilt wird – bei ggf. lediglich einmaligem Lehrerwechsel nach einem Schuljahr (vgl. zur Diskussion Schweitzer 2006: 7 und Kalmbach 2006: 12 f.).

Die empirischen Befunde zeigen insgesamt, dass der konfessionell-kooperative Unterricht einen erheblichen »*Mehrwert*« an produktiven religiösen *Lernprozessen* erzielt: Die bewusstere Berücksichtigung konfessionsbezogener Ausgangsbedingungen und die didaktische Konzentration sowohl auf Gemeinsamkeiten als auch auf Unterschiede »führen im Unterricht zu einer spezifischen Qualität des Lernens, die offenbar direkt mit der konfessionellen Kooperation verbunden ist« (Schweitzer/Biesinger/Conrad/Gronover 2006: 203 f.).

Die Autoren betrachten ihre in den Unterrichtsversuchen gewonnenen Erfahrungen daher als empirischen Beleg für die Effizienz eines konfessionell-kooperativen Lernansatzes, für den weder eine Vermischung evangelischer und katholischer Glaubensformen noch Vorurteilsbildungen oder Vereinnahmungen festgestellt wurden. Vielmehr war bei manchen Schülern bzw. Schülerinnen (und Lehrern bzw. Lehrerinnen) eine Verstärkung ihrer konfessionellen Beheimatung zu beobachten. Gleichzeitig dürfen die Effekte kooperativen Unterrichtens – bei einem auf wenige Wochenstunden begrenzten Fach – nicht überbewertet werden: Die Genese eines konfessionellen Selbstbewusstseins stellt einen langwierigen Prozess dar, der »nicht in nur einem Schuljahr und vermutlich auch nicht in nur einer Schulstufe abgeschlossen werden kann« (203). Sie kann im Bereich der Schule am besten durch die *Verknüpfung von* »*Identität und Verständigung*« bzw. »*Beheimatung und Begegnung*« initiiert werden. Ein solches Vorhaben gelingt den Unterrichtsanalysen zufolge vor allem in der Grundschule. In den untersuchten Klassen der Sekundarstufe I ist konfessionelles Bewusstsein dagegen schwieriger anzuregen. Dies lässt die Frage virulent werden, ob es im Sekundarbereich nicht möglicherweise einer gegenüber dem Primarbereich veränderten Religionsdidaktik bedarf mit offensiver »Themenfokussierung und Aufmerksamkeitslenkung auf Fragen von Gemeinsamkeiten und Unterschieden zwischen evangelisch und katholisch« (162). Unterstützt wird diese Folgerung durch die Beobachtung, dass Religionslehrkräfte zwar häufig stärker konfessionell geprägt sind, als dies in der Öffentlichkeit angenommen oder durch ihre Selbsteinschätzung offensichtlich wird, diese sich aber gerade in der Sekundarstufe I gegenüber einer näheren Thematisierung konfessionsbezogener Inhalte aufgrund des angeblichen Desinteresses der Schüler meist zurückhaltend zeigen. *Schweitzer/Biesinger* sprechen sich hingegen dafür aus, das Christentum auch im Jugendalter bewusst in seinen konfessionellen Konkretionen zu erschließen, da dies für die religiöse Bildung von Heranwachsenden u.U. sehr wichtig sein kann. Wird ein Rückzug auf eine allgemein religiöse Ausrichtung im Religionsunterricht mit guten Gründen abgelehnt, liege der Vorzug eines an Art. 7 Abs. 3 GG orientierten evangelischen und katholischen Religionsunterrichts nämlich gerade darin, dass Kinder und Jugendliche hier die nicht zu unterschätzende Möglichkeit erhalten, von einer Religionskraft »begleitet zu werden, die die Innensicht des christlichen Weges auf der Basis einer konkreten Konfession selbst kennt, praktiziert

und möglicherweise in Zweifel zieht. Wenn Religionslehrerinnen und
-lehrer dies entsprechend offensiv kommunizieren, ergibt sich daraus
ein spezieller Erfahrungsvorsprung und eine bereichernde Authentizi-
tät.« (144 f.)

5. Zusammenfassung

Die herangezogenen empirischen Studien zeigen ungeachtet ihrer unterschiedlichen Fragestellungen, Methodik und Regionalbezüge summa sum-
marum, dass ein Religionsunterricht, der Heranwachsende mit der heraus-
fordernden Kraft einer konkreten und möglichst authentisch repräsentierten
Religion bzw. Konfession konfrontiert, um ihre freie Auseinandersetzung im
Hinblick auf eine eigene religiös-weltanschauliche Mündigkeit zu unterstützen, religionsdidaktisch besonders wertvoll und sinnvoll ist. *Konfessionsbezo-
gene, identitätsfördernde Differenzierungsphasen* sind daher für den Religionsunterricht der Zukunft in allen Schulformen unerlässlich. Angesichts der
Aufgabe interkonfessioneller und interreligiöser Verständigung in einer religiös und weltanschaulich pluralen Welt kann zugleich auf *verständigungsori-
entierte Kooperationsphasen* nicht (länger) verzichtet werden. Dies gilt nicht
zuletzt vor dem Hintergrund der bei etlichen Schülern und Schülerinnen
vorgefundenen Ressentiments gegenüber der jeweils anderen Konfession.
»Aussagen wie ›Nur Katholiken sind wahre Christen‹ (m, 11, HS) oder ›Weil
die Evangelen lauter Penner sind‹ (m, 14, HS) sprechen nicht dafür, dass
Religionsunterricht bei diesen SchülerInnen ›ökumenischen Geist‹ geschärft
hat, sondern vielmehr dafür, ökumenische Bestrebungen zu intensivieren
und die Toleranz für die ›Anderen‹, die ohnehin aus gleichen Wurzeln stam-
men, zu fördern« (Bucher 2000: 94 – mit Bezug auf Mette 1995a).

V.   Konfessionalität und konfessionelle Kooperation

Nicht nur der Begriff der ›Konfession‹ ist mehrschichtig (↗ I. 2). Auch die
Diskussion über das konfessionelle Profil, die ökumenische Ausrichtung
und die konfessionelle Kooperation von evangelischem und katholischem Religionsunterricht wird auf verschiedenen Ebenen geführt. Es
lassen sich wiederum rechtliche Aspekte (1.), theologische Aspekte (2.)
und religionspädagogische Aspekte (3.) unterscheiden (vgl. ausführlich
Schlüter 2000).

1. Rechtliche Aspekte

Der verfassungsgemäß als ordentliches schulisches Unterrichtsfach eingerichtete Religionsunterricht wird unter Wahrung des staatlichen Aufsichtsrechts »in Übereinstimmung mit den Grundsätzen der Religionsgemeinschaften« (Art. 7 Abs. 3 GG) erteilt. Seine konfessionelle Gestalt und seine ökumenische Ausrichtung bestimmen sich somit nach den Grundsätzen der jeweiligen Konfessionsgemeinschaft. Dies gilt auch im Hinblick auf die möglichen Formen der konfessionellen Kooperation und im Hinblick auf die Öffnung des konfessionellen Religionsunterrichts für Schüler und Schülerinnen eines anderen Bekenntnisses. Das in diesem Zusammenhang maßgebliche *Urteil des Bundesverfassungsgerichts vom 25. 2. 1987* (Groß/Weiß 2005: 240–248) stellt fest: »Die Zulassung von Schülern fremder Konfession gehört zu der inneren Gestaltung des Religionsunterrichts, die den Grundsätzen der jeweiligen Religionsgemeinschaft folgt.« (Ebd., 246)

Die diesbezügliche Gestaltungsfreiheit der Religionsgemeinschaften findet ihre Grenze allein im »Verfassungsbegriff« des Religionsunterrichts. Dieser wird im Urteil des Bundesverfassungsgerichts zum einen durch negative Abgrenzungen präzisiert:

»Er [sc. der Religionsunterricht] ist keine überkonfessionelle, vergleichende Betrachtung religiöser Lehren, nicht bloße Morallehre, Sittenunterricht, historisierende und relativierende Religionskunde, Religions- oder Bibelgeschichte.« (Ebd., 245)

»Auch wenn dieser Begriff nicht in jeder Hinsicht festgelegt ist, sondern wie der übrige Inhalt der Verfassung ›in die Zeit hinein offen‹ bleiben muß, um die Lösung von zeitbezogenen und damit wandelbaren Problemen zu gewährleisten [...], verbietet sich eine Veränderung des Fachs in seiner besonderen Prägung, also in seinem verfassungsrechtlich bestimmten Kern. Deshalb wäre eine Gestaltung des Unterrichts als allgemeine Konfessionskunde vom Begriff des Religionsunterrichts nicht mehr gedeckt und fiele daher auch nicht unter die institutionelle Garantie des Art. 7 Abs. 3 Satz 1 GG.« (Ebd.)

Zum anderen erfolgt eine formal-inhaltliche Bestimmung des »Gegenstands« des im Verfassungsbegriff des Religionsunterrichts intendierten Unterrichts:

»Sein Gegenstand ist [...] der Bekenntnisinhalt, nämlich die Glaubenssätze der jeweiligen Religionsgemeinschaft. Diese als bestehende Wahrheit zu vermitteln ist seine Aufgabe [...]. Dafür, wie dies zu geschehen hat, sind grundsätzlich die Vorstellungen der Kirchen über Inhalt und Ziel der Lehrveranstaltung maßgeblich. Ändert sich deren Verständnis vom Religionsunterricht, muss der religiös neutrale Staat dies hinnehmen.« (Ebd.)

Insofern bedarf die Auslegung der grundgesetzlichen Bestimmung einer Hermeneutik, die dem geschichtlichen Wandel des Selbstverständnisses der Religionsgemeinschaften und dem geschichtlichen Wandel des Verständnisses ihrer Grundsätze angemessen Rechnung trägt. Die Entfaltung und die Fortentwicklung des konfessionellen Profils und der konfessionellen Kooperation des evangelischen und des katholischen Religionsunterrichts obliegen somit der im Mitgestaltungsrecht der Religionsgemeinschaften grundgelegten Gestaltungsfreiheit der Konfessionsgemeinschaften (Diekmann 1994, Pieroth 1995a,b – vgl. in diesem Zusammenhang auch die Stellungnahme der EKD zu verfassungsrechtlichen Fragen des Religionsunterrichts vom 7. Juli 1971 [Zu verfassungsrechtlichen Fragen 1987]; ↗ II.2).

»Das Mitgestaltungsrecht der Religionsgemeinschaften umfaßt – bei Wahrung eines ordnungsgemäßen Schulbetriebs – die Öffnung des Religionsunterrichts. [...] Es besteht also durchaus Spielraum für religionspädagogische Reformen. Nur müssen sie kirchenintern formuliert und durchgesetzt werden. Das Recht bremst weniger, als häufig behauptet – aber es treibt auch nicht voran.« (Pieroth 1995a: 102)

2. Theologische Aspekte

Es besteht Konsens zwischen den Kirchen, dass ökumenische Dialogfähigkeit und konfessionelle Kooperation im authentischen Selbstverständnis ihrer Konfessionalität verankert sind.

»Die theologischen Überlegungen [...] haben gezeigt, dass ›ökumenisch‹ nicht irgendein Sachgebiet kirchlicher Tätigkeit neben anderen bezeichnet, sondern eine notwendige Dimension aller Lebensäußerungen der Kirche. Daraus ergibt sich für die christlichen Kirchen und Gemeinschaften und deren Glieder die Verpflichtung, überall da gemeinsam zu handeln, wo die Voraussetzungen dafür gegeben sind und nicht Gründe des Glaubens, der Verantwortung für das notwendige Eigenleben der Gemeinden, unumgänglicher menschlicher Rücksichtnahme oder größerer Zweckmäßigkeit dem entgegenstehen.« (Pastorale Zusammenarbeit der Kirchen, Abschnitt 5.1.1)

Im ökumenischen Lernen zwischen den Konfessionen stellt sich folglich die Aufgabe, ›das Gemeinsame zu stärken‹ und ›das Differente zu klären‹

(Goßmann/Schneider 1995), bzw. ›Gemeinsamkeiten zu stärken‹ und ›Unterschieden gerecht zu werden‹ (Schweitzer/Biesinger 2002). Die Theologie der Ökumene reflektiert Modelle, wie das Bekenntnis der ›einen Kirche‹ – unter Achtung der konfessionellen Selbstverständnisse – kirchliche Gemeinschaft begründend verstanden und ausgelegt werden kann.

»Nicht Verschmelzung und Vereinheitlichung sind realistische ökumenische Zielvorstellungen, sondern vielmehr Gemeinschaftsmodelle, die die Verschiedenheit der einzelnen konfessionellen Wege anerkennen. Formeln wie ›Einheit in Verschiedenheit‹, ›Einheit in Vielfalt‹ oder ›differenzierter Konsens‹ spiegeln das Ringen um ein Ökumeneverständnis, das Gegensätze zwischen den Konfessionen (die bereits im NT grundgelegt sind) auszuhalten, gleichzeitig aber die Einheit im Glauben an Jesus Christus zu fassen vermag« (Boschki/Schlenker 2002: 389 – vgl. auch Schlüter 1995, 2000, Goßmann 1995, Leimgruber 2001).

Maßgeblich für den geforderten Dialog ist eine »ökumenische Hermeneutik der wechselseitigen Anerkennung in Wahrhaftigkeit« (Nipkow 1998: 306), für die als eine Grundregel gelten sollte:

»Die Angst vor Identitätsverlust bei grenzüberschreitendem ökumenischem Lernen und umgekehrt die mangelnde Rücksichtnahme auf die Gewissensbindung Andersgläubiger können als komplementäre Sperren ökumenischer Verständigung überwunden werden, wenn jeder prüft, was ihn hindert, aus innerer Freiheit den ersten entgegenkommenden Schritt zu tun.«   Karl Ernst Nipkow 1998: 322

Einen Differenzpunkt markiert die Position der katholischen kirchlichen Stellungnahmen, welche die Trias der konfessionellen Übereinstimmung von Lehrer, Schüler und Lehrinhalt als »für die Identität des katholischen Religionsunterrichtes […] konstitutiv« und als »Grundlage für die kirchliche Prägung dieses Unterrichtsfaches« (Sekretariat der DBK 1996: 78) ansehen, während die evangelischen kirchlichen Stellungnahmen die Identität und die kirchliche Prägung des evangelischen Religionsunterrichts auch bei einer Öffnung für Schüler eines anderen Bekenntnisses gewahrt sehen (↗ II.1 und 2). *Es ist theologisch zu klären, inwiefern in dieser Differenz unterschiedliche ekklesiologische Selbstverständnisse und unterschiedliche ökumenische Zielvorstellungen zum Tragen kommen* (Nipkow 1998: 327–342). Kommt diesen Differenzen eine fundamentale (»grundsätzliche«) Bedeutung zu oder lassen sie sich als konfessionsspezifische Akzentsetzungen verstehen, die dem personalen und dem institutionellen Moment der Konfessionalität einen unterschiedlichen Stellenwert zuschreiben (Frieling 1999, Werbick/Preul 2002)? Welche Konsequenzen ergeben sich aus dem jeweiligen theologi-

schen Vorverständnis für das ›kirchliche‹ und für das religionsdidaktische Profil des schulischen Religionsunterrichts, für seine ökumenische
Ausrichtung und für die konfessionelle Kooperation? Der Begriff der
›Kirchlichkeit‹ des Religionsunterrichts erweist sich in diesem Zusammenhang als ein problemanzeigender Begriff, der weiterer Präzisierung
und Differenzierung bedarf (Simon 2000).

3. Religionspädagogische Aspekte

Nicht strittig ist zwischen den ökumenischen Gesprächspartnern, dass
konfessionelle Identität immer zugleich als dialogfähige Identität gedacht werden muss. Nicht strittig ist auch, dass es Aufgabe des schulischen Religionsunterrichts ist, personale Bildung zu ermöglichen und
zu fördern. Wie aber geschieht Identitätsbildung im Kontext einer konfessionell und religiös pluralen Gesellschaft? Die Modelle ›Identitätsbildung durch Beheimatung‹ und ›Identitätsbildung durch Begegnung‹
führen – werden sie alternativ und als einander ausschließend gedacht
– in Aporien. *Ein religionsdidaktisches Modell konfessioneller Identitätsbildung wird der Interdependenz der in beiden Modellen jeweils akzentuierten
Lernprozesse Rechnung tragen müssen* (Schweitzer 1997b; vgl. auch Nipkow 1998: 344–352).

»Identitätsbildung durch Beheimatung oder Identitätsbildung durch Begegnung – m. E. sind beide Vorstellungen als einseitig und überzogen zu-
rückzuweisen. Die erste Vorstellung, die von möglichst einheitlichen Situationen in der Grundschule dann später zur Pluralität fortschreiten
möchte, übersieht, daß es solche einheitlichen Räume nicht mehr geben
kann. Kinder sind heute von früh auf damit konfrontiert, daß Kinder unterschiedlichen Nationen angehören, daß sie verschiedene Religionen haben oder eben auch keine Religionszugehörigkeit. Genau deshalb kann
aber auch die zweite Sichtweise nicht überzeugen: Eine religiöse Bewußt-
machung des Eigenen durch Begegnung mit dem anderen setzt ja voraus,
daß es so etwas wie eine eigene Religion oder Konfession für die Kinder
bereits gibt, zumindest ansatzweise. Das aber ist, wie wir gesehen haben,
heute nur bei den allerwenigsten Kindern und Jugendlichen der Fall. Die
meisten haben keine ausdrücklich religiöse oder konfessionelle Sozialisa-
tion durchlaufen, bevor sie in die Schule kommen. Ich plädiere daher für
eine *Kombination beider Sichtweisen*, auch wenn dies auf den ersten Blick
als Widerspruch erscheinen mag. Wir müssen heute beides ermöglichen:
Identitätsfindung als Beheimatung und Identitätsfindung als Begegnung.
Deshalb sollten wir den Kindern und Jugendlichen die Möglichkeit einräu-
men, feste Zugehörigkeitsverhältnisse zu entwickeln – u. a. durch einen
konfessionellen oder christlich-ökumenischen bzw. kooperativen Reli-

gionsunterricht, dem dann, unter bestimmten Voraussetzungen, auch entsprechende Angebote anderer Religionen zur Seite treten könnten; zugleich aber sollten wir die Kinder und Jugendlichen auch immer wieder dazu herausfordern, diese Zugehörigkeit zu überschreiten zugunsten interreligiöser und interkonfessioneller Begegnung und Verständigung.«
Friedrich Schweitzer 1997b: 278 f.

Die Entfaltung des in der Konvergenz theologischer und bildungstheoretischer Argumente begründeten Konzepts eines konfessionell-kooperativen katholischen und evangelischen Religionsunterrichts erweist sich folgerichtig als eine religionsdidaktische Gestaltungsaufgabe im Hinblick auf:

- die curricularen Zielbestimmungen des intendierten ›ökumenischen Lernens‹ (Böhm 2001, Leimgruber 2001, Ziller 2004)
- die schulstufen- und altersstufenspezifische Elementarisierung der Inhalte und Lernwege (Scheidler 1999, Schweitzer/Biesinger 2002, Schweitzer/Biesinger/Conrad/Gronover 2006)
- die Zuordnung von Differenzierungsphasen und Kooperationsphasen des Unterrichts in den einzelnen Schuljahren (vgl. z. B. für die Grundschule Lück 2002: 84 ff.)
- die in Minderheits-Mehrheits-Situationen besonders geforderte ökumenische Sensibilität (vgl. im Hinblick auf die österreichische Situation: Prettenthaler 2004).

Unter der Leitfrage ›Wann kann ein konfessionell-kooperativer Religionsunterricht als gelungen bezeichnet werden?‹ gelangt *Reinhold Boschki* zu folgenden *Qualitätsmerkmalen* (Boschki 2005):

 »Eine konfessionelle Kooperation eröffnet den Lehrenden und Lernenden im besonderen Maße die Möglichkeit, sich mit dem gemeinsamen Fundament ihres Glaubens sowie im Dialog miteinander mit dem eigenen und anderen konfessionellen Profil vertraut zu machen (›Plusmodell‹).

Personale Dimension
Gelingende konfessionelle Kooperation besteht in einem Prozess, in dem eine konfessionelle Identität und ökumenische Weite bei Lehrenden und Lernenden durch Dialog und spirituelle Angebote ermöglicht und gefördert wird.

Inhaltliche Dimension
Gelingende konfessionelle Kooperation erweist sich daran, dass die gemeinsamen Ziele und Inhalte, aber auch die Besonderheiten der Fachlehrpläne in ausreichendem Maße berücksichtigt bzw. behandelt werden.

Didaktische Dimension
Gelingende konfessionelle Kooperation berücksichtigt die religionspädagogischen Konzeptionen der Fachpapiere in den Bildungsplänen. Sie ver-

mittelt grundlegende Fähigkeiten: Dialogfähigkeit, gegenseitiges Verständnis und Respekt, das Wahrnehmen und Zusammenspiel unterschiedlicher Fähigkeiten, Interessen und Wertungen. Dies geschieht vor allem durch erfahrungs- und handlungsorientierte Unterrichtsmethoden, durch Formen der Gruppenarbeit und des selbstbestimmten Lernens.

Schulische Dimension
Schule stellt organisatorisch den Raum zur Verfügung, in dem alle Formen der Kooperation im gesamten Kollegium, auch über die Religionslehrkräfte hinaus, als Bereicherung empfunden werden. In dieser Zusammenarbeit drückt sich die gemeinsame Verantwortung für die Schule als Lernort aus.«
Reinhold Boschki 2005: 43

VI. Konfessionell-kooperatives Unterrichten praktisch

1. Ziele und Inhalte / Curriculum

Die bereits mehrfach erwähnte Formel »Gemeinsamkeiten stärken – Unterschieden gerecht werden« kann gut als Ziel- und Inhaltsangabe für einen konfessionell-kooperativen Religionsunterricht fungieren. Dieser will demnach die grundlegenden Gemeinsamkeiten im christlichen Glauben bewusst als *Gemeinsamkeiten* entdecken und erarbeiten lassen, ohne dabei die bestehenden *Unterschiede* zwischen den Konfessionen einzuebnen oder aus dem Auge zu verlieren. Konfessionell-kooperatives Unterrichten möchte Schülern und Schülerinnen durch die explizite und offensive Thematisierung konfessioneller Prägungen und Standpunkte einerseits und durch die Ermöglichung authentischer Begegnungen mit der je anderen Konfession andererseits zu einem *besseren Verständnis der eigenen Konfessionszugehörigkeit* verhelfen. Zugleich will es diese dazu in die Lage versetzen, *mit konfessionell bzw. religiös anders geprägten Menschen tolerant und wertschätzend umzugehen.* Wesentliche Ziele eines konfessionellen Religionsunterrichts in ökumenischer Ausrichtung und Öffnung sind erreicht, wenn die Heranwachsenden »die Konfessionen in angemessener Form beschreiben können, sie miteinander in Beziehung bringen und sich selbst dazu ins Verhältnis setzen können« (Schweitzer/Biesinger/Conrad/Gronover 2006: 97).

Welche konkreten Inhalte bieten sich für einen konfessionell-kooperativen (katholisch-evangelischen) Religionsunterricht vor diesem Hintergrund an? Die bisherigen Lehrpläne und Richtlinien verheißen bei der Beantwortung dieser Frage meist nur wenig Hilfe. Denn in ihnen sind in der Regel keine methodisch-didaktischen Impulse zu einer konfessionellen Kooperation vorzufinden. Dies gilt selbst für neuere Curricula wie z. B. die (Erprobungs-)Lehrpläne für Evangelische und Katholische Religionslehre in der Grundschule in Nordrhein-Westfalen von 2003, die sich zwar für eine Ausschöpfung der von der DBK und EKD eröffneten Kooperationsmöglichkeiten (↗III.1) stark machen (Ministerium für Schule, Jugend und Kinder NRW 2003: 133 [ev. Lehrplan], 155 [kath. Lehrplan]), sich aber über die inhaltliche Gestaltung einer solchen Zusammenarbeit weithin ausschweigen.

Hilfreicher sind da die *Vorschläge zur Weiterentwicklung bestehender Lehrpläne im Hinblick auf eine ökumenische Kooperation in gemischt konfessionellen Lerngruppen*, die z. B. in *Niedersachsen* von einem Arbeitskreis evangelischer und katholischer Religionspädagogen und -pädagoginnen für die Grundschule formuliert wurden. Aus den jeweiligen Rahmenrichtlinien für evangelische und katholische Religion wurden hierzu für die 1. Klasse die Einheiten »Wir leben und lernen gemeinsam; Jesus redet in Bildern von der Liebe Gottes; Menschen zeigen die Liebe Gottes; Advent und Weihnachten feiern; Im Vertrauen Neues wagen – Abraham und Sara; Jesus wendet sich den Menschen zu; Aus Trauer wird Freude – Passion und Ostern; Wir erleben Gottes gute Schöpfung« (Kuhl/Lögering 2001a: 182) ausgewählt. Für das zweite Schuljahr sind die Themen »Geborgen in Gottes Hand; Vom Reich Gottes; Tod – Trauer – neues Leben; Weihnachten feiern – Freude schenken; Mit Jesus auf dem Weg; Die Geschichte Gottes mit Noah; Ostern verändert – neue Gemeinschaft entsteht; Leben in Kirche und Gemeinde« sowie die »Josefsgeschichten« (Kuhl/Lögering 2001b: 188) vorgesehen. Das Besondere an den curriculumähnlichen Plänen, die biblische Themen, christliche Feste im Jahreskreis sowie für Grundschulkinder bedeutsame anthropologisch-soziale Fragen einbeziehen, ist die *Aufschlüsselung nach fachübergreifenden, propädeutischen bzw. allgemein-religiösen und biblisch-christlichen Aspekten* sowie *konfessionellen Besonderheiten*, denen bei jeder Unterrichtseinheit entsprechende Ziele und Inhalte zugeordnet sind (s. exemplarisch die Tab. 1 und 2). Lediglich in der Spalte »Konfessionelle Besonderheiten« wurde auf Zielangaben bewusst verzichtet. Die Hinweise auf – auch regional bestimmte – konfessionelle Eigenheiten und Traditionen sollen hier für mögliche Fragen und Erfahrungen der Kinder sensibilisieren oder auf konfessionsspezifische didaktische Anknüpfungspunkte aufmerksam machen, die im Vorfeld eines solchen Unterrichts zu berücksichtigen und ggf. zwischen den entsprechenden Kooperationspartnern und -partnerinnen zu erörtern sind.

In einer Einheit zum Thema »*Jesus redet in Bildern von der Liebe Gottes*«, die das Motiv und Bild des Hirten – fachübergreifend, allgemeinreligiös und biblisch-christlich – entfaltet, betrifft dies im Wesentlichen

Fachübergreifende Aspekte	Propädeutische / allgemein-religiöse Aspekte	Biblisch-christliche Aspekte	Konfessionelle Besonderheiten (auch regional)
Ziel: – Die Schülerinnen und Schüler sollen die Aufgabe des Hirten für die ihm anvertrauten Tiere kennenlernen	*Ziel:* – Die Schülerinnen und Schüler sollen erkennen, daß der Mensch auf Begleitung und Geborgenheit angewiesen ist	*Ziel:* – Die Schülerinnen und Schüler sollen das Bild von Gott als gutem Hirten kennenlernen	
Inhalt: – Hirten und Herde – Aufgabe von Hirten, Lebensweise von Hirten	*Inhalt:* – Angst vor dem Verlorengehen – Die Freude, gesucht und gefunden zu werden	*Inhalt:* – Jesus erzählt von Gott – Gott ist wie ein guter Hirte (Ps 23,1; Lk 15,1–7)	*Inhalt:* – Hirtenstab des Bischofs

Tab. 1: Einheit »Jesus redet in Bildern von der Liebe Gottes« (aus: Kuhl/Lögering 2001a: 183)

die gegenwärtigen theologischen und praktischen Unterschiede im Amtsverständnis hinsichtlich des Hirtenamts (vgl. »Hirtenstab des Bischofs«). Hingegen treten in einer Einheit zum Thema »*Leben in Kirche und Gemeinde*« (s. Tab. 2) die unterscheidbare Ausstattung der Kirchenräume, verschieden geprägtes liturgisch-rituelles Verhalten sowie die Personen und das (Selbst-)Verständnis des evangelischen Pfarrers / der evangelischen Pfarrerin und des katholischen Priesters in den Vordergrund.

Bei anderen Einheiten wie z. B. zur Noahgeschichte (Gen 6–9) oder zu den Josefsgeschichten (Gen 37–50) können konfessionelle Besonderheiten aber auch gar nicht ins Gewicht fallen.

Eine ähnliche Struktur weisen die *Unterrichtsideen zur evangelisch-katholischen Kooperation in der bayerischen Grundschule* auf, die der katholische Religionspädagoge Thomas Gandlau und die evangelische Religionspädagogin Gertrud Miederer erarbeitet haben (Gandlau/Miederer 2002). Zunächst wird für alle vier Schuljahre eine Übersicht über die zahlreich vorzufindenden(!) Kooperationsthemen gegeben, die sich an den Lehrplaninhalten beider Konfessionen orientieren. Dann entfalten die Autoren detaillierte methodisch-didaktische Skizzen zu den exemplarischen Unterrichtseinheiten »*Gott suchen – Gott finden – mit Gott ins Gespräch kommen*« (1. Klasse), »*Schöpfung bewahren*« (2. Klasse); »*Bibel online – Bibel onlife*« (3. Klasse), »*Evangelisch – katholisch: Miteinan-*

Fachübergreifende Aspekte	Propädeutische / allgemein-religiöse Aspekte	Biblisch-christliche Aspekte	Konfessionelle Besonderheiten (auch regional)
Ziele: Die Schülerinnen und Schüler sollen – von unterschiedlichen Gemeinschaften hören, zu denen Menschen sich zusammenschließen – Räume und Gebäude kennen lernen, in denen sich Menschen versammeln und Gemeinschaft erleben – überlegen, zu welchen Gemeinschaften sie selbst gehören		*Ziele:* Die Schülerinnen und Schüler sollen – die Kirche als einen Raum mit besonderen Merkmalen und damit verbundenen Möglichkeiten des Handelns und Verhaltens kennen lernen – die evangelische und die katholische Kirche vor Ort unter Berücksichtigung der Unterschiede wahrnehmen – Aufgaben und Angebote in der eigenen Kirchengemeinde kennen lernen – die Feier eines Gottesdienstes in der Gemeinschaft erleben	
Inhalt: – In Gemeinschaft leben (Familie, Klasse, Schule, politische Gemeinde, Verein …) – Versammlungsräume, Vereinsräume …	*Inhalt:* – Religiöse Gemeinschaften (Christen, Muslime, Juden) – Versammlungs- und Gebetsräume im Ort (Kirche, Moschee, Synagoge)	*Inhalt:* – Kirche als Raum – Ev. Kirche, kath. Kirche – Kirchengemeinde vor Ort – Menschen in der Gemeinde – Gottesdienst feiern	*Inhalt:* – Ausstattung der Kirchenräume – Verhalten in der Kirche (z. B. Bekreuzigung mit Weihwasser beim Eintreten) – Ev. Pastor/Pastorin und kath. Pfarrer – Ev. und kath. Gesangbuch

Tab. 2: Einheit »Leben in Kirche und Gemeinde« (aus: Kuhl/Lögering 2001b: 193)

der leben – voneinander lernen« (4. Klasse), die für zeitweilig gemeinsame Unterrichtsphasen im Team-Teaching oder Wahlunterricht vorgesehen sind. Die Unterrichtsvorschläge bestechen durch einfallsreiche inhaltliche Impulse und durch ihre Methodenvielfalt und -variabilität, die kognitive, affektive und pragmatische Lernwege angemessen berücksichtigen.

Vielfältige, stets praxisnah und an konkreten Beispielen belegte Anregungen für die eigene konfessionell-kooperative Unterrichtsgestaltung bietet auch die *Orientierungshilfe von Schweitzer/Biesinger (2002)*. Diese schlagen gemäß der von ihnen favorisierten doppelseitigen Programmatik »Gemeinsamkeiten stärken – Unterschieden gerecht werden« eine noch andere inhaltliche Strukturierung konfessionell-kooperativen Unterrichtens in der Grundschule vor. Dabei sind *zwei didaktische Grund-*

Klasse	1. Schulhalbjahr	2. Schulhalbjahr
1	In einem neuen Haus. Wir bringen uns selber mit (Aus der ersten Einheit, die die Kinder in dem, was sie mitbringen, ernst nimmt, ergeben sich Themen für weitere Unterrichtseinheiten im ersten Schulhalbjahr; die UE ist noch nicht auf Unterschiede oder Gemeinsamkeiten bezogen.)	Unsere Eltern gehören verschiedenen Kirchen an (auf Unterschiede bezogene UE) Wer ist Jesus? Evangelische und katholische Christen glauben an Jesus Christus (an Gemeinsamkeiten orientierte UE)
2	Taufe (an Gemeinsamkeiten orientierte UE) Kirchen bei uns – Kirchenbesuche – Pädagogik des Kirchenraums (auf Unterschiede bezogene UE)	Meine Gebete – unser Gebet. Christen beten das Vaterunser (an Gemeinsamkeiten orientierte UE) Maria – Was sie für Katholische bedeutet und für Evangelische nicht bedeutet (auf Unterschiede bezogene UE)
3	Evangelisch und katholisch: Großeltern erzählen (auf Unterschiede bezogene UE) Was Christen gemeinsam verändern können (an Gemeinsamkeiten orientierte UE)	Die katholischen Kinder gehen zur Erstkommunion. Was bedeutet das? (auf Unterschiede bezogene UE) Wir bereiten einen ökumenischen Gottesdienst vor (an Gemeinsamkeiten orientierte UE)
4	Martin Luther (auf Unterschiede bezogene UE)	Katholisch-evangelisch: Was haben wir in der Grundschule bisher erreicht? (Diese Einheit dient der »Bestandsaufnahme« am Ende der Grundschulzeit; auch sie ist wie die erste UE nicht auf Unterschiede oder Gemeinsamkeiten bezogen)

Tab. 3: Thematische Vorschläge für Unterrichtseinheiten (UE): »Gemeinsamkeiten stärken – Unterschieden gerecht werden« (nach Schweitzer/Biesinger 2002: 102)

prinzipien wesentlich: Einerseits der beständige Wechsel zwischen an Gemeinsamkeiten orientierten und auf Unterschiede zwischen den Konfessionen bezogenen Unterrichtseinheiten. Im Vergleich zu den bisher dargestellten Praxisentwürfen werden also Themen, die den Bereichen »Kirche(n)« und »Konfession(en)« zuzuordnen sind, bewusst berücksichtigt und im Hinblick auf konfessionell-kooperative Lernprozesse zugespitzt. Dabei werden auch »heiße Eisen« nicht ausgeklammert. Die an konkreten Unterrichtsbeobachtungen geschulten methodisch-didaktischen Entwürfe verdeutlichen, dass bereits in der Grundschule konfessionsspezifisch akzentuierte Themen wie z. B. Maria, Martin Luther, Erstkommunion, Heilige (u. a. Elisabeth von Thüringen) von evangelischen und katholischen Schülern und Schülerinnen mit eigenem Gewinn bearbeitet werden können. Andererseits sind die konfessionell-kooperativen Themen *an der Lebenswelt der Kinder auszurichten.* Hierbei ist es entscheidend, »konfessionelle Gemeinsamkeiten und Unterschiede so aufzunehmen, dass sie aus den Zugängen und Erfahrungen der Kinder heraus und an diesen anknüpfend entwickelt werden können. [...] Kinder müssen erfahren können: Hier geht es um mich, weil man mich und meine Sicht der Dinge ernst nimmt.« (Schweitzer/Biesinger 2002: 101) Gelingt dies nicht, können religionsdidaktische Bemühungen schnell wirkungslos werden.

Bedeutungsvoll ist daher auch die Rahmung der thematischen Vorschläge: Zu Beginn wird – lebensweltlich – bei den religiösen Vorerfahrungen und Vorkenntnissen der Kinder in Bezug auf Religion, Christentum und christliche Gebräuche angeknüpft (»Was Kinder mitbringen«). Damit wird ernst genommen, dass Kinder bereits vielfältige Erfahrungen und Vorstellungen mit in den Unterricht bringen und – im Sinne des Konzepts einer »Kindertheologie« bzw. eines »Theologisierens mit Kindern« (vgl. hierzu: Grethlein/Lück 2006: 49 ff.) – zu einer eigenständigen gedanklichen Durchdringung dieser zum Teil in der Lage sind. Am Schluss steht eine Bestandsaufnahme. Rückblickend werden noch einmal die Themen und Lernprozesse betrachtet. Die Schüler und Schülerinnen ziehen ein Resümee des bisherigen konfessionell-kooperativen Unterrichts: »Katholisch-evangelisch: Was haben wir in der Grundschule bisher erreicht?«.

Bei den *Themenvorschlägen für einen konfessionell-kooperativen Religionsunterricht in der Sekundarstufe I* revidieren die Autoren ihre frühere Empfehlung, dass nach Möglichkeit auf Gemeinsamkeiten fokussierte Einheiten mit auf Unterschieden konzentrierte Unterrichtseinheiten abzuwechseln seien. Die für die Jahrgangsstufen 7 bis 10 ausgearbeiteten Bausteine für eine konfessionelle Kooperation (s. Tab. 4) sind nun nicht eigens auf Gemeinsamkeiten oder Unterschiede abgestimmt. Dies ermöglicht den Lehrenden, »die Themen unterschiedlich zu gewichten bzw. einmal mehr die Gemeinsamkeiten und einmal stärker die Unterschiede« (Schweitzer/Biesinger/Conrad/Gronover 2006: 98) zu betonen. Die Unterrichtsvorschläge wollen insgesamt die empirische Beobachtung ernst nehmen, dass Jugendliche in der Regel nur wenig Interesse an einer (eher) theoretisch-abstrakt ausgerichteten Auseinandersetzung mit der Frage nach den Merkmalen der evangelischen und der katholischen Kirche zeigen. Ihnen ist es gleichgültig, was beide Kirchen trennt, da »Konfession für ihr tägliches Leben und Miteinander ›keine Rolle spielt‹, solange sie damit kein Gesicht verbinden. Dennoch stellt gerade die Frage nach der Konfession einen wichtigen Lerninhalt dar. Denn solange es nicht die eine christliche Kirche gibt, sondern nur die christlichen Kirchen in unterschiedlichen Gestalten, solange muss auch der Religionsunterricht Orientierungswissen zur Verfügung stellen, das befähigt, mit den Unterschieden umzugehen« (99). Die Tübinger Theologen ziehen hieraus einerseits die Konsequenz, die Unterrichtsbausteine lebensweltlich zu verankern und sie zugleich an persönliche Biographien z. b. in der eigenen Familie (Eltern, Großeltern), aber auch an das Leben der einzelnen Schülerinnen und Schüler rückzubinden. Viele Jugendliche haben spätestens in der Klasse 9 – bewusst oder unbewusst – schon wiederholte kirchlich-konfessionelle Erfahrungen (z. b. Taufe, Firmung – Konfirmation, andere Amtshandlungen, Beichte, Ministrieren, Bibellektüre) gemacht. Ziel und Aufgabe eines dialogisch-kooperativen Religionsunterrichts ist es demnach, den Schülern und Schülerinnen »die Einordnung und Bewertung solcher Erfahrungen zu ermöglichen« (114). Andererseits soll vor kontrovers diskutierten, hochtheologischen Themen wie z. B. der Lehre von der Rechtfertigung nicht zurückgewichen werden. Dieser grundlegende Gegenstand christlichen Glaubens und christlicher Theologie evangelischer wie katholischer Provenienz kann nach Schweitzer u. a. durch einen erfahrungsorientierten Zugang didaktisch so konturiert werden, dass den Schülerinnen und Schülern seine historische Bedeutung für konfessionelle Identitätsbildungen und seine aktuelle Relevanz für ökumenische Annäherungsprozesse deutlich wird (vgl. 122–128). Sehr innovativ ist auch der Versuch, die konfessionelle Ausdifferenzierung des Islams in Sunniten und Schiiten mit innerchristlichen Differenzierungen (evangelisch, katholisch usw.) zu kontrastieren. Ebenso wie das Christentum kennt der Islam verschiedene Glaubensrichtungen, die »dem religiösen Leben seine konkrete Form geben und jeden einzelnen in eine Tradition stellen« (134).

1. Baustein:	Evangelische Frau heiratet katholischen Mann – Kein Problem?
2. Baustein:	Großeltern erzählen
3. Baustein:	Kirche in meinem Leben
4. Baustein:	Kann man das Evangelische oder das Katholische fotografieren?
5. Baustein:	Konfirmation – Firmung
6. Baustein:	Evangelisch – Katholisch – gemeinsam verschieden

7. Baustein:	Rechtfertigungslehre
8. Baustein:	Kirchengeschichtliche Ereignisfolge
9. Baustein:	Jesus Christus
10. Baustein:	Das Zeugnis der Kirchen in der pluralen Gesellschaft
11. Baustein:	Sunniten und Schiiten – Evangelisch und Katholisch

Tab. 4: Übersicht über Unterrichtsbausteine konfessionelle Kooperation Sekundarstufe I (Schweitzer/Biesinger/Conrad/Gronover 2006: 96–135)

Anregend sind schließlich auch die *Unterrichtsbausteine für einen konfessionell-kooperativen Religionsunterricht in der Sekundarstufe II* zum Thema »Typisch katholisch – typisch evangelisch«, die *Toni Binder* und *Beate Selb* konzipiert und unterrichtlich erprobt haben. Auch hier sind zunächst die Vorerfahrungen der Schüler und Schülerinnen mit Formen evangelischer und katholischer Frömmigkeit und ihre (bisherige) Sicht der eigenen und der anderen Konfession wichtig. In einem ersten Baustein (»Frömmigkeit«) werden lebensgeschichtlich verankerte katholische und evangelische Identitätsmerkmale herausgearbeitet. Weil die Unterschiede zwischen Katholiken und Protestanten in der Reformationszeit begründet liegen (Luther selbst hatte an den Frömmigkeitspraktiken der mittelalterlichen Kirche Anstoß genommen), schließt ein wissenschaftspropädeutisch ausgerichteter Oberstufenreligionsunterricht hieran einen »kirchengeschichtliche[n] Rückblick auf Luthers Rechtfertigungslehre sowie seine reformatorischen Schriften an« (Baustein 2; Binder/ Selb 2005: 31). Gemeinsame Überzeugung der Autoren ist, dass sich in diesen Schriften der gegenwärtige »Stand der ökumenischen Theologie« bereits andeutet. Es folgen Unterrichtseinheiten zu den beiden Bereichen, in denen die beiden Kirchen kontroverstheologisch nach wie vor weit voneinander entfernt sind: im »Amtsverständnis« (Baustein 3) und im Verständnis von »Eucharistie und Abendmahl« (Baustein 4), wobei ggf. auch auf das unterschiedliche Sakramentsverständnis eingegangen werden kann. Die – z.B. auf gleich strukturierten Wandplakaten festgehaltenen – Ergebnisse aus allen vier Bausteinen führen zusammenfassend wichtige Begriffe sowie konfessionell verbindende und konfessionell unterschiedliche Aspekte vor Augen, die für die eigene Interpretation und persönliche Verortung der Schülerinnen und Schüler nutzbar gemacht werden können. Sehr gelungen erscheint auch die Anregung, die Unterrichtseinheit mit der gemeinsamen Vorbereitung und Feier eines ökumenischen Schulgottesdienstes zu beenden.

2. Lernwege

Die Frage nach Lernwegen, die das ökumenische Lernen im schulischen Religionsunterricht fördern, ist eine nicht nur ›methodische‹ Frage. Insofern ökumenisches Lernen immer sowohl ein inhaltsbezogenes Lernen als auch wesentlich Beziehungslernen ist, gewinnt das Kommunikationsgeschehen in der »Lerngruppe als soziales Medium ökumenischen Lernens« (Scheidler 1999: 87) eine herausragende Bedeutung. Die Frage nach den Lernwegen stellt sich in diesem Zusammenhang als Frage nach einer dem ökumenischen Lernen förderlichen unterrichtlichen Kommunikations- und Gesprächskultur und als Frage nach Kooperationsformen, die eine solche Unterrichtskultur ermöglichen und anregen.

Karl Ernst Nipkow formuliert »Kommunikationsregeln für interreligiöse und interkonfessionelle Verständigung in wechselseitiger Achtung vor Differenz« (Nipkow 1998: 112–123), die für eine solche unterrichtliche Gesprächskultur bedeutsam sind:

1. »Leite die Kinder an, über die Inhalte einer anderen Konfession oder Religion möglichst so zu kommunizieren, als kommunizierten sie mit einem anderen Menschen, dem sie in seiner religiösen Erfahrung, Überzeugung und damit Identität denselben Respekt schulden, wie sie ihn gegenüber sich selbst erwarten!« (114)

2. »Leite die Kinder an, über eine fremde Religion oder Konfession so zu kommunizieren, daß das, was religiös anders ist, anders bleiben darf, so daß nicht nur eine abwertende Ausgrenzung (Regel 1), sondern auch eine freundliche Invasion oder Einvernahmung vermieden und gelernt wird, sich auch bei bestehen bleibenden Unterschieden zu verständigen.« (115 f.)

3. »Kommuniziere mit den Kindern und Jugendlichen über unterschiedliche religiöse Wahrheitserfahrungen so, daß beides ernst genommen wird, die Ernsthaftigkeit der von anderen Gläubigen bezeugten Glaubenserfahrungen und das ernsthafte Interesse der Kinder und Jugendlichen an der Beurteilung dieser Erfahrung!« (117)

4. »Kommuniziere über Religionen und Konfessionen mit Kindern so, daß nicht verfrüht kognitive Konzepte (Lehrunterschiede) in den Vordergrund gerückt werden, die die Kinder noch gar nicht einsehen können, sondern so, daß das konkrete religiöse Verhalten und das menschliche Verhältnis zueinander in Respekt vor jedem anderen Kind als Person (Regel 1) im Vordergrund stehen!« (119)

5. »Schaffe für die Kommunikation über religiöse Unterschiede unter besonders sorgfältiger Rücksichtnahme auf religiöse Minderheiten eine Atmo-

sphäre des Vertrauens und kommuniziere grundsätzlich über Religion in einer religionsfreundlichen Grundhaltung.« (120)

6. »Kommuniziere als Pädagoge über Religionen und Konfessionen mit Kindern und Jugendlichen nicht so, als könne und dürfe sich die Pädagogik zur Schiedsrichterin in der Beurteilung inhaltlicher religiöser Unterschiede in Lehre und Verhalten aufwerfen, wenn solche Urteile bereits von der Bezugsdisziplin der Religionswissenschaft aus gesehen nicht haltbar sind und / oder eindeutig das Recht der Religionsgemeinschaften auf authentische Selbstinterpretation betreffen und unter die Kompetenz der theologischen Bezugsdisziplinen fallen (evangelische oder katholische Theologie, jüdische Theologie, islamische Theologie usw.), es sei denn, religiöse Ansichten verstoßen gegen Grundrechte und -werte der Verfassung!« (122)

Die Kooperationsformen eines konfessionell-kooperativen Unterrichts sind vielfältig. Sie eröffnen unterschiedliche Chancen des Lernens und sind in ihrer jeweiligen Reichweite und in ihren jeweiligen Grenzen mit Blick auf die für die konkrete Situation unterschiedlichen organisatorischen und personellen Voraussetzungen zu würdigen und zu wählen (vgl. die »Checkliste für die Wahl der Kooperationsform« bei Schweitzer/Biesinger 2002: 96, ferner: Heinemann/Friedrichsdorf 1999: 13 f.). *Wolfgang Kalmbach* unterscheidet *sechs Grundformen der Zusammenarbeit der Fächer Evangelische Religionslehre und Katholische Religionslehre* (Kalmbach 1994, 33; vgl. auch Schweitzer/Biesinger 2002: 89–96, Schweitzer/Biesinger/Conrad/Gronover 2006: 80–87 ↗ S. 191, Tab. 5).

Als besonders wirkungsvoll erwiesen sich in den Begleituntersuchungen des Tübinger Projekts wie gesehen die Formen des von zwei Lehrpersonen mit unterschiedlicher Konfessionszugehörigkeit gemeinsam – im Team-Teaching oder im Lehrertausch – durchgeführten Unterrichts: »Schülerinnen und Schüler haben nur dann eine Chance, die andere Konfession authentisch kennen zu lernen, wenn diese auch durch eine Person ›ins Spiel kommt‹.« (Schweitzer/Biesinger 2002: 90)

Begegnung und Dialog sind Grundgestalten des ökumenischen Lernens im konfessionell-kooperativen Religionsunterricht. Werner H. Ritter unterscheidet in diesem Zusammenhang als »Ebenen des Lernens von, an und mit anderen Konfessionen« (Ritter 2006: 265 f.) die ästhetische Ebene, die Beziehungs- und Gefühlsebene, die kognitive Ebene, die Handlungsebene und die spirituelle Ebene. Unterrichtliche Lernprozesse sind von daher vielschichtig anzuregen und zu planen.

Der konfessionell-kooperative Religionsunterricht partizipiert an der methodischen Vielfalt der unterrichtlichen Lernkultur des Religionsunterrichts in der Grundschule und in den Sekundarstufen. So

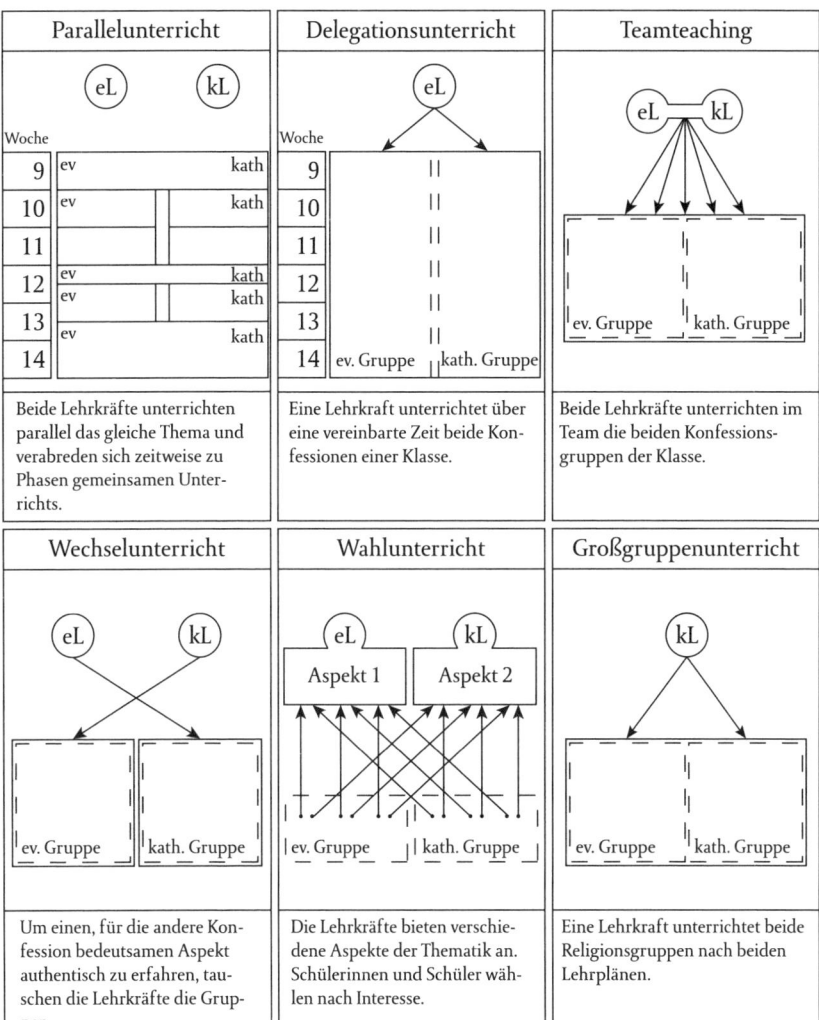

Tabelle 5: Grundformen der Zusammenarbeit der Fächer Ev. und Kath. Religionslehre (Kalmbach 1994, 33)

skizziert der *Grundlagenplan für den katholischen Religionsunterricht in der Grundschule* zehn Wege religiösen Lernens, welche die unterrichtliche Lernkultur dieser Schulstufe profilieren und die auch elementare Lernformen des konfessionell-kooperativen Unterrichts beschreiben (Zentralstelle Bildung 1998: 66–74):

1. Lernen mit allen Sinnen
2. Praktisches Lernen
3. Spielen
4. Stille lernen
5. Lernortwechsel und Erkundungen
6. Fächerverbindendes Lernen
7. Erzählen
8. Das fragende und nachdenkliche Gespräch
9. Lernen in der Begegnung mit anderen
10. Biographie- und situationsorientiertes Lernen

Mit Blick auf die Ziele konfessionell-kooperativen Lernens erlangen einzelne Lernwege einen besonderen Stellenwert. Ökumenisches Lernen ist vom Ansatz her ein Lernen in der Begegnung mit anderen. In diesen Begegnungen lernen Schüler und Schülerinnen ›mit allen Sinnen‹. Sie lernen, wie evangelische und katholische Christen dem Glauben gestalthaft Ausdruck verleihen in Brauchtum und Symbolen, in Bildern und Liedern, in der Feier der Feste und des Gottesdienstes. Sie hören Erzählungen von katholischen und evangelischen Christen, die in der Nachfolge Jesu Christi leb(t)en und Maßstäbe setzten. Sie erkunden vor Ort, wie evangelische und katholische Christen den Glauben heute leben, und lernen in der Begegnung mit Menschen und in der Begegnung mit Räumen der Kirchengemeinden (Goecke-Seischab/Harz 2005, Bucher/Büttner/Freudenberger-Lötz/Schreiner 2005). Sie erfahren auch, wie Christen in anderen Ländern leben (Beck u. a. 1991). Ökumenisches Lernen weitet in diesem Zusammenhang den Horizont und eröffnet den Blick auf die weltumspannende Lebensgemeinschaft aller Menschen. Grenzüberschreitende Patenschaften und Projekte erschließen darüber hinaus Lernchancen des gemeinsamen praktischen Handelns.

Die für das unterrichtliche Lernen im Religionsunterricht der Grundschule beschriebenen Lernwege bleiben auch für das Lernen in der *Sekundarstufe I* bedeutsam. Sie werden ergänzt und erweitert durch neue Lernwege. So eröffnen projektorientierte Lernformen Chancen eines das schulische Lernen zum Umfeld der Schule hin öffnenden gemeinsamen Lernens. Der sich weitende lebensgeschichtliche und historische Horizont erschließt ferner neue Perspektiven des biographieorientierten und kirchengeschichtlichen Lernens (Simon 2003; Gutschera/Thierfelder 1976, 1987, Petri/Thierfelder 1995, Steinwede 1987).

Werner Trutwin skizziert in seinem Unterrichtswerk für den katholischen Religionsunterricht an Realschulen und Gymnasien für die *Jahr-*

gangsstufen 7/8 ein *Projekt* zum Thema »Die Reformation in unserer Heimat« (Trutwin 2001: 144):

»Das Projekt ›Die Reformation in unserer Heimat‹ solltet ihr mit den Schülerinnen und Schülern des evangelischen Religionsunterrichts gemeinsam erarbeiten, Hilfen findet ihr im Internet, in den Pfarreien und Kirchengemeinden, bei einem Heimatverein, in der Stadtbibliothek usw.

1. Zur *Vorbereitung* könnt ihr die Fragen [...] und die Grundbegriffe [...] aus dem Kapitel ›Eine bunte Vielfalt‹ wiederholen und Sätze an die Tafel schreiben, von denen ihr meint ›typisch katholisch‹ und ‹typisch evangelisch‹.

2. Im *Mittelpunkt* sind in verschiedenen Gruppen *Arbeiten* wie diese möglich:
   - ein Verzeichnis, eine Kurzbeschreibung und evtl. auch Bilddokumentation von den Spuren der Reformation in eurer Stadt bzw. Umgebung erstellen
   - eine Zeitleiste mit Daten zur Reformation in eurer Heimat anfertigen
   - eine Karte entwerfen, auf der ihr katholische und evangelische Kirchen und Einrichtungen eintragt
   - eine Statistik grafisch darstellen, die den katholischen und protestantischen Anteil an eurer Klasse, Schule, Stadt und an der Bevölkerung der Bundesrepublik zeigt
   - ein Plakat entwerfen, das für ökumenische Aktivitäten wirbt
   - auf einem Cassettenrecorder oder einer Diskette Antworten zu der Frage sammeln ›Was bedeutet es dir/Ihnen, katholisch bzw. evangelisch zu sein?‹

3. Am *Ende* könnt ihr bei einer Art *Talkshow* Fragen wie diese behandeln:
   - Wie hat sich vor Ort das Verhältnis der Konfessionen in den letzten Jahrzehnten und Jahren entwickelt?
   - Wie sehen evangelische und katholische Christen heute Luther und den Papst?
   - Wie stellen die evangelischen und katholischen Schulbücher für den Religionsunterricht sowie die Geschichtsbücher die Reformation dar? Was wird gesagt, was weggelassen? Wie sind jeweils die Kirchen beschrieben und beurteilt?
   - Warum haben Schülerinnen und Schüler heute mit dem Verständnis der Reformation so große Schwierigkeiten?

4. Eine *praktische Aufgabe*: Etwas in der Klasse oder Schule zur Verbesserung des gegenseitigen Verständnisses tun.«

Ein strukturiertes Arbeitsbuch zum ökumenischen Lernen in der Sekundarstufe I legen *Ulrich Becker, Gerhard Büttner, Herbert Gutschera und Jörg*

Thierfelder unter dem Titel »Projekt Ökumene. Auf dem Weg zur Einen Welt« (Düsseldorf/Stuttgart 1997) vor. Es thematisiert das ökumenische Lernen zwischen den Konfessionen im Kontext des ökumenischen Lernens für eine von allen Menschen gemeinsam bewohnbare Welt (Konziliarer Prozess für Gerechtigkeit, Frieden und Bewahrung der Schöpfung).

Zahlreiche weitere Hinweise zu Lernwegen des konfessionell-kooperativen Religionsunterrichts – sowohl für die Primarstufe als auch für die Sekundarstufen I und II – finden sich in den didaktischen Anregungen und in den Unterrichtsbausteinen zu den Themen des Tübinger Projekts (vgl. Schweitzer/Biesinger 2002: 103–159, Schweitzer/Biesinger/ Conrad/Gronover 2006: 87–96; 7 VI. 1).

Hingewiesen sei abschließend auch auf die *vielfältigen außerunterrichtlichen Möglichkeiten konfessioneller Kooperation in der Schule*: Feste im Jahreskreis, Tage der Orientierung, Religiöse Wochen, Schulgottesdienste, Arbeitsgemeinschaften, Projektgruppen, die das Schulleben bereichern und einen spezifischen Beitrag zur Schulkultur leisten können (Heinemann/Friedrichsdorf 1999).

Es dürfte deutlich geworden sein, dass methodische Entscheidungen nie nur methodische Entscheidungen sind, sondern in einem umfassenden didaktischen Horizont interpretiert und beurteilt werden müssen. Hilfreich ist in diesem Zusammenhang eine von der Tübinger Projektgruppe erarbeitete *Kriterienliste:*

»(1) Der konfessionelle Religionsunterricht muss den Weltzugängen der Schüler und Schülerinnen gerecht werden.

(2) Die Themen des konfessionell-kooperativen Religionsunterrichts müssen lebensweltlich verankert sein.

(3) Konfessionell-kooperativer Religionsunterricht darf sich nicht in Nebensächlichkeiten oder in Stofffülle verlieren.

(4) Konfessionell-kooperativer Religionsunterricht braucht erfahrungs- und handlungsbezogene bzw. kreative Lernformen.

(5) Guter konfessionell-kooperativer Religionsunterricht ist keine Konfessionskunde, sondern folgt der existenziellen Suche nach Wahrheit.

(6) Konfessionell-kooperativer Religionsunterricht muss konfessionelle Prägungen und Positionen offen legen und explizit thematisieren.«

Schweitzer/Biesinger/Conrad/Gronover 2006: 100f.

VII. Implikationen für die religionsdidaktische Aus- und Fortbildung

Aus den bisherigen Ausführungen wurde ersichtlich: Ein konfessioneller Religionsunterricht in ökumenischer Ausrichtung und Öffnung, der die doppelte Zielsetzung von Identitäts- und Verständigungsförderung zu verwirklichen sucht, stellt hohe Anforderungen an die ihn erteilenden Lehrkräfte. Anders als der monokonfessionell geschlossene Unterrichtstypus setzt ein solches Modell von Religionsunterricht, zumal wenn es im Team-Teaching oder gar als Delegationsunterricht in einer konfessionell gemischten Lerngruppe durchgeführt wird, auf Seiten der betreffenden Religionslehrkräfte neben der eigenen konfessionellen Beheimatung und Profilbildung den Erwerb differenzierter Kenntnisse von den Eigenarten, Denktraditionen und liturgisch-rituellen Besonderheiten der jeweils anderen Konfession als eine notwendige Bedingung voraus. Nur so ist es möglich, auf Beiträge der Schüler und Schülerinnen, die nicht der eigenen Konfession angehören, angemessen einzugehen und konstruktive Hilfen auch zu deren religiösen und konfessionellen Weiterentwicklung zu leisten. Zugleich sind die Ausbildung einer interkonfessionellen Kooperations- und Gesprächsfähigkeit und die Bereitschaft, in konfessionsübergreifenden Begegnungen und Dialogen voneinander und miteinander zu lernen, von großer Bedeutung. Konfessionell-kooperativer Religionsunterricht stellt also inhaltlich »vor die Aufgabe, sich der eigenen konfessionellen Bindungen zu vergewissern und Einblick in die andere Konfession zu gewinnen« (ebd.: 205). Daneben ist die Kenntnis von organisatorischen und didaktisch-methodischen Grundformen der konfessionellen Kooperation (↗ VI.) im Unterricht wichtig.

Die angesprochenen Erfordernisse werden in der bisher üblichen Ausbildungspraxis allerdings augenfällig nur selten erreicht. Ein Grund hierfür ist sicherlich der Sachverhalt, dass die für eine sach- und schülergemäße Erteilung eines konfessionell-kooperativen Religionsunterrichts dringend notwendige inhaltliche und strukturelle Reform des religionspädagogischen Lehramtsstudiums u. a. im Hinblick auf eine verstärkte ökumenisch-theologische und konfessionskundliche Ausrichtung sowie eine verbindliche Institutionalisierung interkonfessioneller Kooperationen an vielen Hochschulen erst sukzessive in Angriff genommen wurde. Genauso wichtig sind aber auch die Durchführung kooperativer Veranstaltungen in der zweiten Ausbildungsphase sowie gemeinsame, ökumenisch verantwortete Lehrertage. Bereits im Studium ist der kontinuierliche Austausch zwischen evangelischen und katholischen (ggf. auch orthodoxen) Religionspädagog(innen)en zu fördern. Gemeinsame Veranstaltungen von Studierenden beider Konfessionen soll-

ten in allen theologischen Disziplinen – also nicht nur in der Religionspädagogik und -didaktik – auf der Tagesordnung stehen. Gerade in der
Kirchengeschichte, der Dogmatik oder der Moraltheologie bzw.
Ethik bietet sich gemäß der übergreifenden Programmatik »Gemeinsamkeiten
stärken – Unterschieden gerecht werden« die konfessionell-kooperative
Behandlung von elementaren Themen- und Problemfeldern in Bezug
auf Gemeinsamkeiten und Unterschiede zwischen den Konfessionen an.
Dabei können kooperativ gemeinsame durchaus mit konfessionell getrennten Lehr-Lernphasen abwechseln. Neben fundierten konfessionskundlichen und ökumenischen Grundkenntnissen ist die Beschäftigung
mit den kindlichen Welt- und Glaubenszugängen religionspädagogisch
besonders bedeutsam. Hierzu gehören auch differenzierte entwick-
lungs-, religions- und konfessionspsychologische Einsichten, um Äußerungen von Kindern beim konfessionell-kooperativen Unterrichten
sachgerecht zu verstehen und diese in ihrer Entwicklung adäquat begleiten zu können. Aufzuspüren sind ferner »Möglichkeiten, Themen wie
die Rechtfertigung von den lebensweltlichen Bezügen der Kinder her
und auf diese hin zu bearbeiten« (Tübinger Projektgruppe Konfessionelle Kooperation 2002: 142). Ausgangspunkt sollten hier die lebensweltlichen Erfahrungen sein, die Heranwachsende bereits in den Unterricht
mitbringen. Wichtig sind ebenfalls Kenntnisse über die verschiedenen
didaktischen Realisierungsformen konfessioneller Zusammenarbeit und
deren Erprobung in der Unterrichtspraxis (z. B. in Fachpraktika). Auch
methodische Kompetenzen sind im Blick auf konfessionell-kooperatives
Unterrichten nicht zu unterschätzen. Grundsätzlich ist eine Unterrichtsgestaltung anzustreben, die Kopf, Herz, Hand und Fuß gleichermaßen
einbezieht. D. h. ein konfessioneller Religionsunterricht in ökumenischer
Ausrichtung und Öffnung sollte alle Sinne des Menschseins ansprechen
und somit kognitive, affektive und pragmatische Lernwege berücksichtigen (↗VI.2). Er ist nicht auf Lehrer- bzw. Schülervortrag, Gespräch und
(kontroverse) Diskussionen zu begrenzen. Vielmehr sind vermehrt auch
kreativ-ganzheitliche, handlungs- und erfahrungsorientierte Lernformen (z. B. authentische Begegnungen, Exkursionen, Projekte, Feste und
liturgische Feiern, aktive Erkundung von Kirchenräumen, meditative
Übungen) einzubeziehen, die eine ›lebendige‹ Auseinandersetzung mit
der eigenen und der anderen Konfession fördern. Eine Beschränkung auf
eine distanzierte Präsentation mittels Schulbüchern oder audiovisueller
Medien ist zu vermeiden. Differenzierte Einblicke in die Lehrpläne der
eigenen und der anderen Konfession sind für konfessionelle Kooperationen ebenfalls unentbehrlich. Dabei sind die Gemeinsamkeiten und Unterschiede zwischen beiden Plänen herauszuarbeiten. Auf der Grundlage

vertiefter Kenntnisse beider Curricula können in der Aus- und Fortbildungspraxis dann auch gut Umsetzungsbeispiele für ausgewählte Themenfelder in konfessionell-kooperativer Zusammenarbeit erstellt werden.

Wie eine solche Kooperation konkret aussehen könnte, zeigt ein *Erfahrungsbericht der katholischen Fachleiterin Iris Bosold* über eine gemeinsame Kompaktphase des evangelischen und des katholischen Referendarskurses am Staatlichen Seminar für Schulpädagogik in Tübingen. In diesem bereiten beide Kurse gemeinsam eine Unterrichtsreihe zu dem Thema »Christen leben in Konfessionen« bzw. »Einheit und Verschiedenheit im Glauben: evangelisch, katholisch, orthodox« für eine sechste Jahrgangsstufe vor. Dabei werden die jeweiligen konfessionell-theologischen Sachkompetenzen genutzt, »konfessionelle Eigenheiten bewusst gemacht und reflektiert, Vorteile von Teamarbeit verdeutlicht. [...] Im Vorfeld der Kompaktphase wird das gängige Unterrichtsmaterial gesichtet. ›Expertinnen‹ und ›Experten‹ für die jeweiligen Unterrichtsmodelle bzw. Lehrbuchkapitel erklären sich bereit, ›ihr‹ Unterrichtsmodell vorzustellen und in die gemeinsame Planung einzubringen. Nach einer kurzen Lehrplanreflexion wird die Gesamtgruppe in die Methode des Gruppenpuzzles eingeführt und teilt sich in Expertengruppen à 4 Teilnehmer und Teilnehmerinnen ein. Auf diese Weise entstehen Expertengruppen ›Ich bin evangelisch‹, ›Ich bin katholisch‹, ›Ich bin orthodox‹ [...]. Diese (konfessionell gemischten!) Expertengruppen tauschen sich eine knappe Stunde über folgende Fragen aus:
- Welche Inhalte/Ziele sind meiner Konfession wichtig?
- Zerrbilder/Karikaturen meiner Konfession
- was ich als evangelischer (katholischer, orthodoxer, freikirchlicher) Christ nicht so gerne höre.

Das Ergebnis dieses ausgesprochen engagierten Austausches hält die Vierergruppe in knappen Thesen, einer Skizze o.ä. auf einem Blatt fest« (Bosold/ Bosold/Schweizer 2002: 299 f.). Im Anschluss daran werden Integrationsgruppen gebildet, die sich aus je einem Mitglied der verschiedenen Expertengruppen zusammensetzen. Deren Aufgabe ist es jeweils, die Unterrichtseinheit zu planen, zu strukturieren und mit passendem Unterrichtsmaterial auszugestalten. Diese z.T. sehr unterschiedlichen Planungen werden allen Teilnehmern und Teilnehmerinnen zur Verfügung gestellt, um Anregungen für die eigene Unterrichtsgestaltung zu geben. Religionsdidaktisch interessant und relevant ist nach Bosold »jedes Mal die Auswertung der ersten Arbeitphase (die Expertengruppe), in der die besonderen Akzente/Inhalte der eigenen Konfession und die möglichen Zerrbilder/Karikaturen zu Tage treten« (300). Diese führte meist wider Erwarten eine Vielzahl von konfessionellen Akzentuierungen und Abgrenzungen aus Sicht der Teilnehmenden vor Augen, die häufig verwundert und z. T. auch schmunzelnd zur Kenntnis genommen werden.

So stellte eine Expertengruppe z. B. als *Zerrbilder der evangelischen Konfession* heraus: »endlos lange Predigten, starre Gottesdienstform; sinnenarme, vertrocknete, freudlose Religiosität; Versuch, alles und alle zu integrieren; Fehlen einer geistlichen, spirituellen Struktur: ›lascher Haufen‹; Hang zum Politisieren; akademische Arroganz« (301). *Karikaturen der katholischen Konfession* werden u. a. in folgenden Aspekten gesehen: »obskure liturgische Formen, Papst und krampfhafte Fixierung auf Themen wie Sexualität und Empfängnisverhütung, Zölibat; problematische Volksfrömmigkeit, merkwürdige Heiligenverehrung (z. B. Blasiussegen, Reliquienkult ...); Frauenfeindlichkeit (keine Frauenordination); Denkblockaden, Zensur« (301 f.). Besondere *evangelische Akzente* werden in der »Bedeutung der Freiheit« als »Chance zu Toleranz und Dialogfähigkeit«, der »Ausbildung einer Diskussions- und Streitkultur«, der »Priorität der Bibel, der Predigt und der Lehre«, der »Bedeutung der Musik« und der beiden »Sakramente Taufe und Abendmahl« sowie in »Martin Luther und der Reformation« ausfindig gemacht. Besondere *katholische Akzentuierungen* seien hingegen in der »Bedeutung des Begriffs ›katholisch‹ = allumfassend«, der »Chance einer pluralistischen Kirche, in der Vielfalt möglich und gewollt ist« und der »Kirche als Gemeinschaft, in der Glaubens- und Alltagsleben integriert wird (nicht nur Kultgemeinschaft ...)« zu finden. Genannt werden ferner »das Kirchenjahr und die jeweils besondere Liturgie«, die »sieben Sakramente«, »der Papst« und die »Heiligen-, bes. Marienverehrung« (ebd.). Es erscheint lohnenswert, sich (nicht nur) im Studium oder Referendariat von diesen Vorgaben inspirieren zu lassen und die Fragen nach besonderen Akzenten bzw. Inhalten sowie möglichen (eigenen) Zerrbildern der einen und anderen Konfession einmal für sich selbst zu beantworten.

Die Tübinger Religionspädagogin stellt angesichts dieser und anderer Ergebnisse zusammenfassend fest. »Erstaunlich war immer wieder schon bei diesem ›Startschuss‹ in die ökumenische Kooperation, dass und wie sich die jungen Kolleginnen und Kollegen in ihrer konfessionellen Identität einbrachten (und sich dieser konfessionellen Prägung teilweise nicht bewusst waren!)« (Bosold/Bosold/Schweitzer 2002: 302).

Dieser für die zweite Ausbildungsphase konzipierte *lebens- und glaubensgeschichtliche Ansatz* kann mit einigen Modifikationen gewinnbringend durchaus bereits in der ersten Ausbildungsphase aufgegriffen werden. Die Auseinandersetzung mit der eigenen Lebens- und Glaubensgeschichte sowie mit – bewussten oder unbewussten – konfessionellen Prägungen ist hier ebenfalls wichtig. Sie können die Basis für eine vertiefte Beschäftigung mit konfessionskundlichen und ökumenisch-theologischen Themenstellungen bilden. Bereits im Theologiestudium sollte darum den folgenden Fragen und Impulsen ein breiter Raum eingeräumt werden (vgl. auch Bosold/Böhm 2005: 19):

- Wann ist mir zum ersten Mal bewusst geworden, dass ich katholisch bzw. evangelisch bin?
- Was ist für mich »typisch evangelisch« bzw. »typisch katholisch«?
- Welche Stärken sehe ich in Bezug auf meine / die andere Konfession?
- Welche Defizite oder Schatten sehe ich in Bezug auf meine / die andere Konfession?
- Warum möchte ich weiterhin evangelisch bzw. katholisch sein / bleiben?
- Auf welche Traditionen, Glaubensvorstellungen und Bräuche meiner Konfession möchte ich in einem konfessionell-kooperativen Unterricht nicht verzichten?
- Welche Traditionen, Glaubensvorstellungen und Riten der anderen Konfession empfinde ich für einen konfessionell-kooperativen Unterricht als bereichernd?

All diese Fragen sollten zunächst einzeln beantwortet werden. Es ist sinnvoll, diese später dann aber auch mit Studierenden der jeweils anderen Konfession zu besprechen. Diese Gespräche können ein Ansporn sein, sich des eigenen konfessionellen Standpunktes – neu oder vertieft – zu vergewissern und sich zugleich mit der anderen Konfession intensiv auseinander zusetzen. Die konfessionelle Identitätsvergewisserung und ökumenische Verständigung(sfähigkeit) können bei Lehramtsstudierenden zudem aber gerade auch durch kreative, handlungs- und erfahrungsbezogene Lernwege (selbstaktive Erkundungen in einer evangelischen und einer katholischen Kirche, Besuch von Gottesdiensten, liturgisches und diakonisches Lernen, kirchenpädagogische Übungen etc.) unterstützt werden. Daneben sind Informationen und Kenntnisse über die andere(n) Konfession(en) unerlässlich.

Konfessionelle Kooperation ist schließlich auf eine entsprechende Lehr- und Lernatmosphäre angewiesen. Gleichzeitig bedarf sie bestimmter Regeln und Verhaltenskodizes, die weit über den Religionsunterricht hinaus Bedeutung beanspruchen. Ein vom Vorstand des Fachverbandes evangelischer Religionslehrerinnen und Religionslehrer in Baden herausgegebener »kleiner ›Knigge‹ zum konfessionell-kooperativen Religionsunterricht« stellt unseres Erachtens eine gute Anregung dar, um eine konfes-

sionelle Zusammenarbeit im Religionsunterricht und in der Aus- und
Fortbildung sach- und menschengerecht auszugestalten. Wir empfeh-
len, diesen zum Ausgangspunkt eigener praktischer Erprobungen zu
einem konfessionellen Religionsunterricht in ökumenischer Ausrichtung und Öffnung zu nehmen:

- »Die andere Position ist kein Klischee, sondern ein ernsthaftes Gegen-
über.
- Konfessionelle Kooperation braucht eine geistliche Haltung, die unab-
hängig von Mehrheitsverhältnissen Partnerschaft zwischen den Konfes-
sionen anstrebt.
- Konfessionelle Kooperation braucht vor allem konfessionelle Kommuni-
kation.
- Konfessionelle Kooperation braucht Vertrauen.
- Konfessionelle Kooperation braucht Selbstvertrauen und eigene konfes-
sionelle Beheimatung.
- Konfessionelle Kooperation ist keine Werbung in eigener Sache!
- Konfessionelle Kooperation ist ein Dienst an Kindern und Jugendlichen.
- Es ist fair, wenn so über die andere Position gesprochen wird, als wäre ein
Vertreter von ihr anwesend.
- Verletzungen aufgrund kontroverser theologischer Auffassungen gilt es
zu vermeiden – mit theologischen Unterschieden kann man auch kon-
struktiv umgehen.
- Die Stärken und Schwächen der jeweils anderen Konfession gilt es zuzu-
lassen und anzuerkennen«
(Vorstand des Fachverbandes evangelischer Religionslehrerinnen und Reli-
gionslehrer in Baden 2006: 51 f.)

Literatur

Beck, Susanne u.a. (Hg.), Vorlesebuch Ökumene. Geschichten vom Glauben und
Leben der Christen in aller Welt, Lahr/Kevelaer 1991.
Becker, Ulrich / Büttner, Gerhard / Gutschera, Herbert / Thierfelder, Jörg (Hg.), Pro-
jekt Ökumene. Auf dem Weg zur Einen Welt. Arbeitsbuch Religion – Se-
kundarstufe I, Düsseldorf/Stuttgart 1997.
Binder, Toni / Selb, Beate, Typisch katholisch – typisch evangelisch. Unterrichts-
bausteine für die Sekundarstufe II, in: notizblock o.Jg. 38/2005, 30–36.
Böhm, Uwe, Ökumenische Didaktik. Ökumenisches Lernen und konfessionelle
Kooperationen im Religionsunterricht deutschsprachiger Staaten (Arbeiten
zur Religionspädagogik; Bd. 19), Göttingen 2001.
Boschki, Reinhold, Qualitätsmerkmale eines konfessionell-kooperativen Religions-

unterrichts, in: Lupe. Forum für den Religionsunterricht im Bistum Fulda o.Jg. 3–4/2005, 43.

Boschki, Reinhold / Schlenker, Claudia, Art. Konfessionell-kooperativer Religionsunterricht, in: NHRPG (2002) 388–391.

Bosold, Bernhard und Iris / Schweitzer, Friedrich, Religion wahrnehmen – Identität finden – Unterricht gestalten. Religionsdidaktische Aus- und Fortbildung: Erfahrungen und Aufgaben, in: Martin Steinhäuser / Wolfgang Ratzmann (Hg.), Didaktische Modelle praktischer Theologie, Leipzig 2002, 280–322.

Bosold, Bernhard / Böhm, Gebhard, Neue Vereinbarung zur konfessionellen Kooperation im Religionsunterricht an allgemeinbildenden Schulen in Baden-Württemberg, in: notizblock o.Jg. 38/2005, 18–21.

Bucher, Anton A., Religionsunterricht zwischen Lernfach und Lebenshilfe. Eine empirische Untersuchung zum katholischen Religionsunterricht in der Bundesrepublik Deutschland, Stuttgart 2000.

Bucher, Anton. A. / Miklas, Helene (Hg.), Zwischen Berufung und Frust. Die Befindlichkeit von katholischen und evangelischen ReligionslehrerInnen in Österreich (Empirische Theologie; Bd. 14), Wien 2005.

Bucher, Anton A. / Büttner, Gerhard / Freudenberger-Lötz, Petra / Schreiner, Martin (Hg.), »Kirchen sind ziemlich christlich«. Erlebnisse und Deutungen von Kindern (Jahrbuch für Kindertheologie; Bd. 4), Stuttgart 2005.

Der Religionsunterricht in der Schule. Beschluß, in: Ludwig Bertsch u.a. (Hg.), Gemeinsame Synode der Bistümer in der Bundesrepublik Deutschland. Beschlüsse der Vollversammlung (Offizielle Gesamtausgabe I), Freiburg/Br. u.a. 1976, 123–152.

Der Vorstand des Deutschen Katecheten-Vereins, Zehn Anmerkungen. Zum Bischofswort vom 27.9.1996 »Die bildende Kraft des Religionsunterricht. Zur Konfessionalität des katholischen Religionsunterrichts«, in: KatBl 122 (1/1997) 38–41.

Die Deutsche Bischofskonferenz [DBK] und die Evangelische Kirche in Deutschland (EKD), Zur Kooperation von Evangelischem und Katholischem Religionsunterricht, hg. v. Sekretariat der Deutschen Bischofskonferenz / Kirchenamt der EKD, in: Reinhard Frieling / Christoph Th. Scheilke (Hg.), Religionsunterricht und Konfessionen, Göttingen 1999, 124–127.

Diekmann, Hans D., Religion und Konfession. Zur Konfessionalität des katholischen Religionsunterrichts, Hildesheim/Berlin 1994.

Doedens, Folkert / Weiße, Wolfram (Hg.), Religionsunterricht für alle. Hamburger Perspektiven zur Religionsdidaktik (Religionspädagogik in einer multikulturellen Gesellschaft; Bd. 1), Münster 1997.

Domsgen, Michael (Hg.), Konfessionslos – eine religionspädagogische Herausforderung. Studien am Beispiel Ostdeutschlands, Leipzig 2005.

Edelstein, Wolfgang u.a., Lebensgestaltung – Ethik – Religionskunde. Zur Grundlegung eines neuen Schulfachs. Analysen und Empfehlungen, Weinheim-Basel 2001.

Englert, Rudolf, Der Religionsunterricht vor neuen Herausforderungen. Ein einführender Kommentar zur neuen bischöflichen Erklärung zum Religionsunterricht, in: Religionsunterricht heute. Informationen des Dezernates Schulen und Hochschulen im Bischöflichen Ordinariat Mainz 33 (3–4/ 2005) 14–18.

Englert, Rudolf / Güth, Ralph, »Kinder zum Nachdenken bringen«. Eine empirische Untersuchung zu Situation und Profil katholischen Religionsunterrichts an Grundschulen, Stuttgart 1999.

Erzbistum Paderborn und Lippische Landeskirche (Hg.), Konfessionelle Kooperation in der Lehrerfortbildung und im Religionsunterricht der Grundschule im Erzbistum Paderborn und der Lippischen Landeskirche, Detmold/Paderborn 2005.

Evangelische Landeskirche in Baden / Evangelische Landeskirche in Württemberg / Erzdiözese Freiburg / Diözese Rottenburg-Stuttgart (Hg.), Konfessionelle Kooperation im Religionsunterricht an allgemein bildenden Schulen. Vereinbarung zwischen der Evangelischen Landeskirche in Baden, der Evangelischen Landeskirche in Württemberg, der Erzdiözese Freiburg und der Diözese Rottenburg-Stuttgart vom 1. März 2005, Stuttgart 2005.

Feifel, Erich, Zukunftsweisendes Weggeleit? Kritische Würdigung der Erklärung »Die bildende Kraft des Religionsunterrichts«, in: KatBl 122 (1/1997) 31–37.

Feige, Andreas / Dressler, Bernhard / Lukatis, Wolfgang / Schöll, Albrecht, ›Religion‹ bei ReligionslehrerInnen. Religionspädagogische Zielvorstellungen und religiöses Selbstverständnis in empirisch-soziologischen Zugängen. Berufsbiographische Fallanalysen und eine repräsentative Meinungserhebung unter evangelischen ReligionslehrerInnen in Niedersachsen, Münster 2001.

Feige, Andreas / Tzscheetzsch, Werner, Christlicher Religionsunterrichts im religionsneutralen Staat? Unterrichtliche Zielvorstellungen und religiöses Selbstverständnis von ev. und kath. Religionslehrerinnen und -lehrern in Baden-Württemberg. Eine empirisch-repräsentative Befragung, Ostfildern/ Stuttgart 2005.

Feige, Andreas / Dressler, Bernhard / Tzscheetzsch, Werner (Hg.), Religionslehrerin oder Religionslehrer werden. Zwölf Analysen berufsbiografischer Selbstwahrnehmungen, Ostfildern 2006.

Frieling, Reinhard, Die Grundsätze der Konfessionen im Religionsunterricht. Zum Stand des ökumenischen Dialoges, in: ders. / Christoph Th. Scheilke (Hg.), Religionsunterricht und Konfessionen, Göttingen 1999, 37–51.

Frieling, Reinhard / Scheilke, Christoph Th. (Hg.), Religionsunterricht und Konfessionen (Bensheimer Hefte; Bd. 88), Göttingen 1999.

Fries, Heinrich, Art. Bekenntnis/Konfession, in: NHThG 1 (1991) 162–172.

Gandlau, Thomas / Miederer, Gertrud, Unterrichtsideen zur evangelisch-katholischen Kooperation in der Grundschule, in: Katholisches Schulkommissariat in Bayern (Hg.), Handreichung zum Lehrplan Katholische Religionslehre, München 2002, 150–164.

Goecke-Seischab, Margarete Luise / Harz, Frieder, Komm, wir entdecken eine Kirche. Räume erspüren, Bilder verstehen, Symbole erleben. Tipps für Kindergarten, Grundschule, Familie, München 2005.

Goßmann, Klaus, Der Stand der Ökumenediskussion und ihre religionspädagogischen Konsequenzen aus evangelischer Sicht, in: ders. / Johannes Schneider (Hg.), Das Gemeinsame stärken, das Differente klären. Ökumenisches Lernen zwischen den Konfessionen, Münster 1995, 71–76.

Goßmann Klaus / Schneider, Johannes (Hg.), Das Gemeinsame stärken, das Differente klären. Ökumenisches Lernen zwischen den Konfessionen, Münster 1995.

Gottfried, Thomas, Eine Agenda 2010 für den Religionsunterricht?, in: KatBl 131 (3/2006) 210–215.

Grethlein, Christian / Lück, Christhard, Religion in der Grundschule. Ein Kompendium, Göttingen 2006.

Groß, Engelbert / Weiß, Andreas (Hg.), Religion und Schule in der Rechtsprechung. Sammlung relevanter Gerichtsurteile (Arbeitsbücher für Schule und Bildungsarbeit; Bd. 8), Münster 2005.

Gutschera, Herbert / Thierfelder, Jörg, brennpunkte der kirchengeschichte. Ein Arbeitsbuch, Paderborn 1987.

Gutschera, Herbert / Thierfelder, Jörg, ergänzungsheft brennpunkte der kirchengeschichte. Paderborn 1987.

Hahn, Matthias / Hartmann, Christoph / Kahl, Detlev / Plaga, Ulrich Johannes (Hg.), Religiöse Bildung und religionskundliches Lernen in ostdeutschen Schulen – Dokumente konfessioneller Kooperation (Religionspädagogische Kontexte und Konzepte; Bd. 7), Münster 2000.

Heinemann, Ursula / Friedrichsdorf, Joachim (Hg.), Konfessionelle Kooperation in der Schule. Modelle und Beispiele, München/Stuttgart 1999.

Hemel, Ulrich, Religionsunterricht baut Europa. Realität und Zukunftschancen des Religionsunterrichts in Europa, in: rhs 47 (4/2004) 214–220.

Holzmüller, Thilo, Religiöse Bildung in der Schule. Überlegungen zur Kundgebung der Synode der Evangelischen Kirche in Deutschland vom 25. Mai 1997, in: Deutsches Pfarrerblatt 8/1998, 452–458.

Hütte, Saskia / Mette, Norbert, Religion im Klassenverband unterrichten. Lehrer und Lehrerinnen berichten von ihren Erfahrungen (Theologie und Praxis. Abt. B; Bd. 16), Münster 2003.

Kalmbach, Wolfgang, Formen der Zusammenarbeit der Fächer Katholische und Evangelische Religionslehre. Neue Herausforderungen – neue Chancen, in: entwurf o.Jg. 2/1994, 32–34.

Kalmbach, Wolfgang, Auf dem Weg. Religionsunterricht in Form Konfessioneller Kooperation in Baden-Württemberg, in: entwurf o.Jg. 2/2006, 10–14.

Kirchenamt der EKD (Hg.), Bildung und Erziehung (Die Denkschriften der Evangelischen Kirche in Deutschland; Bd. 4/1), Gütersloh 1987.

Kirchenamt der EKD (Hg.), Identität und Verständigung. Standort und Perspektiven des Religionsunterrichts in der Pluralität. Eine Denkschrift, Gütersloh 1994.

Kirchenamt der EKD (Hg.), Im Dialog über Glauben und Leben. Zur Reform des Lehramtsstudiums Evangelische Theologie / Religionspädagogik. Empfehlungen der Gemischten Kommission, Gütersloh 1997 (1997a).

Kirchenamt der EKD (Hg.), Religiöse Bildung in der Schule. Kundgebung, Hannover 1997 (1997b).

Kirchenamt der EKD (Hg.), Religion in der Grundschule. Eine Stellungnahme des Rates der EKD, Hannover 2000.

Kirchenamt der EKD (Hg.), Religionsunterricht. 10 Thesen des Rates der EKD, Hannover 2006.

Kliss, Oliver, Demokratische Schulentwicklung und Religion. Impulse aus der Weimarer Zeit zu einer kontroversen Diskussion, in: ZPT 51 (2/1999) 149–156.

Konföderation evangelischer Kirchen und katholischer Bistümer in Niedersachsen (Hg.), Zum Organisationserlaß Religionsunterricht / Werte und Normen – Dokumente und Erklärungen, in: Reinhard Frieling / Christoph Th. Scheilke (Hg.), Religionsunterricht und Konfessionen, Göttingen 1999, 136–142.

Kuhl, Lena / Lögering, Alois u. a., Ökumenische Kooperation im Religionsunterricht des 1. Schuljahres, in: Dietlind Fischer (Hg.), Religion lernen in der Grundschule, Münster 2001, 181–187 (2001a).

Kuhl, Lena / Lögering, Alois u. a., Konfessionelle Kooperation im Religionsunterricht des 2. Schuljahres, in: Dietlind Fischer (Hg.), Religion lernen in der Grundschule, Münster 2001, 188–194 (2001b).

Lange, Günter, Der Religionsunterricht in der Schule, in: Dieter Emeis / Burkard Sauermost (Hg.), Synode – Ende oder Anfang, Düsseldorf 1976, 93–107.

Lehmann, Karl, Vorwort, in: Der Religionsunterricht vor neuen Herausforderungen. 16. Februar 2005 (Die deutschen Bischöfe; 80), Bonn 2005, 5 f.

Leimgruber, Stephan, Ökumenisches Lernen, in: Georg Hilger / ders. / Hans-Georg Ziebertz (Hg.), Religionsdidaktik. Ein Leitfaden für Studium, Ausbildung und Beruf, München 2001, 420–432.

Lück, Christhard, Beruf Religionslehrer. Selbstverständnis – Kirchenbindung – Zielorientierung (Arbeiten zur Praktischen Theologie; Bd. 25), Leipzig 2003.

Lück, Christhard, Religionsunterricht an der Grundschule. Studien zur organisatorischen und didaktischen Gestalt eines umstrittenen Schulfaches (Arbeiten zur Praktischen Theologie; Bd. 22), Leipzig 2002.

Lück, Christhard, Konfessionell oder ökumenisch – kooperativ oder interreligiös? Ein Überblick über den Religionsunterricht der Bundesländer, in: Grundschule 36 (4/2004) 10–13.

Maier, Joachim, Was will der Religionsunterricht in der Schule?, in: KatBl 120 (9/1995) 592–599.

Mette, Norbert, Begegnung mit dem Fremden: Aufgabe des Religionsunterrichts, in: Reinhard Göllner / Bernd Trocholepczy (Hg.), Religion in der Schule? Projekte – Programme – Perspektiven, Freiburg/Br. u. a. 1995, 118–132 (1995a).

Mette, Norbert, Bekenntnis-, nicht konfessionsgebunden. Anmerkungen zur Diskussion um den schulischen Religionsunterricht im Anschluß an die EKD-Denkschrift »Identität und Verständigung«, in: JRP 11 (1995) 118–132 (1995b).

Ministerium für Schule, Jugend und Kinder Nordrhein-Westfalen (Hg.), Richtlinien und Lehrpläne zur Erprobung für die Grundschule in Nordrhein-Westfalen, Frechen 2003.

Neuenzeit, Paul, Art. bekennen / Zeugnis geben, in: HRPG 1 (1986) 392–395.

Nipkow, Karl Ernst, Bildung in einer pluralen Welt. Band 2: Religionspädagogik im Pluralismus, Gütersloh 1998.

Nipkow, Karl Ernst, Die Denkschrift der EKD zum Religionsunterricht. Eine Einführung, in: Klaus Goßmann / Christoph Th. Scheilke (Hg.), Religionsunterricht im Spannungsfeld von Identität und Verständigung, Münster 1995, 153–159.

Pastorale Zusammenarbeit der Kirchen im Dienst an der christlichen Einheit. Beschluß, in: Ludwig Bertsch u. a. (Hg.), Gemeinsame Synode der Bistümer in der Bundesrepublik Deutschland. Beschlüsse der Vollversammlung (Offizielle Gesamtausgabe I), Freiburg/Br. u. a. 1976, 774–806.

Petri, Dieter / Thierfelder, Jörg (Hg.), Vorlesebuch Kirche im Dritten Reich. Anpassung und Widerstand, Lahr/Kevelaer 1995.

Pieroth, Bodo, Rechtliche Rahmenbedingungen des Religionsunterrichts, in: Klaus Goßmann / Christoph Th. Scheilke (Hg.), Religionsunterricht im Spannungsfeld von Identität und Verständigung, Münster 1995, 89–104 (1995a).

Pieroth, Bodo, Die verfassungsrechtliche Zulässigkeit einer Öffnung des Religionsunterrichts, in: Reinhard Göllner / Bernd Trocholepczy (Hg.), Religion in der Schule? Projekte – Programme – Perspektiven, Freiburg/Br. u. a. 1995, 222–237 (1995b).

Porzelt, Burkard, Die Religion (in) der Schule. Eine religionspädagogische und theologische Herausforderung, in: RpB 54/2005, 17–29.

Prettenthaler, Monika, Ökumene-Lernen im Religionsunterricht. Anspruch ohne Resonanz? (Didaktik in Forschung und Praxis; Bd. 20), Hamburg 2004.

Preul, Reiner, Zur Bildungsaufgabe der Kirche. Überlegungen im Anschluss an die EKD-Denkschrift »Identität und Verständigung«, in: Marburger Jahrbuch Theologie 8 (1996) 121–138.

Religionsunterricht in Niedersachsen. Zum Organisationserlaß Religionsunterricht / Werte und Normen. Dokumente und Erläuterungen, hg. von der Konföderation evangelischer Kirchen und den katholischen Bistümern in Niedersachsen, Hannover 1998.

Religionsunterricht oder nicht? Denkschrift der bremischen Lehrerschaft (1905), in: Fritz Gansberg (Hg.), Religionsunterricht? Achtzig Gutachten. Ergebnis einer von der Vereinigung für Schulreform in Bremen veranstalteten allgemeinen deutschen Umfrage, Leipzig 1906, 182–202.

Ritter, Werner H., Kinder begegnen anderen Konfessionen und Religionen, in: Georg Hilger / Werner H. Ritter, Religionsdidaktik Grundschule. Handbuch für die Praxis des evangelischen katholischen Religionsunterrichts, München/Stuttgart 2006, 243–268.

Schäfer, Olaf, Zur Problematik des Religions- und Weltanschauungsunterrichts am Beispiel der Region Berlin-Brandenburg, in: Jahrbuch für Pädagogik 15 (2005) 209–224.

Scheidler, Monika, Didaktik ökumenischen Lernens – am Beispiel des Religionsunterrichts in der Sekundarstufe (Tübinger Perspektiven zur Pastoraltheologie und Religionspädagogik; Bd. 1), Münster 1999.

Scheidler, Monika, Religionsunterricht, konfessionelle Kooperation und Minderheitenschutz in Sachsen-Anhalt aus katholischer Perspektive, in: AUFbrüche 13 (1/2006) 43–48.

Schlüter, Richard, Der Stand der Ökumenediskussion und ihre religionspädagogischen Konsequenzen aus katholischer Sicht, in: Klaus Goßmann / Johannes Schneider (Hg.), Das Gemeinsame stärken, das Differente klären. Ökumenisches Lernen zwischen den Konfessionen, Münster 1995, 53–70.

Schlüter, Richard, Die »Konfessionalität des Religionsunterrichts« in der Pluralität. Kirchliche Positionen – konfessionelle Differenzen, in: rhs 40 (4/1997) 210–222.

Schlüter, Richard, Konfessioneller Religionsunterricht heute? Hintergründe – Kontroversen – Perspektiven, Darmstadt 2000.

Schneider, Johannes, »Die bildende Kraft des Religionsunterrichts«. Die Erklärung der deutschen Bischöfe zur Konfessionalität des katholischen Religionsunterrichts, in: rhs 40 (4/1997) 232–242.

Schreiner, Peter (Hg.), Religious Education in Europe. A collection of basic information about RE in European countries, Münster 2000.

Schweitzer, Friedrich, »Identität und Verständigung« und »Bildende Kraft des Religionsunterrichts«. Zum Vergleich von EKD-Denkschrift und Bischofswort aus evangelischer Sicht, in: rhs 40 (4/1997) 223–231 (1997a).

Schweitzer, Friedrich, Identitätsfindung durch Beheimatung oder durch Begegnung? Religion als pädagogische Herausforderung in der pluralen multireligiösen Gesellschaft, in: EvErz 49 (3/1997) 266–279 (1997b).

Schweitzer, Friedrich, Konfessionell-kooperativer Religionsunterricht: Herkunft – Erfahrungen – Perspektiven, in: entwurf o.Jg. 2/2006, 5–9.

Schweitzer, Friedrich / Biesinger, Albert zusammen mit *Reinhold Boschki* u.a., Gemeinsamkeiten stärken – Unterschieden gerecht werden. Erfahrungen und Perspektiven zum konfessionell-kooperativen Religionsunterricht, Freiburg/Br. / Gütersloh 2002.

Schweitzer, Friedrich / Biesinger, Albert / Conrad, Jörg / Gronover, Matthias, Dialogischer Religionsunterricht. Analyse und Praxis konfessionell-kooperativen Religionsunterrichts im Jugendalter, Freiburg/Br. 2006.

Sekretariat der Deutschen Bischofskonferenz (Hg.), Die bildende Kraft des Religionsunterrichts. Zur Konfessionalität des katholischen Religionsunterrichts. 27. September 1996 (Die deutschen Bischöfe; 56), Bonn 1996.

Sekretariat der Deutschen Bischofskonferenz (Hg.), Der Religionsunterricht vor neuen Herausforderungen. 16. Februar 2005 (Die deutschen Bischöfe; 80), Bonn 2005.

Siller, Hermann-Pius, Argumente. Zum Streit über die Konfessionalität des Religionsunterrichts, in: KatBl 122 (1/1997) 25–30.

Siller, Hermann-Pius, »Die bildende Kraft des Religionsunterrichts«. Eine Erinnerung, in: Religionsunterricht heute. Informationen des Dezernates Schulen und Hochschulen im Bischöflichen Ordinariat Mainz 33 (3–4/2005) 10–13.

Simon, Werner, »Kirchlichkeit« des Religionsunterrichts. Probleme und Differenzierungen, in: TThZ 109 (4/2000) 253–269.

Simon, Werner, Religionsunterricht in staatlichen Schulen, in: NHRPG (2002) 362–368.

Simon, Werner, Die biographisch-lebensweltliche Perspektive als ein Strukturprinzip des Religionsunterrichts. Didaktische Skizzen und Impulse, in: rhs 46 (3/2003) 151–153.

Simon, Werner, Schulischer Religionsunterricht. Der Beschluss »Der Religionsunterricht in der Schule« der Gemeinsamen Synode der Bistümer in der Bundesrepublik Deutschland (1974), in: Religionsunterricht heute. Informationen des Dezernates Schulen und Hochschulen im Bischöflichen Ordinariat Mainz 33 (3–4/2005) 4–9 (2005a).

Simon, Werner, »Den Religionsunterricht halten wir im Pfarrhaus«. Ostdeutsche Entwicklungen, Probleme und Perspektiven aus katholischer Sicht, in: Michael Domsgen (Hg.), Konfessionslos – eine religionspädagogische Herausforderung. Studien am Beispiel Ostdeutschlands, Leipzig 2005, 283–339 (2005b).

Steinwede, Dietrich (Hg.), Erzählbuch zur Kirchengeschichte. Band 2: Von der beginnenden Neuzeit bis zur Gegenwart, Lahr / Freiburg/Br. / Göttingen 1987.

Trutwin, Werner, Wege des Glaubens. Religion – Sekundarstufe I. Jahrgangsstufen 7/8, Düsseldorf 2001.

Tübinger Projektgruppe Konfessionelle Kooperation, Religionspädagogische Unterrichtsforschung und »guter Religionsunterricht« – Qualitätsmerkmale konfessioneller Kooperation in empirischer Perspektive, in: ZPT 54 (2/2002) 142 f.

Vereinbarung zur konfessionellen Kooperation im Religionsunterricht zwischen der Ev.-Luth. Landeskirche Sachsens und dem Bistum Dresden-Meißen [12. März 2002], in: Amtsblatt der Evangelisch-Lutherischen Landeskirche Sachsens 2002, 74 f.

Volz, Ludwig, Der Religionsunterricht in der Schule. Einleitung, in: Ludwig Bertsch u. a. (Hg.), Gemeinsame Synode der Bistümer in der Bundesrepublik Deutschland. Beschlüsse der Vollversammlung (Offizielle Gesamtausgabe I), Freiburg/Br. u. a. 1976, 113–122.

Vorstand des Fachverbandes evangelischer Religionslehrerinnen und Religionslehrer in Baden e. V., Kleiner ›Knigge‹ zum konfessionell-kooperativen Religionsunterricht in Baden-Württemberg, in: entwurf o. Jg. 2/2006, 51 f.

Weiße, Wolfram / Doedens, Folkert (Hg.), Religiöses Lernen in einer pluralen Welt. Religionspädagogische Ansätze in Hamburg, Münster 2000.

Werbick, Jürgen / Preul, Reiner, Art. Kirche als Lebensraum und Institution, in: NHRPG (2002) 169–174.

Winden, Hans-Willi, »Die bildende Kraft des Religionsunterrichts. Zur Konfessionalität des katholischen Religionsunterrichts« – Die Erklärung der deutschen Bischöfe vom 27. September 1996 stellt sich vor, in: KatBl 122 (1/1997) 19–24.

Zentralstelle Bildung der Deutschen Bischofskonferenz (Hg.), Grundlagenplan für den katholischen Religionsunterricht in der Grundschule, München 1998.

Ziller, Klaus-Joachim, Gemeinsame Verantwortung der evangelischen und katholischen Kirche für den Religionsunterricht in Ostdeutschland. Eine Untersuchung aus evangelischer Perspektive anhand religionspädagogischer und kirchlicher Stellungnahmen und evangelischer und katholischer Lehrpläne (Schriften aus dem Comenius-Institut; Bd. 10), Münster 2004.

Zu verfassungsrechtlichen Fragen des Religionsunterrichts. Stellungnahme der Kommission I der Evangelischen Kirche in Deutschland (vom Rat der Evangelischen Kirche in Deutschland in seiner Sitzung vom 7./8. Juli 1971 zustimmend entgegengenommen), in: Kirchenamt der EKD (Hg.), Bildung und Erziehung (Die Denkschriften der Evangelischen Kirche in Deutschland; Bd. 4/1), Gütersloh 1987, 56–63.

Zur Konfessionalität des Religionsunterrichts. Votum der evangelischen Landeskirchen und katholischen (Erz-)Bistümer in Nordrhein-Westfalen, in: Reinhard Frieling / Christoph Th. Scheilke (Hg.), Religionsunterricht und Konfessionen, Göttingen 1999, 148–153.

Zwergel, Herbert A., Der bischöfliche Blick auf den Religionsunterricht, in: KatBl 131 (3/2006) 202–209.

Zu den Autoren

Michael Kappes, geb. 1958, Dr. theol., Leiter der Fachstelle Ökumene im Bischöflichen Generalvikariat Münster; Lehrbeauftragter an der Westfälischen-Wilhelms-Universität Münster; Berater der Ökumenekommission der Deutschen Bischofskonferenz; stellvertretender Vorsitzender der Arbeitsgemeinschaft Christlicher Kirchen in Nordrhein-Westfalen

Christhard Lück, geb. 1967, Dr. theol., Professor für Religionspädagogik und Didaktik der Evangelischen Religionslehre an der Bergischen Universität Wuppertal

Dorothea Sattler, Dr. theol., geb. 1960, Professorin für Dogmatik und Direktorin des Ökumenischen Instituts an der Katholisch-Theologischen Fakultät der Westfälische-Wilhelms-Universität Münster

Werner Simon, geb. 1950, Dr. theol., Professor für Religionspädagogik und Didaktik der Katholischen Religionslehre an der Katholisch-Theologischen Fakultät der Johannes-Gutenberg-Universität Mainz

Wolfgang Thönissen, geb. 1955, Dr. theol., Professor für ökumenische Theologie an der Theologischen Fakultät Paderborn und Leitender Direktor des Johann-Adam-Möhler-Instituts für Ökumenik